JN261341

国語科授業の構築と考究

野地潤家

溪水社

まえがき

国語科授業をどのように構築していくか、構築し創成した国語科授業をどのように考究していくか。国語科授業の構築と考究とは、長い年月、私にとって最も切実な課題の一つであった。

国語科授業について、求めえたことを私は既に二冊の本にまとめ、報告してきた。一つは、『国語科授業論』(昭和五一〈一九七六〉年六月、共文社刊)であり、他の一つは、『国語科教育・授業の探究』(平成八〈一九九六〉年六月、溪水社刊)である。後者『国語科教育・授業の探究』には、中学校の国語科教育・授業について行なった計十六回の講演の記録を収録した。

私は、このたび、これら二冊の報告書についで、『国語科授業の構築と考究』を刊行することにした。六十有余年、国語科教育を求めつづけた者として、深い喜びを覚える。

本書『国語科授業の構築と考究』は、左のように四つの章(I~IV)から成る。

I　国語科授業構築をめざして　その一　には、二十四年間に執筆し発表した論稿二十八編を収録し、II　国語科授業構築をめざして　その二　には、二十一年間に執筆し発表した論稿二十一編を収録した。各章とも、執筆、発表順に配列した。IIには、授業者への提言を旨として、国語科授業について所見を簡明に述べたものが多い。ついで、III　国語科授業研究の集積と課題　には、論稿七編を、また、IV　国語科授業探究者に学ぶ　には、四編の論稿を収載した。

国語科授業の構築(実践)に全力を傾注し、あわせて国語科授業の考究(研究)に万全を期したいという取組みを継続し、集積することができたことに、私は非力の身ながらかけがえのない喜びを覚える。所収論稿の一つひとつは、すべて自らに言い聞かせ、授業者としての自らの向上と、授業研究者として、自らの伸長を期する思いに発している。

念じつづけたのは、独創性に富む国語科授業の構築をし、自ら充実感を覚える国語科授業の考究（研究）を遂行し成就したいということであった。実践・研究の途上、多くの実践者・研究者との出会いに恵まれ、常に意欲を新たにして歩みつづけることができた。ほんとうにしあわせであった。

本書の刊行に当たっては、溪水社の木村逸司社長、福本郷子様にご高配・ご協力をいただいた。心から感謝申し上げる次第である。

二〇〇三（平成一五）年四月十一日

広島大学名誉教授
鳴門教育大学名誉教授　野　地　潤　家

目次

Ⅱ　国語科授業構築をめざして　その二

国語科授業の構築と考究

Ⅰ　国語科授業構築をめざして　その一

1　国語科指導過程論から国語科授業構想論へ

一

田近洵一氏は、国語科授業過程論を読むことの指導過程論にしぼって考察の対象とされ、ずっしりと重い論究を鋭く展開された。それは氏みずから述べられたように、氏の国語教育論の具体的な展開として指導過程の問題に主体的なとり組みをし、すでに国語科教育界に数多く提案されている指導過程論を分析・批判の射程距離に据えつつ、新しい研究への方向を求め、示唆に富む提案としてまとめられたものである。

田近洵一氏は、一九五五年横浜国立大学ご卒業後、川崎市および東京都の、公立の小学校・中学校・高等学校の現場で国語科教育の実践を意欲的に進められ、その後、横浜国立大学助教授を経て、現在は東京学芸大学助教授として、国語教育学を担当されている。氏はまた、近代文学にも造詣深く、その分野においても注目すべき業績を挙げられている。田近洵一氏は、すでに二〇年にあまる歳月を国語科教育の実践者・研究者として歩まれ、その読むことの教育を中心対象とした、多くの研究は、氏の著わされた、『言語行動主体の形成――国語教育への視座――』（昭和50年10月、新光閣書店刊）に集成結実せしめられた。氏は「視座」ということばについて、「これは不用意に使ったものではない。『銃座』ということばと対照すれば明らかなように、対象にたちむかう人間の、生存をかけた思想的立脚点といった意味である。」（同上書、七六ペ）と説いておられる。

田近洵一氏は、この近業『言語行動主体の形成』において、氏独自の「主体」の論を展開しつつ、国語教育の本質を求め、国語教育の今日的課題を明らかにし、読むことの教育論・読みの教材論について、一〇数章もの論考を収録された。それは氏みずからの国語科教育の多彩な実践営為を媒材としつつ、原論から各論へと結晶せしめられた、読むことの教育論・教材論の新しい開拓であった。

田近洵一氏はまた、『中学校文学の授業――全国実践事例――』（望月久貴・長谷川孝士編著、昭和50年11月30日、右文書院刊）に、論考「物語・小説の指導――どのような読み方をさせるか――」を発表された。氏は「虔十公園林」（宮沢賢治作）を例にとりつつ、

1　想像的エネルギーの蓄積――冒頭の読み――
2　想像力の自律的運動の展開――文脈の読み――
3　想像的世界の完結――結構の読み――
　(1)　共時的関係（横の関係）
　　――どのような状況の中で、どのような存在のしかたをしているか――
　(2)　通時的関係（縦の関係）
　　――何が、なぜ、どう変化したか――
4　指導上の留意点――作品との出会いについて――
　(1)　作品と読者との関係
　(2)　読むことと感想を書くこと

のように、みごとにまとまった物語・小説の読み方指導論を構築されたのである。

これら単行本『言語行動主体の形成』・論考「物語・小説の指導」は、共に田近洵一氏の一九七〇年代における業績がほとんどであって、そこにまぎれもなく七〇年代に生みだされた国語科教育論、とりわけ読むことの教育論

を認めることができる。それは国語教育・国語科教育への「視座」の確立を志向し、その内実を確保しようと試みられた、文字どおり苦闘の記録となっている。

田近洵一氏のこのたびのシンポジウム提案「国語科指導過程論の検討――読みの指導をめぐって――」は、氏の読むことの教育論が意欲的に構築・集成され、かつ体系的組織化がなされ、氏独自の「視座」が据えられつつある時点で、なされたものである。氏の提案論考のみずみずしい充実感、明快な分析・批判、独自の考え方・過程論の提示など、これらはすべて氏の上昇過程にある国語科教育論の具有しているものばかりである。

提案論考生成の基盤ならびに拠点は、上来指摘したとおりであるが、論考そのものは水量ゆたかな流れのようで、読者をひきつけてはなさない。

二

田近洵一氏は、みずから実践された、小学校・中学校・高等学校における読むことの学習指導について、その個体史的問題史的展開を紹介され、その間、氏がいわゆる一般的指導過程・公式化された指導過程に対して、どのように感じ、考え、かつ、どのような態度で対してこられたかを述べておられる。

田近洵一氏は、「私にとってかんじんなことは、教材の本質をいかに教師が読み取るかであり、また、外的・内的状況をかかえている目の前の子どもたちを、どう学習に参加させるかであった。」（提案、七ぺ）と述べられ、また、「教科書中の教材だけを、どのような手順で扱うかといったことにとらわれずに学習を組織した自分の現場体験を、決して無駄ではなかったと思っている」（提案、八ぺ）とされ、さらに、「教材の性質と、生徒の問題意識との関係で、どの教材も画一的な指導過程では、生徒の学習を有効に組織できないことを感じていた」（提案、九ぺ）とも述べられ、さらにまた、「要するに私は、子ども（児童・生徒）の言語生活のはばをひろげるために、多種多様な教材（たとえば、山川聡のまんが『少年ケニヤ』も、くらべ読みの教材とした。）を、多種多様な形で教室の中に持ち込もうとしたし、また、言語生活の質を高めるために、まず教師が教材の本質をとらえ、それへのアプローチを効率よくやらせようとした。今考えてみると、私には、現実の児童・生徒はどういう状況に置かれており、教育はそれといかにかかわりうるのかといった歴史的・社会的視座なくして、また、児童・生徒のためにどのような教材があるのか、その教材の本質・価値は何であるのかといった教材への深い認識なくして、指導の手順を一つの公式として示そうとするたんなる方法論者への反発があったのだと思う。そして、それは、今でも変わってはいない。」（提案、一一～一二ぺ）とまとめて述べられた。

ここには、氏の国語科授業をつらぬく基本的姿勢がうかがわれる。教材本質論・学習者（状況論・問題意識論）論を基軸とした、田近氏の読むことの授業組織論・授業構想論がうちだされている。氏が読むことの授業の真の成立を求めて、さまざまに力動的な授業構想を探索され、その実践を力強く推進され、多くの新しい成果を得られている点は、もっとも注目させられる。

田近洵一氏の読むことについての授業構想論は、とりわけ教材・学習者の視角からする、多様で力動的な組織論であって、いわゆる一般的指導過程論の手順・展開の普遍化を志向するいきかたとは、かなりの懸隔が認められる。田近氏の志向され、かつ実践された、読むことの教育の目標は、つぎの三つになると、氏みずからまとめられた。

1　教科書の一つ一つの教材の読みを、より深く、より主体的なものにし、読みの力を高めること。

2　教科書以外の長文の教材を毎日読み続け、そのことにより、日常生活の中に、読んで感じ、読んで考える時間を持つ読書人をつくること。

3　一つの問題を中心に、あるいは関連する話題の展開に沿って、多面的な言語活動を組織し、文化性豊かな

生活者をつくること。（提案、一一ぺ）

これらの目標に向かって組織される授業が読むことの教育の新たな地平をきりひらこうとするものであったことは、改めてここに述べるまでもない。それは戦後国語科教育の到達（志向）水準を反映するものであると同時に、かなりに先進的なものであったことも確かである。

三

田近洵一氏は、読みの教育の本質を、自己以外の他者としての言語作品と出会うことを通して一つの認識を成立させ、自己を変革・確立・拡充していくことに、つまり他者理解を媒介とした主体の形成に求められる。氏はこうした読みの教育の本質観に立ちつつ、読みの指導過程が読むことによる作品理解あるいは問題解決の仮説的過程であり、それはまた言語能力を養っていく教育的過程であることを明らかにし、指導過程のステップ・段階の固定化ないし絶対化を否定される。

氏は読みの指導過程の必要性を、読みの指導の巨視的全体的把握のために認め、指導過程が画一化しパターン化することを批判的に見ておられる。田近氏は、これまでに提案されてきた数多くの指導過程がどういう読みの教育・授業を志向するものであったかを見定め、読むことの教育の新しい領域や方法に対して、それに即した指導過程の本格的な提案のなされていないことを指摘された。読みの教育の多角的展開に応じて、多様な可能性をさぐり、さまざまな指導過程の開発の必要であることが説かれている。

田近氏は先行指導過程を万能視し、その演繹的・画一的適用による、読むことの授業の形骸化を見ぬき、多様な読むことの授業構想やその独創的実践から帰納され、組織化される指導過程をこそ待望される。

田近氏は、さまざまな指導過程を開発し構築していくことの必要を強調しつつ、さらに視点を、一つの作品をどう読むかの問題に据えて、求心的に読みの過程・読みの指導過程について検討を加えられた。

氏は作品読みの過程を継時的展開・心理的深化過程としてとらえ、(1)かまえづくり、(2)通し読み、(3)確かめ読み・ほぐし読み、(4)まとめ読み、(5)朗読と感想を、全体としては、Ⅰ読もうとする段階（関心態度）、Ⅱ読み進む段階（直観的知覚）、Ⅲふり返る段階（分析的知覚）・（総合的理解）、Ⅳ読みを内面化する段階（創造）の四段階（ただし、Ⅰ〜Ⅳの数字は、引用者において便宜付した。）に位置づけられた。右の(1)から(5)までは、氏によれば、「心理的過程（認識の深化過程）としての読み深めを、時間的に展開する行為として継時的に位置づけ、段階的に整理」（提案、二二ぺ）されたものである。

これらは読みの指導過程の骨格を形づくっている、読みの過程として検討・考察が加えられたものであり、その中心部分に「読み進め」と「ふり返り」とが措定されているのである。

田近洵一氏による、読みの過程についての仮説的提示（整理）は、氏自身の作品読みの理論から導き出されたものであるが、同時に氏みずからも述べられるように先行理論が総括されたり、あるいは投影したりしている。この読みの過程を基底とし、さらには対象として、教育的過程としての指導過程をモデルとして組んでいくことが可能となる。氏は指導過程としての定型化を急ぐことなく、むしろ読むことの過程の各段階を指導過程上の問題として、どう位置づけ、どのように機能させるかについて、先行指導過程論との対比的検討を進められた。

四

田近洵一氏は、指導過程の初めに位置づけられる第一次段階のありかた（性格）は、指導過程の全体の構造をもっとも端的に示すとされ、〝最初の読み〟をどう位置づけるかについて、諸家（石山脩平氏・輿水実氏・教科研・児言研・

倉澤栄吉氏・熊谷孝氏・西郷竹彦氏ら）の指導過程論に言及しつつ検討を加えられた。〝最初の読み〟を、どう位置づけ、どう指導の対象としていくかの問題は、示唆に富むとり上げかたとなっている。

それにつけて、私は芦田恵之助氏の『第二読み方教授』（大正14年9月15日、芦田書店刊）の一節を思い出す。

「私の綴り方の研究が多少進んで、文は真剣なもの、技巧を弄するはむしろ罪悪であるとまで感じて来ると、読本の文章もまたこの目で見なければならないものと感じて来ました。そこでその頃の読み方教授が、目的指示から、文字・語句の摘書にはいつて、通読・意義にすゝむやうな微温的な仕事の運び方であるのを見ると、それで文を取扱つたといふには、あまりにお粗末だと気がついて来ました。今こそ訳もなくかうは申しますが、その当時何とはなしに起つて来る不満を、わづかに〳〵切開いて行く苦しい中の楽しさは、また格別なものがありました。

最初に通読をおいて、すぐに大意――一回の通読に対するもの。予習してゐればなほよし。――をきくこと、これを自分が工夫した時など閉せる狭霧を吹払つたやうな感《ママ》でした。文字を音声に移すことを、読むと心得る誤解などは、この一取扱で、積弊を一洗することが出来ます。したがつて堅板に水を流すやうな無関心な読み方は矯正されて、だん〳〵力のこもつた、緩かな、我が物としての読み方が起つて来ます。かういふ経験をした私は、通読の次に大意をきくことを力説しました。」（同上書、四〇六～四〇七ぺ）

わが国の読みの教育史の上で、〝最初の読み〟がどのように生い立ってきたのかについて考えさせられる。また、そこでの芦田恵之助氏の工夫のほどもうかがわれる。

田近洵一氏は、さらに読みの指導過程の核心に触れる問題として、基本的なモデルとしての読みの指導過程を規、定するものに言及し、指導過程の具体的なありかた・多様な展開への考察を進められた。

氏はまず、読みの過程を規定するものとして、主体における認識の成立・深化の原則の問題、読みの対象としての言語作品の構造の問題、二つを指摘され、さらに氏は、立場のちがいによる読みの指導過程の展開のちがいに言及された。

氏は、説明的文章の指導過程・文学的文章（小説など）の指導過程に関し、諸家の考え方・理論のちがいに論及し、また、読者（学習者）主体重視、作品・形象重視など、読むことの教育理論のちがいによる、多様な指導過程の成立・展開について考察を加えられた。それらはおのずと現行各種指導過程論の特質・特色・相互関連についての簡明な概括ともなっている。

なお、田近氏が作品読みを中心とする指導過程の基本問題について検討を進めながら、さらに「基礎過程」ともいうべき段階の問題として、読みのための基礎づくりのことに言及され、「発展過程」の重要性について指摘されている点、さすがにと感じ入ることが多い。

田近洵一氏は、その「まとめ」において、「指導過程を考えるということは、他者理解＝出会いが成立する場合の、他者と主体とのかかわり方を考察し、他者理解＝出会いを成立せしめる主体の側の内的活動を過程的にとり出し、位置づけてみるということである。」（提案、三六ぺ）と述べられた。氏のシンポジウム・提案「国語科指導過程論の検討——読みの指導をめぐって——」は、氏の読みの教育論（国語教育論）の基本的立場を堅持し、現行各種の指導過程論を可能なかぎり参考にしながら新しい指導過程論の開発を示唆し、さらには基本モデルとしての仮説的指導過程について、氏みずからの案を提示しつつ、その基本問題を掘り下げ、機能的かつ具体的な指導過程論の生成に関し、種々言及され、みのりの多いものであった。

五

田近洵一氏の提案に対して、五名の方々から意見が寄せられた。増淵恒吉氏・浜本純逸氏・渋谷孝氏・高森邦明氏・杉山明男氏、いずれも国語科教育の実践者・研究者としてゆたかな経験とすぐれた実績とを持っている方々であり、田近氏の卓越した提案論考に共感を抱かれながら、それぞれの立場から個性的な意見が述べられた。

[1]増淵恒吉氏は、提案者田近洵一氏に国語教育に関して手ほどきをされた、深い間柄にある方である。増淵恒吉氏は田近提案の卓越性を認めつつ、なお、みずから耕しかつ試みてこられた、国語教育における読解指導過程に即して、その見解を述べられた。

増淵恒吉氏の考え方・学習課題などについては、田近氏の提案の中でも言及されているところである。増淵氏はみずから実践してこられた、㈠論説・評論などの読みの指導過程（六段階）、㈡文学的文章・小説などの読みの指導過程について、その概略を説明しつつ、要所・要所をおさえ、重点のかけかたを明らかにされた。時流に妥協せず、精読本位の指導過程に国語科の読みの教育の本領を認め、その重要性が強調されているのは、さすがである。

増淵恒吉氏の精読過程に注がれた熱意と工夫とは、淡々と平明に進められている記述を通して、かえってつよく読む者に迫ってくる。

[2]浜本純逸氏は、田近氏の所説・提案に深い共感を示しつつ、実践理論の構築をめざす国語教育研究者の一人として、みずから「真の『読み』の授業の成立をめざして、仮説としての指導過程論を提出しなければならない。」と述べ、さらに、「既成の指導過程論を、実践を基盤にした新しい指導過程論によって乗りこえていくところに科学としての国語教育研究の課題がある。」と指摘する。

浜本純逸氏は、田近氏の提案された、読みの過程＝読みの指導過程（1）～（5）について、読みにおける「読者（学習者)」の位置づけの問題をとり上げ、とりわけ、指導過程の初めの段階・終わりの段階における扱いの問題に論及された。田近提案における指導過程は、基本的モデルとして提示されたものではあるが、そのモデルをふまえて、読むことの授業づくりが行われるばあい、主体としての「読者(学習者)」がどう読みの主体として行動するのか。そのことを浜本氏は問題として指摘されているのである。

浜本純逸氏はまた、田近提案の読みの過程のうち、(3)「確かめ読み」(4)「まとめ読み」について、問題点を指摘し、さらに対象の性質・ちがいに応じた指導過程のありかたについても具体的に論及された。

渋谷孝氏[3]は、田近提案の根底に見いだされる田近氏の発想の道すじを的確にたどられ、さらに指導過程論に対する、授業者(利用者)の立場の問題を検討された。氏は「どのような指導過程論をどのように利用すべきかという問題は、必ずしも自明のことではない」とされ、具体事例に即しつつ、「指導過程論は、教師個々人の授業のありかたを見定めるための目安としての意味を持っている」こと、また、「授業の具体的な過程は、児童生徒の状況と教材の質と教師の力量の関係で決まる。指導過程論は、授業過程の中で柔軟に生かされなければならない。」とも述べられた。

渋谷孝氏はまた、田近提案の指導過程論に即して、その段階(1)かまえつくり・読もうとする段階(関心態度)、段階(2)通し読み・読み進む段階、段階(3)ふり返る段階などに考察を加えられ、「授業研究の問題の一つとしての指導過程は、教育方法論・教材論のみならず、教授学的な考え方の中に位置づけて考察されなければならない時」であると指摘された。

なお、渋谷氏は田近氏の提案された、「指導過程を主にした授業過程の問題において、もっともむずかしい」のは、主体と客体との邂逅であるとし、主体の側の〝会得〟に待つべき問題の困難さに触れ、「指導者は、最適と思われる手がかりを児童・生徒にあれこれと与えることはできるが、それが会得の契機にならぬことがあまりにも多い」点に言及されている。

[4]高森邦明氏は、指導過程の成立の問題に言及しつつ、「教材の分析やその読みの過程の分析のみから導かれた指導過程、あるいは教材の本質や価値の深い理解に立つ指導が、唯一絶対の効果をあげさせるものでないことは明らかである。単純なことだが、発問一つとってみても、教材と学習主体との双方の理解を均衡させなくては行うことは不可能である。実際の指導はそういう諸要素の均衡の上に現れている。もし、本当の指導過程論を導き出そうとすれば、そういう実際の指導の分析以外には方法はないといってよいだろう。」と述べられた。本格的な指導過程論を成立させるためには、どのようにすべきかに関し、氏の見解が開陳されているのである。

高森邦明氏は、さらに、指導法と指導過程の関連の問題、指導形態と指導過程の関連の問題について、それぞれ具体事例をも示しながら、考察を進め、さらには作文指導過程との対比をも行って、わが国の読みの指導過程のありかたを説かれた。

平明な述べかたながら、読みの指導過程の成立に関し、あるいは現況に関して、随処に氏みずからの見解が提起されている。

[5]杉山明男氏は、教育学者として活躍され、授業研究・教材研究に意欲的にとり組まれ、多くのすぐれた成果を挙げていられる。読みの指導過程にしぼったことは、国語科授業過程の検討という課題からは、なお多くの問題が残されていると、杉山明男氏は指摘され、さらに、「授業は、教師の活動（教授）と生徒の活動（学習）という二つの側面を持っている。この二つの活動は、相対的に独立した活動であって、また同時に進行している活動でもある。授業というダイナミックな活動のなかにあっては、この両者の相関をどのように考えるかということが問われるべきである」とされ、「指導過程」というばあいの、「指導」の内容として含んでいるものをおさえていかれる。

杉山明男氏は、田近提案に対して、子どもの発達という観点から、もう一度整理してみる必要がありはしないかと述べられ、「国語科においては『さまざまな指導過程の必要』よりもむしろ、『その基盤となる』一つの文章をどう読むかの追究が必要だ」とされる。また杉山氏は、読みの指導過程のなかで、どんな教材を発達段階に応じて与えたらよいかという問題は、子どもの「学習」をどう組織したらよいかという問題ともかかわらせて追究していくべき問題ではないかと述べておられる。

杉山明男氏は、田近提案の主軸である「読みの指導過程」の(1)～(5)の各段階ごとに氏の所見を加えられ、提案をいっそう有効なものに深めていこうと努められた。教授学的立場からの国語科授業研究の体験をふまえて、読みの指導過程についての鋭い考察がなされている。

六

田近洵一氏の提案「国語科指導過程論の検討――読みの指導をめぐって――」は、シンポジウムとして、増淵恒吉・浜本純逸・渋谷孝・高森邦明・杉山明男五氏の参加を得ることによって、いっそうみのりの多いものとなった。田近提案のすぐれている面をじゅうぶんに認め、新しい意欲的な提案に多くの共感を示し、さらに問題点について批判的考察が進められた。各氏の立脚点と志向が明確であるだけ、田近提案への理解と批判とは、手がたくかつ示唆深いものとなった。

田近提案に対して五名の方々の提起された見解は、読みの指導過程のありかたに関し、とりわけその実践的構築の問題に資するところ大であった。

1　読みの指導過程の定型化・固定化の問題

読みの指導過程を読むことの教育の基本的モデルとして構築し、組織していくことの必要性について、その固定化・画一化の是非・長短について、さらに検討されなくてはならない。読むことの教育の理論・実践の到達水準を示す、指導過程の探究は、なお必要であり、集積されなくてはならない。

2　読みの指導過程の多様化・総合化の問題

読むことの教育・授業の多様な進展に応じて、読みの指導過程は、さらに開発されていくことが望まれる。それは基本型に対する変化型・応用型というよりも、教材論・読者（学習者）論を包みこみ、位置づけた総合化を目ざして開発されるのが望ましい。指導過程の総合化、それは読みの授業過程を組織していくことである。それはまた読みの授業構想論と呼んでもよい。

3　読みの指導過程の適用・運用の問題

既成の読みの指導過程を、個々の実践者がどのように実地の授業に生かしていくか、また個々の指導過程をそれぞれの実地の授業にどのように生かしていくか。それは授業主体の確立と深くかかわってくる問題である。読みの授業の形骸化を生ずる指導過程の運用・適用であってはならない。

4　読みの指導過程の成立・展開の問題

数多くの読解指導過程の比較検討については、すでに『読解指導過程の比較と実践』（相馬信男・吉川数共著、昭和45年7月1日、黎明書房刊）に報告されている。個々の読みの指導過程の成立事情、その実践上の成果などについては、いっそう掘り下げての研究が必要である。

5　読みの指導過程の分節的研究の問題

さまざまな「――読み」と称する、読むこと・読みかたの、読みの指導過程における段階ごとの分節的研究は、いっそう周密に進めなければならぬ。この面の実践・研究が的確になされなければ、つまり、既成の指導過程に安易によりかかるだけでは、読むことの教育の進展・深化は期待しがたいのである。

（昭和50年12月27日稿）

2　国語学習の磁場の発見と生成を

一

福岡県築上郡椎田小学校で、国語科を中心にした教育課程の研究発表会が行われた。昭和五三年（一九七八）一月二六日（木）のことである。当日、公開授業の第二校時、四年四組（吉本和子先生担任）では、一「用件が相手にはっきりわかるようにするために、大事なことを落とさないで手紙を書くことができるようにする。」二「相手の身になってまごころのこもった手紙を書くことができるようにする。」を、本時の主眼として、手紙を書く学習活動が行われていた。

教室にはいって、入り口から二列目の最後尾の席の女児の机上を見ると、すでに手紙を書き上げて、静かに読み返しをしていた。私は、そばからのぞきこんで、原稿用紙に書かれた手紙文を読みながら、そのていねいなきちんとした書きぶりに感心した。それは、鳥取に引越していった友だちにあてた手紙で、つぎのように書かれていた。

玉井さんお元気ですか。もうだいぶん会っていませんね。わたしは病気もせず元気です。このごろ急に寒くなりました。

この前、本だなを整理していたら二年生のころの作文が出てきました。ほら玉井さんがピアノのときパンをやいていたことですよ。覚えていますか。わたしはとてもなつかしく思いました。

次はこちらの様子をお知らせします。学校では前の講堂をこわし新しくたてました。ほかに運動場の松の木を二本切ったり玉井さんが引っこしていってからはだいぶん変わりました。この手紙は国語の勉強のときに書いたものです。

ちょっとおねがいがあります。そちらの様子をくわしくわたしに教えて下さい。おねがいします。

これから寒さがいっそうきびしくなりますが、かぜをひかないように体だけは気をつけて下さい。勉強、スポーツがんばって下さい。あっそうそう家族の方によろしくおつたえ下さい。　さようなら

一月二十六日（木曜）　　西村晶子より

玉井里佳様へ

四百字詰原稿用紙一枚にしたためられた、右の手紙文を読み終え、一字一字ていねいにしっかりと書かれているのを見ながら、私は、この四年生の女児は、国語学習の土台ができあがっており、国語学習の軌道がかなり敷かれていると認めてもよいのではなかろうかと思った。

担任の先生によれば、西村晶子さんは、国語科の成績もすぐれており、努力家であるということであった。——西村晶子さんのばあい、国語学力は、さらに、国語学習のしかたは、これからも、順調に進められ、すこやかに伸びて、よほどのことがないかぎり、つまずくこと、後退すること、停滞することは、ないのではないかと感じた。もちろん、こうした予言がどこまで的中するものであるかは、にわかに断じがたいことであるが、私にとって、四年生の第三学期半ばに、すでに国語学習について、確かな見通しを感じさせるような学習者が育っていることは、改めて考えさせられる言語教育上のできごとであり、その発見はまた、大きいよろこびでもあった。

前掲の手紙文は、文表現においても、表記面においても、まだ完璧とはいえない。いくつか批正や工夫を要するところがある。しかし、一字一字のていねいな、確かな書きぶりを見ていると、この女児は、もう国語学習の態度面・技能面で、自得しているものがあり、その手がたい、まじめな学習のしかたは、容易にはくずれないだろうと思われる。

国語学習の土台づくりを、どうしていくかが、国語科教育の当面する大きい課題である。一人ひとりの国語学習の土台をどう築き上げていくかが、初等国語科教育の目ざすべき根本目標である。

二

昨年（昭和五二）秋、大谷藤子氏の短編集『風の声』（新聞社刊）が刊行された。大谷藤子さんがかつて四〇年も前、広島市内の某女学校の教師をしておられたころ、住んでいたという、そのへやに、学生時代私も下宿して、そのことをおばさんから聞かされたこともあって、大谷藤子さんは、私には親しみを感じつづけてきた作家だった。私はさっそく新刊書店で『風の声』を探したが、どこにも見あたらなかった。流行作家の作品とはちがって、すぐに新刊書店の書棚に並べられるというのではないとわかった。手に入れることのできない無念さは、いっそう『風の声』を読みたいという気持をつのらせた。

年が明けて、二月五日（日）、地元の「中国新聞」の読書棚には、『風の声』の紹介が、つぎのようになされた。

「大谷さんは本書が出版される直前に亡くなった。どんなにか心待ちにしていたことだろうと胸が痛むが、しかし清澄の気にみちたこの作品集は、永い年月こつこつと文学一途に励んできた作者の生涯を飾るにふさわしい、見事な到達点を示している。

ここに収められた七つの短編は、いずれも老境に身を置く作者が、煩悩に心をかき乱した青春の日々や、いまは亡い肉親とのかかわり合いを振り返るという趣の私小説である。しかしこれらの作品が並の回想的心境小説と異なるのは、昔は良かった式の感傷や甘さがみじんも見られないことだ。」

「永い間『私』を苦しめてきた三角関係だが、おなじ主題は表題作の『風の声』にも現れる。今度は東京の湯島天神かいわいが背景になっていて、ここでは、『私』は佐々木という好きな男を、おなじ借家に住んでいる親友の繁子にさらわれるのである。小説は、年老いた『私』が病気で死んだ繁子のために焼香に出かける場面から始まるのだが、回想のくだりでは自分の妬心や憎悪、それを押しかくして二人を祝福する偽善的な心の動きなど、女の感情のゆらめきをあからさまに描き出して、読む者のため息を誘う。」

こうした紹介（書評）に接すると、ますます早く読みたいという気持が強まっていった。二月六日（月）、東京駅構内の某書店で、書棚を祈るように見ていくうち、私はついに『風の声』に出会うことができた。

短編小説『風の声』は、

「その駅で電車を降りると、二月の刺すような冷たい風が吹きつけてきた。東京から電車で一時間半ばかりのところだが、海沿いの埃っぽい荒涼とした感じの町である。見知らない町へ来たという気持が、吹く風の肌ざわりからも感じられた。」（同上書、九ぺ）

という、冒頭の段落から始まり、途中に、

「もしかしたら、佐々木と繁子ではあるまいか。何故、すぐそう思うのだろう。さっきも、おでんやに男女がはいって行くのを見たとき、佐々木と繁子かとすぐ思ったりした。何故、甘い情念に燃える二人の姿しか胸に浮ばないのだろう。

『実際に自分の眼で見たわけではないのにね』

風が木立ちを揺すりながら、こう囁いたような気がした。

『想像というものは、罪深いものだ。許しを乞いなさい。そして相手を許してやって祝福することだ。それは憎しみよりも勇気のいることで、価値がある……』

風がやむと、風の中の囁き声もとまった。

『従兄に捨てられて、またしてもか。やれやれ』

それは風の声なのか、自分の心の声なのかわからなかった。その声は、佐々木と繁子の仲を許してやって祝福することだと言った。祝福？　そんなことが出来るだろうか。心は傷ついて怒っているというのに……。」（同上書、一五ぺ）

と、風の声が登場し、さらにまた、

「見ただけで、なつかしい感じのする人があるものだが、そうした魅力が私には微塵もないとハッと気づくのだった。私が恋愛にしくじるのは、そのためかも知れない。相手の男が、ふっと横を向いてしまうのは、そのためかも知れない。しかし、持って生れた魅力のなさを変えるわけにはいかない。お上手を言って機嫌とりをしたところで、魅力とはちがう。

『お前に出来ることは許すことだけだ。それは勇気のいることだが、価値がある……』

私の耳の奥で、またしてもそう風が囁いたような気がした。気がつくと秋らしい風が吹いて草や木がざわざわと鳴っているのだった。」（同上書、二四ペ）

と、風のささやき?が登場し、おしまいは、

「私はあの風の囁きを聞きたいと思ったが、そんなものは聞えなかった。外には風があったのに、何も聞えなかった。もう長いこと、何年も聞かないような気がする。もしも聞えたとしたら、いま何を言うだろうかと私は思った。」（同上書、二九ペ）

と、結ばれていた。

私は、息をつめて、この作品集を読み進んだ。わけて、大谷藤子氏の風の声の扱いには、鋭く迫ってくるものがあった。

大谷藤子氏の短編集『風の声』を、どんなにしてでも求めて、読み味わいたいという、やむにやまれぬ気持にしたもとはといえば、たまたま同じ下宿のへやに住むことをえたという、かぼそいつながり（えにし）であった。読まずにはいられない、読書をせずにはいられない、本（書物）との出会いは、だれにも与えられる。その、「読まずにはいられない」という、生きた場を、どのように用意し、一人ひとりの読み（理解・鑑賞）を真剣なものにしていくか。

私を短編集『風の声』へと駆り立てたのは、単に広島の下宿につながるえにしだけではなく、むしろ、その作品

の完成された結晶の美しさであるといってよい。完璧な精練された表現に魅きつけられる、生きた学習体験からは、ことば・文・文章に関して、多くのものが生まれてくる。

子どもたちを、本気にさせ、真剣にさせ、夢中にさせる、「〜せずにはいられない」という国語学習の生きた場を、どのように生みだしていくか。生涯をつらぬいて、生きつづける国語学力は、こうした生きた場から育ってくる。

三

子どもたちの胸底に国語学習の磁場をどのように生みだしていくか。磁石が鉄片を吸いつけるように、聞くことにより、読むことによって、ことば・文・文章を吸いつける、国語学習が生き生きと営まれるような磁場を成りたたせることができれば、子どもたちの国語学習は積極さをまし、活発なものになってくる。

漢字・ひらがな・かたかな・ローマ字を習得していく文字学習においても、文字学習について磁場が成立してくれば、子どもの文字力は、順調にかつ堅実に伸びていく。新しい漢字の一つひとつを習得していく学習活動も軌道に乗って、苦労も苦労でなくなっていく。漢字力の着実な伸長によって、読みとる力も、書き表わす力も、いっそう確かになり豊かさを加えていく。文字習得を的確にさせ、その活用を通して、習得した文字力がさらに発揮されるように、学習計画・学習活動をたえず考えていくようにする。

文字力をはじめ、語い力・文法力も、国語学習の磁場が成立することによって、いっそう丹念に生き生きと習得されていく。総じて、「言語事項」の習得が継続して確実に積み上げられるためには、子どもたち一人ひとりの胸底に、国語学習の磁場が育っていなくてはならない。

国語学習の磁場とは、もちろん比喩として名づけているのであるが、それは、学習者として国語学習への興味、関心、意欲が渦巻き、燃え立っている、子どもたちを、本気にさせ、真剣にさせ、夢中にさせる、「～せずにはいられない」という国語学習の生きた場にほかならない。ことばが空しく消散してしまう教室ではなくて、あたかもそこに磁石があって、ことばが学習者にことごとく吸い寄せられるような国語の学習のなされる場を求めていくのである。

生産的創造的な国語学習を求めて、その実現の足場を築こうとすれば、その足場は、一人ひとりの子どもの国語学習記録に見いだされる。また指導者によって編まれる文集（個人文集・学級文集・学校文集・地域文集など）にも見いだされる。

このばあい、国語学習記録や文集の類は、指導者にとっては足場であり学習者にとっては磁場となっている。みずからの国語学習記録を書きつづけることによって、あるいは、みずからの文集を作るため文章表現に励んでいくことによって、書かずにはいられない体験をし、書くよろこびを味わっていくことになる。また、文章表現にはげむことによって、文章表現力を着実に伸ばしていく。そこには、まぎれもなく国語学習の磁場が成り立っていくのである。

四

精読への道の一つ――くり返し読み、さらには全文暗誦が、暗誦者（つまりは、学習者）に、国語学習の磁場となることは、改めていうまでもない。すぐれた表現（文章）に接して、その全体をくり返し読み味わいつつ暗誦しえたとき、そこに出現してくる国語学習の磁場は、多くの奇跡を生じ、多くの発見や会得をもたらす。

くり返し読み、暗誦という、最も素朴で平凡な方法の一つと目されているものが、すぐれた国語学習の磁場を出現させ、最も非凡ですばらしい方法ともなるのである。

視写・聴写・暗写――与えられた文章を、あるいはまた、みずから選んだ文章を、丹念に写していくという作業にも、国語学習の磁場を見いだすことができる。どんなささやかな活動の中にも、国語学習のみのりは、その行じかたに応じてえられる。

五

「朝日ジャーナル」（昭和53年1月27日号）に、扇谷正造氏の故花森安治氏を偲ぶ文章「暮らしの旗高く掲げて」が掲載された。この文章には、「花森安治さんの人と活動」という副題もそえられていた。

「朝日ジャーナル」見開き二ページ、四百字詰原稿用紙九枚の文章を読みながら、平明にわかりやすくかつ軽妙に述べてある、扇谷正造氏の書きぶりに、長い年月をかけての修練のほどを感じないではいられなかった。

苦心の跡は、一見どこにも見られないけれど、周到な心くばりが全編になされているのである。

前掲の大谷藤子氏の『風の声』の文章表現といい、扇谷正造氏の文章といい、生涯をかけて到達された表現には、それこそ汲めども尽きぬものがあふれんばかりにたたえられている。そういう文章との出会いにも、文章表現を習得していく磁場は見いだされるのである。

文章表現力を伸ばしていく仕事（学習指導）は、国語科教育の古くて新しい中心課題である。「書き表わさずにはいられない」という文章表現学習の場を、また、「書きつづけ、積み重ねずにはいられない」という、継続・集積の場を、堅固に築き上げ、そこに真の国語学習の磁場を見いだしていくようにしたい。

（昭和53年2月17日稿）

3　国語教育への大道を求めて
――実践を深めていく視点――

一

私は、去る昭和三七（一九六二）年九月、東京で開かれた、第一五回全日本国語教育協議会に、「国語学習指導法の改善」という課題を与えられ、口頭発表をした。その内容は、つぎのようなものであった。ここに収録することをゆるされたい。

〝国語学習指導法の改善〟ということで、あれこれ思いをめぐらしましたことを、ご報告申しあげ、ご批判をえたいと思います。

(1)

「国語学習指導法の改善」というばあい、「改善」ということばを、別の角度から、別のことばでおきかえることもできます。つまり、「国語学習指導法」の「発見」とか、「開拓」とか、「創造」とか、「実験」とか、ということばを、「改善」ということばのかわりに用いることもできます。ひとりの実践者として、国語科学習指導法のことを考えていくばあい、私としては、これらの「発見」とか「開拓」とか「創造」とか「実験」とかの方向で考えていく立場にひきつけられます。単にことばの上のきれいごととしてでなく、実質として、そういうことを心がけていきたいのであります。

しかし、考えてみますと、「改善」ということばの中にも、じつは、「発見」・「開拓」・「創造」・「実験」などの、それぞれの性格や要素が含まれていると思われます。これは、「改善」ということを、かなりふくらませて、広く考えていこうとする立場から、ゆるされることでありましょう。私は、この題目（問題）について、このような立場に立って、考えを進めたいと思います。

(2)

1 国語学習指導法の改善の土台は、どこに求められましょうか。学習指導にあたる、実践者一人ひとりのことばの生活――聞き、話し、読み、書く生活を、めいめいでしっかりさせることが、改善のための土台になります。聞き読み、話し書くという、理解力と表現力にも、じゅうぶんでない部面は、少なくありません。そのふじゅうぶんさを補っていくこと、補っていこうとするふだんの心がけがたいせつであります。

しかし、自己のことばの生活上の、習慣や態度、技能について、短所を見いだして矯正し、長所を伸ばしていくということは、それほどやさしいことではありません。自己のことばの生活の反省とか向上とかの問題が、なまやさしい問題でないと気づき、そのむずかしさをいやというほど感じとることから、「改善」の問題は、出発するのであります。

たとえば、書くことに例をとりますと、私には、板書する文字がまずく、いたってへたであるという、悩みがあります。ある学生は、私の板書する文字のつたないのを見て、「先生の板書を見ていると、私のように字のへたな者も、なんとか国語の先生になれるという自信がわいてきました。そういう意味で、先生の講義の時間に感謝します。」と、受講の感想を記したほどであります。

このことは、私にとっては、決して末梢的なことではありません。板書法をはじめとして、私の多くの国語指導法に、微妙な影響を与えます。文字の書きかたのつたなさの問題、これは、ほかの人には問題にならないことであっても、文字のへたな本人には切実な問題で、ともすれば暗い気持ちを伴い、つねに念頭から消えることのない問題であります。

また、話すことの面に例をとってみますと、アクセント感覚が鋭くなく、その高さ・低さの聴きわけがじゅうぶんにできない耳を持つばあい、標準語（共通語）や標準語アクセントのことを、身につけたり指導していかなくてはならない者には、この欠陥は絶望的でさえあります。

自己のことばの生活やことばの能力に、分析・反省のメスを入れてみますと、そこからはかなり深刻な問題状況が切開されましょう。この面から、国語学習指導法の改善の土台には、自己の言語生活の体質改善の問題がきびしく伏在していると考えられます。

(3)

[2]つぎに、国語学習指導法の改善の目標・目あては、どこにありましょうか。改善はなにを目ざしてのものであると考えればいいでしょうか。

改善の目的・目標は、国語学習をほんとうに国語学習たらしめるところにあります。むだをはぶき、不自然さをなくし、学習者にほんとうに国語の学力をつけていくための、国語の学習活動とそれへの適切な指導とを目ざすことにあります。

ほんとうの国語学習の確立を目ざすという大目標は、時として、目の前の国語教室の、それなりの読み聞き、書き話す活動の中で、枝葉のことにとらわれて見失われることもあります。学習指導にマンネリズムがくるのは、こうした目標喪失という事態においてであります。

国語学習指導の改善ということが、国語学習指導の姿勢を正しくしていくことであると考えれば、学習指導の目標・指導事項を、その教材・その時間について、明確にしていくことは、姿勢をしっかりしたものにしていく基本になりましょう。

国語学習指導法の改善の方向は、学習指導の目標を明確にしつつ、真の国語学習を求めて、一歩一歩と着実に歩んでいく、学習指導の実践の歩みの上に見いだされるでありましょう。ほんとうの国語教育を目ざすということに、「改善」という問題の究極は、尽くされましょう。

一個の指導者・実践者の、その立場での最善を尽くした国語教育——それは、つねに「改善」を志向しつつ営まれる国語学習指導であるといえましょう。

(4)

[3]つぎに、国語学習指導法の改善の方法を、どう考えればいいでしょうか。つまり、どんなに改善していくか、また、どうすれば改善することができるか、ということであります。

そのくふうの一つは、学習指導のある目標がきまったばあい、その目標を達成するためには、一体どれほどの学習・指導の方法があるかを、できるだけ多く考えるようにして、考えうるかぎりの考察・くふうを尽くして、それらの中から、その学級、その教材、その時間に、もっともふさわしいものを採用していくということを、励行するということであります。このことは、日ごろ私淑しております大村はま先生から、折にふれて教えられてきたことでありますが、一つの方法を生みだし、さらにそれ以上の方法を生みだしていくのに、もっとも暗示に富んでいるように思われます。

つまり、このばあいは、「改善」の問題を、Aの方法をBの方法へととりかえていくという、単なる置き換え・取りかえの問題とは考えず、自分の考えついた数多くの方法の群の中から、その目標に対して、もっともふさわしいものを選びとるという、選択の問題・価値発見の問題として考えるのであります。

(5)

[4]国語学習指導法の改善には、個人・個人の改善の問題というよりも、幼・小・中・高・大それぞれに、その段階で陥っている欠点や弱点・短所があり、それらを改めていくという面をもっております。つまり、一般的傾向として、指摘される改善事項はなにか。日本の現下の国語教育の上で、おたがいに気をつけて改善していくべきことはなにか。こう問うことも、たいせつであります。この問題に対して、今まで出されている問題は、幼・小・中・高・大の一貫した国語学習指導法の確立を目ざしていくということであります。

(6)

[5]国語学習指導法の改善について、現下、もっとも切実な問題点はなんでしょうか。それは、一人ひとりの指導者が謙虚に学習者の声を聞いて、国語の学習のしかたそのものを、よくわからせていくようにするということであります。国語の勉強のしかたがわからないという声を、どう受けとめてやり、それにうちこませるのに、どのような方法をとったらいいのでしょうか。

たとえば、「国語の勉強をどのようにしていいのか、わかりません」(高二、満一七歳、女子)とか、「国語の勉強のしかたを、よくわかるように教えてください。」(高二、満一六歳、女子)とか、「国語は、他の教材に比べて、簡単なように思われますが、いざするとなると、なんとむずかしいのでしょう。国語科の要領のつかみかたがわかりません」(高二、満一七歳、女子)とか、こうした学習者の声に対して、ぜひ学習のしかたがのみこめるように、導いていかなくてはなりません。

この問題の解決のためには、指導者は国語学習に関し、全体と部分、目的と方法、習得したこととそれへの評価、こうした観点を、たえず持っていなくてはなりますまい。

学習者に、国語学習のしかたを明確にわからせ、国語学習を自主的に進めさせていくことに、国語学習指導法改善の直面している、もっとも大きい問題の一つがあります。

(7)

以上、国語学習指導法の改善の問題について

1「改善」の土台を、指導者各自の言語生活の体質改善に求め、2「改善」の目標を、真の国語学習の確立に求め、3「改善」の一方法としては、一つの目標に対する多くの方法からの選択としていくやり方を提案し、4「改善」の共通問題を、幼・小・中・高・大の一貫の体系樹立に求め、5「改善」のもっとも切実な問題の一つとして、国語学習法の解明ということを指摘し、およそ五つのことを挙げました。

こうした、国語学習指導法の改善の問題が、日本という社会においては、どういうふうに流れやすいかという、国語教育の伝統と特質に関する問題もありますが、ここでは保留いたします。いずれにしましても、国語学習指導法の改善の問題は、現実には、各自が受けもっている学習者の国語学習をあずかっているという責任感から発するものであります。

国語学習指導法の改善という問題は、本来、もっと臨床的に具体的にとり上げられるべきものでありますが、ここでは、「改善」の問題を、基本的な問題として整理し、思弁的に扱ったしだいであります。

（昭和37年9月20日稿）

私は、右の報告をするにあたって、原稿を読み上げるという方法をとらず、あらかじめ全部をおぼえるように努めて、発表当日は原稿を見ないで、文字どおり口頭で述べることができた。一五分間の発表を、原稿を用意し、そこから離れて、口頭表現としていくことを思いきって試みたのであった。

前夜遅くまで、当時原宿にあった宿舎の一室で、くりかえし練習したのを、よくおぼえている。

――右の発表から満一六年を経過した今も、私の基本的な考えに、かわりはない。五つのうちどれもみな努力目

標としなければならないものばかりだからである。

二

1　指導者各自の言語生活の体質改善ということ

みずからの言語生活をどのようにひきしめ、どのように深め、どのように体質改善をしていくか。みずからの言語生活（聞き話し、読む書く）に自信を抱くことは容易ではない。自信をもつ前に、不安にかられ、低迷してしまうことのほうが多いのである。

聞くこと、とりわけ、他者の発言・発表を傾聴して、的確に聞きとり、聞きえたことを活用していくことができるようにすること――こうした聞きかたや聞く態度がしっかりして、そのことに自信をもつことができるようになると、その人の聞く生活は努力に応じて安定感と深さをまし、やがてはゆとりをもつようになる。自信に支えられてゆとりをもつことが、さらに聞くことの工夫と試みを可能にし、聞き方・聞く態度をいっそう充実したものとしていく。

みずからの聞くことの体質改善をはかり、その向上をめざして多くの努力を重ねていく指導者となって、初めて学習者の聞き方・聞く態度について、基本的なこと・実際上のことを見いだし、適切に助言をしていくことができるようになる。

話すことに関しても、かぎられた時間の中で、目的に応じ場面に即して、まとめて簡潔にものをいうことは、至ってむずかしい。与えられた時間を真に有効に使うことができないで、枝葉のことにこだわりすぎて、冗長空疎な発言・発表におわってしまうという例は少なくない。話すことに関する自己修練は、ほんとうに自己にきびしくなければ成就しない。

目的や場面に応じて的確に適切に話すということは、指導目標・指導事項としては、つねに掲げられるけれども、そのことを指導者自身のものとして会得し、自在にそのように話していく力を発揮していくのは容易なことではない。話すことに関し、指導者として心がけ、修練していかなければならないことは多いが、場をわきまえ、目的にあわせて、簡潔に的確に話していくことは、最も重要な課題の一つであるといってよい。

読むこと、読む生活には、これでいいのかという不安の念がつきまとう。忙しさの中で、みずからに必要な、ねうちの高いものを選んで、読みこなし、その活用を適切にはかっていくことは、最もだいじな読書行為でありながら、それをゆだんなく継続していくことはむずかしい。

授業にとり上げる個々の教材について読み深め、その研究に自信をもつようにするには、たえざる修練を必要とする。みずからの読み方・読み味わう力に自信をえることは、やさしいことではないにしても、努力目標としてたえず積極的に求めつづけたい。

書くこと、みずからの書く生活を意欲的に盛り上げ、生産的なものにしていくことは、最もねがわしい。しかし、現実には書くことから逃がれようとし、結果として避けてしまい、書くことから遠ざかってしまうことが多い。書きつづけ、書きこなしていくことから、みずからの専門上の仕事を積み上げ、いっそう確かなものにしていくことが望まれる。みずからの書きあらわす力を、過少評価することも、またゆるやかにしたり、なげやりに扱ってしまったりすることも、ともに好ましいことではない。

書くことに関し、記録すること、論述すること、あるいは創作すること、指導者として身につけておくべきことは多い。指導者自身が書く生活で経験する、さまざまな苦心・工夫が、学習者への指導に生かされてくるということは多い。

三

2　国語科教育の実践体験を積み重ねていくということ

みずからの日々の国語科授業を通じて、積み重ねが順調になされるようにしたいというのは、実践者のねがいの一つであるといってよい。かって芦田恵之助先生は、どういうむずかしい問題も、みずからの授業を通して、その解決をはかっていくように努められたが、授業を通して求めつづける姿勢をつらぬいていくとき、授業者として退行し、沈滞してしまうおそれはないであろう。

それにしても、真の国語学習の確立をめざし、国語学習法を明らかにしていくことは、大きい課題であって、日々の国語科授業には、つまずきもあれば、思わぬ困難さが生じてくる。

指導者としては、みずからの授業（実践体験）を通じて苦しんだこと、そこで会得したことだけが、それ以後の授業を高め、また本格的なものにしていくことになる。

実践を深めていくこと――それはみずからの実践体験から見いだすべきものを見いだし、つかむべきものをつかんでいくことにほかならない。実践体験を通じての自己発見――それはむろん、学習者（子どもたち）を発見していくこととも深くつながっているが、それがみずからの実践を積み重ね、深めていく拠点になっていく。

発問のしかた、説明のしかた、助言のしかた、読み聞かせのしかた、文章添削のしかた、表現の味わいかた、味わわせかた、学習態度のひきしめかた、学習の手びきの作りかた、活用のさせかた、国語学力の評価のしかた、すべてみずからの実践体験を通じて、発見し、会得し、深めていくべきものばかりである。

ある学習指導上の問題について、ありとあらゆる工夫を尽くし、苦しさも、またそれをくぐりぬけてえられるよろこびをも味わったというようなばあい、指導者として不思議に思われるほど、自信がわき、工夫が生まれ、つぎつぎに意欲的にとり組むことができるようになる。こうした、指導者・実践者として、〝自信〟を生みだしうるような授業経験をだいじにしていくようにしたい。

指導者として、その日ぐらしに陥らず、実践体験の積み重ねができるようになるとき、熟達の境涯、あるいは洞察透視の境涯が開けてくる。実践者として、熟達自在の境地に立ちうるのは最も大きいよろこびである。

四

以上、国語学習指導法の改善の問題五つに重ね、あるいは加えて、

1　指導者各自の言語生活の体質改善ということ

2　国語科教育の実践体験を積み重ねていくということ

の二つの問題をとり上げた。

さらには、

3　国語科学習の核心に触れるということ

の問題もだいじであるが、ここにはそのことを指摘するにとどめたい。

国語教育への大道をどう見いだすかは、実践者個々の切実な課題であるが、ここでは実践を深めていくための視点として、三つの問題をとり上げ、みずからの小見を述べたしだいである。

体質改善にしても、実践体験の集積にしても、核心に触れることにしても、それぞれ容易なことではないが、これが実践を深めていくだいじな視点となり、また拠点となることを思えば、おのずと努力すべき目標は決まってくる。

（昭和53年10月30日稿）

4　事上錬磨の国語教育を

一

事上錬磨、あるいは事上磨練とは、実際の事に当たって精神を錬磨することをいう。王陽明の語といわれている。事上錬磨ということばがいつころから私の胸に宿るようになったかは明らかでない。太平洋戦争下、心身の修練をみずからの課題としていたころ、わが心に入ってきたという気がしている。その後も、歳月の流れのなかで、このことばは折あってよみがえってきた。

しかし、私のばあい、事上錬磨ということばを真にみずからのものとして体得しているわけではない。事上錬磨を日常生活の中でどのようになしえているかということになると、はなはだ心もとない。どれほどのこともできていないのである。

私がみずからに言いきかせているのは、日常の言語生活・言語行為の中で、どのようにしてその核心をとらえていくかということである。対話であれ、独話（公話）であれ、討議であれ、それらの言語行為を的確にとらえうるようになりたいと願っているのである。そう願って努めていれば、すこしずつ言語行為がわかってくるようになってきたとふと気づくこともある。

三月一日（昭和五五年）、私どもの教室の卒業論文発表会が開かれ、三二名の要旨の報告がなされた。一人ひとりの報告を聴きながら、私はしだいにあることに気づいていった。

ひとりずつみずからとり組んで悪戦苦闘をしながらまとめたことについて報告するのを聴いているうち、私はそこに用いられていることばも話しかたも、四年間の学窓生活の中で、もっとも身についたものではないかと思うようになった。みずから論文としてまとめえたことに自信を抱いているばあいも、論文の成果に満足することができず、多くの悔いを残しているばあいも、発表者の人柄をよくうかがわせる、聴き手の胸に自然に入ってくるものだった。

満三〇年間も、卒業論文制作の指導に当たり、またその発表を聴きながら、どうして今までそのことに気づかなかったのであろうか。どの発表者のばあいも、大学生活四年間を通じて、もっともすぐれた、しっかりしたものいいになっていることに、どうして耳を傾け目を向けようとしなかったのか。やはり、ほんとうの聴きかたができず、また発表者の話しかたの到達水準をとらえようとする心ゆとりがなかったのである。

指導教官として講評のことばを述べるとき、私は、一人ひとりの卒業論文の発表にじっと聴き入りながら、それぞれの自分の体得し、とらえたものを語ることば、話しかたに接することができて、しあわせここにきわまるという感じがしたと述べた。ことし初めてみずから発見し、気づくことのできたところをとり上げながら、私はこれが言語生活・言語行為についての事上錬磨の一つではないかと思わずにはいられなかった。

学習者（児童・生徒・学生）のことば・話（対話・独話・討議など）を聴きながら、その全体と部分とを、どのように受けとめ、かつ深く理解し、さらに見抜いていくようにするのか。学習者一人ひとりの言語生活・言語行為をどのようにとらえていくのか。その根基をなしているものや核心をなしているものをとらえていくこと、それは事上錬磨によらなくてはならない。

国語教室と国語教育を真に主体的なものとし、学習者と指導者とを緊密に結び合うものとするためには、指導者が事上錬磨に徹していくことがなににましても大事である。

二

水上勉氏が長編小説「父と子」を「朝日新聞」に連載されるようになって、もうかなりの日数になる。私は、もう三〇年近く新聞小説から遠ざかってしまい、一回一回の一定の分量の小説を毎日読みつぐということはしていない。毎朝二種類の新聞（全国紙と地方紙）に目を通すならわしは、ずっとつづいているが、新聞に連載される小説を一回ずつ丹念に読んでいくという気持のゆとりはなくなって久しかったのである。

しかし、水上勉氏が「父と子」を連載されると知って、久しぶりに一回ずつ読んでみようと思い立った。この小説を執筆される契機の一つがかつて水上勉氏が某誌に書かれた親子についての論がずいぶん大きい反響を呼び、現代社会におけるもっとも切実な課題である父と子の問題を小説にとり上げて掘り下げていくことにあるとわかって、私はぜひ氏の連載小説「父と子」をつづけて読んでいこうと心に決めたのである。

やがて水上勉氏の連載は開始され、私は必ず目を通すようにして、現在に至っている。新聞を読む順序は、読み手によってまちまちで個人差があるが、私は初め第一面を読み、ついで、最終ページから順次さかのぼって第二ページへと読みかえすことにしている。ずっと以前は、第一ページから最終ページへと紙面を追って読み進めていたが、もうかなり前から、第一面をすませると、逆順に紙面を読みかえしていくことにしている。

水上勉氏の「父と子」は、分厚い新聞紙のどこかに埋もれている感じがするほどで、よほど気をつけていなければ、読むのを忘れてしまいそうになる。その日の記事群を読み終え、おしまいに「父と子」に目を通すことにしているので、忙しい折には、その夜帰宅してから、改めて掲載されている紙面をひらいて読んでいくこともある。

熟達した作家の手になるものであるから、毎日忘れないように心がけて読んでいくと、思わずはっとさせられることが多い。小説の書き出しをはじめとして、父と子の登場する事件の発端から展開、父と子を中心に描かれていく人物像の描出のたくみさ、それぞれ心にくい構成であり叙述であって、感嘆させられることが多い。むろん、自分がこうした文章表現を試みるとして、こうはとても書けないと思うことばかりである。

かつて、私は旧制中学校に学んでいたころ、小島政二郎氏の「花咲く樹」という新聞連載小説を、新聞が日ごと届けられるのを待ちかねるようにして読んだ記憶がある。吉川英治氏の「宮本武蔵」もたのしみにして読みつづけたし、三上於菟吉氏の「雪之丞変化」も、永井荷風の「濹東綺譚」も、同じようにたのしんで読みつづけたが、なかでも最も心を魅かれて陶酔したように読みついだのは、小島政二郎氏の「花咲く樹」であった。

水上勉氏の「父と子」に対する読者としての私は、旧制中学校時代に「花咲く樹」に酔うたように読み浸ったのに比べれば、ずっと冷静である。あこがれて読み浸っているのではなく、なにかを求めて読もうとしているのである。そこでは、小説の読者として幸福なることを願っているのではない。

小説「父と子」に対して、こうした文章表現のありようを求めて、一つひとつの文、一つひとつのことばを吟味しながら読んでいこうとしているのである。つまり、私は、水上勉氏の小説「父と子」の一回ずつを読みながら、そこに事上錬磨を求めているのである。

すぐれた文学的文章との出会いには、必ずといっていいほど、事上錬磨が見いだされる。みずからの読みとり、読み深める力を伸ばしていくのには、読む生活における事上錬磨の場をしっかりと見いださなければならない。

三

つぎに掲げるのは、昨年度の「国語科教育法」の時間に備えて、受講者一人ひとりに自分の顔写真を貼りつけたカードに、各自で記してもらった、自己紹介の文章の一つである。

「この顔を見て、この私がどんな人間だと思われますか？　丸くて平たくて……とても悪い事はできない顔だとは思いませんか？（あっ、もう見なくて結構です。）自分で言うのも何ですが、その点では自信があります。

しかし、人は色々な顔を持っているものです。この私だって、国文の一研（引用者、第一研究室）で、黙々と本に向かっている顔（演習の一週間前には確実にゆがんでいます。）もあり、また、家の中では三人兄弟の長女として母とまるで同じようになっていく顔、テニスコートの中で日光をあびている顔、どこかの誰かに心をときめかせる顔、仲間と（誘惑と戦いながらも）アイスクリームを食べる顔etc。……でも、数えきれないその顔が実は一つの顔であるということが最近になってやっと自分にはわかってきたような気がします。

私は学生生活の二年間、体育会系のテニス部に所属し、南国の人のような顔をしていました。歯をくいしばって白いボールを追っていました。毎日がテニスに明けてテニスに暮れていたと言ってもよい程だったのです。本当にテニスが好きでクラブの仲間が好きで……何も問題はないはずなのに、二年の中頃から私の心はテニスをやめることに傾いていきました。自分の生活、自分の時間を何に向けていくか、どこに焦点を置いていくか、――この問題が、自分の中で次第に拡大して、内におさめておくことができなくなったのです。（本当の理由は一語で表現することなど、できませんが。）仲間の引きとめることばには幾度もひきずられながらも、結局は自分を通してしまいました。

もう一度私の顔を見ていただけますか？　この顔は穏やかな表面の中に意外に「がんこ」なもの、流されないものを持っている顔だとは見えませんか？　自分の中に自分しかない一本の柱がある人間でありたいと思う今日この頃です。」（昭和54年6月上旬記述）

カードの表と裏にびっしり書かれたこの文章は、全体が四つの段落から構成され、首尾照応していて、書きぶりにも語りかける調子があり、ユーモラスなセンスもはたらいて、しかも一本しんの通ったものとなっている。

ここには、小学校・中学校・高等学校・大学（前期教養課程二年）と、六・三・三・二計一四年間の国語教育を受け、かつみずから国語学習を積み重ねてきた人の文章表現が見いだされる。生まれてから満二〇年の成人への歳月が重ねられているのである。

この自己紹介の文章は、正規のレポートとして提出を求められたものではなく、講義者と受講者とのコミュニケーションのため、心の交流のためのものである。しかし、この文章は全力を注いでまとめられており、みずからの内面をも浮き彫りにするポートレートになっている。

学習者の書きあらわす文章を、しっかりと受けとめ、それを克明に読み深めていくこと――それはなにものにもかえがたいよろこびを伴っている。なげきも苦労もつきまとっている。しかし、そこに文章表現指導の事上錬磨があることは疑いない。

以上、国語教育における事上錬磨の事例を三つとりあげた。事例はささやかであるが、ここから国語教育の深化を求めていきたい。

（昭和55年3月5日稿）

5　教科指導の個性的創造を求めて

一

教育学部三年生に「国語教育史」（昭和五四年度）を講じ、そのレポートの一つに、各自の国語学習個体史の記述をもとめたところ、提出された、学生Mさんのレポートに、つぎのような一節があった。

「国語の先生として私に初めて強い印象を与えた人は、中学二年、三年の時の担任でもあったI先生である。センスにあふれた授業をなさった。お人柄に感銘を受けることも多かった。『山椒魚』、三好達治の詩『大阿蘇』の授業の余韻は、私の心に今も響いているのである。

授業外のことではあるが、次のような思い出がある。修学旅行に関する作文を主に集めた文集を作成したことがあった。クラスの中から数人を選んでロウ原紙を切ることになり、私もそのひとりに選ばれた。放課後残ってその作業をしていた時、S君というクラスメイトの書いた詩を目にした。

　雪が降ったら

ゆきがふったらぼくは学校にくるのはいやになるような気がする。それにくらべ木や草はさむいのにかわいそうだ。木や草などにくらべぼくはよいと思う。

私はこれを見た時、笑って『何よこれ。詩になってないじゃない。』と言ってしまった。それをお聞きになって先生は『詩というのに、決まった形はないんだぞ。こんな詩だってたくさんある。』とおっしゃった。私はハッとして思わず口をつぐみ、先生のお顔を見上げた。そこには、S君を思いやりつつも、できるだけ私を傷つけまいとするおだやかな微笑が浮かんでいた。S君はあまり成績のよい生徒ではなかった。私の心の中には『あの人の書いたものなんて。』というおごった意識と、『詩には型式が必要だ。』というあやまった考えがあったのである。私は先生のひと言で、初めて自分の間違いに気づかされたのである。その時のショックは大きかったし、たとえようもなく恥ずかしかった。それを救ってくれたのが先生の微笑であった。

今読んでみてもS君のこの詩は中学二年生の作品としては稚拙なものだと思う。けれども、彼を知っている者に彼の顔を思い浮かべさせる力を持っていることは確かであり、その意味で彼の個性を伝えてくれる作品であると思う。生徒ひとりひとりを大切に扱い、その力を伸ばそうとされる先生のお気持によって、私は単に国語という教科内のことだけではなく、人間としてのあり方に関わることまで教えていただいたのである。その文集のおわりに、『雑感』と題された先生の文章が載っている。そしてそれは次のようにしめくくられている。

『……一人旅はますます個の世界を深めてゆくが、修旅は人の輪を広げてゆくようである。今まで生徒を制服でしか見ていなかったのに、私服姿の生徒を見ると、その人の別な面を見る思いがする。今までの自分はその生徒を制服という集団の一員としてしか見ていなかったことに気付く。そして、今にしてそれがわかったことに驚き、自分のうかつさを悔むのである。／ひとりひとりの生徒は、車窓から見る一軒一軒の灯をともした家に似ている。それぞれに小さな世界を作っている。みんな、自分を大切なものとして生きていることを自覚しなければならないと思った。』と。」

Mさんは、右の文章の中で、「センスにあふれた授業をなさった」I先生の小説や詩の授業の余韻は、自分の心に今も響いていると述べ、「先生の微笑」によってみずからのとりかえしのきかぬ失敗・あやまちが救われたことを述べ、「生徒ひとりひとりを大切に扱い、その力を伸ばそうとされる先生のお気持によって、私は単に国語という教科内のことだけではなく、人間としてのあり方に関わることまで教えていただいた」と述べている。「雑感」の中に述べられているI先生の生徒たちへの理解の深まりもまたすばらしい。

Mさんが述べているのは、中学校における国語科指導の事例であるが、そこに提起されている教科指導のありかたは、どの教科にも通ずるものがある。児童・生徒一人ひとりを大切に扱い、学力をほんとうに伸ばしていこうとすること、それは教科指導にうちこんでいる人々すべての切実な目標であり、しかもやさしくはない課題である。

さらにMさんが述べているように、学習者（児童・生徒）と指導者との教科の内と外における人間的対応をどのように成就していくかも、教科指導を通じて、また学級指導を通じて、たえず考えていかなければならない問題である。

二

それぞれの教科指導において、たえず見つめていなければならないのは、一人ひとりの学習者（児童・生徒）が学習者（探究者）としての自己確立をどのようにはかっているかということである。小学校・中学校・高等学校計一二年間を通じて、それぞれの教科の学習を重ねながら、どの段階でみずから学び、学び方を身につけつつ、自主的自発的に進んでいくようになるのか。個人差があって、いちがいに断定することはできないが、それはおよそ小学校中学年（三、四年生）のころからではなかろうか。学習者（探究者）として、みずから学習にとり組むことができるようになれば、学習者（児童・生徒）一人ひとりの学習する姿を目の当たり見ていて、「この子（児童・生徒）はもうだいじょうぶ。これから大きくつまずくことなく、また脱落することなく、教科の学習を着実に積み上げていくにちがいない。」という気がしてくる。

どの教科の指導のばあいも、その教科の学習をしていく態度がしっかりしており、意欲がさかんであって、学習方法が会得されているかどうか、学習者（児童・生徒）一人ひとりをその面でたしかめてみなければならない。

周到な指導計画のもと、すぐれた指導のもとに、真剣な学習がなされることによって、初めて学習者（児童・生徒）は学習のしかたを身につけていく。学習法を会得し、学習者（探究者）として、みずから学んでいけるようになり、学習の自己集積が可能になるよう、教科指導にあたっては、たえず心を配っていかなければならない。

教科指導を本格的なものにしていくため、それぞれの教科の学習指導において、学習者（児童・生徒）一人ひとりの学習法会得の実態をくわしく調べ、指導者として、その実態に応ずる手だてを周密に工夫していくことが望まれる。

三

教科指導において、学習者（児童・生徒）一人ひとりがどういう学習を積み重ねていくかを、指導者として的確に把握していくには、それぞれの教科の学習記録を可能なかぎり周密にまとめさせ、学習者（児童・生徒）の学習者（探究者）としての自己確立の足場としていくことが望まれる。学習記録からは、学習者（児童・児童）のその教科に関する学習活動の軌跡とその向上の過程と問題点の所在が手にとるようにわかり、指導者として学習者（児童・生徒）を一人ひとり深く理解していく、なによりの手がかりが得られる。

各教科の学習記録を媒介として、指導者と学習者（児童・生徒）間の人間的対応も、いっそう緊密でゆきとどいたものとなる。学習記録は、教科ごとに教科の特性と必要に応じて、その記録のまとめかたを考えていけばよいが、単元（題材）ごとに、あるまとまりをもった授業ごとにまとめさせていくのがよい。授業時間内の観察による、学習者（児童・生徒）理解には、おのずと限界があるが、教科単位の学習記録を提出させ、その一ページ一ページをたどって、学習者（児童・生徒）の学習状況をつぶさにみていくばあいは、学習者（児童・生徒）一人ひとりに即して学習状況、その達成状況をとらえていくことができる。

それぞれの教科ごとに、個別指導の場、個人差に応ずる指導の足場を、学習者（児童・生徒）一人ひとりの学習記録にもとめることは有効である。学習記録を通じて具体的に学習指導への手がかりを得ていくことができる。学習記録に克明に目を通していくことは、学習活動の達成状況の確認であり、学習上の障害の所在の発見でもあるが、それは同時に指導にあたった指導者への自己評価でもある。

教科指導において学習記録の果たす役割の重要なことはわかっていても、それを学習者（児童・生徒）全員によくわからせ、学習記録をあるまとまりごとに完結させていくことは容易ではない。学習記録のほんとうの価値の確かめとその効率的な活用のしかたは、なお考えて工夫していくことが望まれる。

四

教科指導にあたる指導者としては、専攻し、かつ担当する教科の学習指導内容に精通し、その内容を学習させ、指導していく方法そのものに熟達していることがもとめられる。教科の専門的内容に精通し、それらを的確に学習させる方法面に熟達しているということは、学習者（児童・生徒）にその教科を学習していくよろこびを感じさせ、学習のしかたを会得していくたのしさを感じさせることにほかならない。

各教科の内容は、小・中・高ともに深いものがあって、その世界を究めることは容易ではない。しかし、指導者として、専攻し担当する教科の世界（内容）を探究し、わがものとして習得していく姿勢を持し、意欲を燃やし、つねに一歩でも二歩でも深まっていこうとすることはできる。その指導者の姿勢と意欲と積極的な取り組みが学習者（児童・生徒）をその教科の世界へ引き入れ、その教科を学ぶよろこびを得させる、大きいきっかけとなるのである。

　また、学習者（児童・生徒）に学習のしかたを会得させるばあいも、指導者自身がさまざまに工夫し、みずから苦心し、苦労して、見いだした学習のしかたであれば、それだけ迫力と実感とをもって受けとめられる。教科ごとに学習の手びきが学習者（児童・生徒）に示されるばあいも、指導者の心のこもった、適切な手びきとなっているばあいは、学習者（児童・生徒）に手びきに従って学習しつつ、学習の方法を会得していくよろこびを与えるものとなる。

　指導者が専攻し担当する教科の内容に精通し、その教科を学習していく方法に熟達しているということは、指導者がその教科の学習者（探究者）として自己確立をしているということにほかならない。指導者が身をもって示す教科の学びかたと学びえた、その教科の世界の深さや興味深さは、学習者（児童・生徒）に必ず新たな意欲をもたせるにちがいない。

　専攻し担当する教科の内容（世界）に精通し、その学習のしかたに熟達している指導者は、内容面についても、方法面についても、本質をおさえ、特質を明らかにし、むずかしさをどう克服し、たのしさをどう見いだすかについてゆたかな体験を重ねている。指導者としての、ゆたかな体験がたえざる精進と刻苦とに裏うちされさらにはどんな苦労をもよろこびとたのしみに変えずにはおかない、その教科への傾倒から生まれていることは言うまでもない。

　教科の内容（世界）に精通し、その学習のしかたに熟達している指導者の授業過程における、一言一句は、学習者（児童・生徒）に一言一句ごとに新しいものを示唆し、発見させていくと言っても言い過ぎではないほどである。一言一句は、指導者の教科への造詣からの発現であって、内容上むだを省き、濃縮されたものを蔵しているのである。

五

教科指導というばあい、もっぱら教科の内側、教室でのその教科の授業（学習指導）を指していることが多い。しかし、指導者と学習者（児童・生徒）の教科の内と外における人間的対応の重要さを忘れてはならない。前掲Mさんのレポートにもあったように、指導者から学習者（児童・生徒）への人間的対応こそ、教科指導をもほんとうに生かしていくことになる。

教科を専攻し担当する指導者の専門性と人間性とは、教科指導を本格的にかつ効率的に推進し、成果を挙げていくのに欠くことができない。教科指導における指導者の学習者（児童・生徒）に対する専門的対応と人間的対応とが学習者をして真に学習者たらしめる。

教科を専攻し担当する指導者の専門的対応と人間的対応は、統合されて、指導者の身につける授業力として機能していく。学習者（児童・生徒）への専門的対応（内容面への精通と方法面への熟達を通じて）と人間的対応（教科指導の内と外にわたって）から導かれる授業力が指導者一人ひとりに個性的創造を可能にしていくであろう。

六

以上、これからの教科指導のありかたを、とくにその個性的創造を求めていくのに緊密な問題として、

1　学習者（児童・生徒）一人ひとりに学習者（探究者）としての自己確立を目ざさせる問題
2　各教科の学習記録を指導し、学習者（児童・生徒）一人ひとりの自己確立の足場とさせる問題
3　指導者自身の教科内容面への精通と指導方法面への熟達をはかっていく問題
4　指導者の学習者（児童・生徒）への専門的対応と人間的対応を通じて、みずからの授業力を高めていく問題

などをとり上げた。教科指導が学校教育における教育実践として、各指導者にとって個性的創造の営みになることは、だれしも悲願とするところである。それはきびしい道ではあるが、努力に従って達成されうる道であると思われる。

（昭和55年10月3日稿）

6　国語教室の実践営為に徹するということ

一

　戦後、まだわが国が占領下に置かれ、復員者（軍隊経験者）は適格審査がすむまで教職に就くことを禁止されていたころ、私は仙台陸軍飛行学校から復員して自宅に待機しつつ、国語教育についてのみずからの考えを論考としてまとめていくことで、国語教室へ国語教室へとはやる気持を抑えていた。当時書きつけたものの一つに、「教室の精神——学級経営の根本問題——」という小稿がある。その中で、私は教室のありかたや性格について、つぎのように述べている。

○修羅と浄土——場所の深化——

　通念にしたがえば、教室は浄土である。神聖な場所である。それは、本質においても理想においても、しかくあるべきものであるし、またそうでもあった。しかしながら、教室の浄土性は、教室外の現実と隔離され絶縁されているために、浄土性を保有するのであってはならない。教室の神聖を維持することと教室の神聖であることとは、別してしさいに考え沈むべきことである。教室の現実をありのままに認めて、そこに修羅相をみつめねばならぬ。現実としてきびしく冷静に教室の修羅性を認め、まじめに堂々とこれに真向かうべきである。教室の修羅性を深めて、清めて、はじめて意味ある浄土性を現じてくるであろう。

修羅性をふまえた浄土性を信じて、この現実につとめるのはよい。安易に軽く浄土性をのみ思うことは危うい。教室が真剣な学を求める場であるためには、師弟ともに常にこの修羅性が問題となってゆかねばならぬ。嵐をおそれて凪《なぎ》を恋うても、それはいつも許されることではない。邪悪をはらい、正義を求める気魄は、場としての教室を深めることによって、根底を持ってくるであろう。脆弱な精神は教室の動揺から胚胎する。教室が深さを持つためには、動揺や修羅の底に、深くたたえた静もりがこもっておらねばならぬ。修羅と動乱とを沈めて、浄土の清浄をあらわしてくるものは、この教室の場としての深き静もりである。教室は修羅としてわきたつるつぼであるとともに、浄土として静寂をたたえた実人生に比類なき場所でなくてはならぬ。

あらゆる修羅相、人間としての欲情の醜態迷夢が根底からなりを静めて、転じて清浄な学問的情熱によみがえり、はつらつと息吹くものとするための教室の役割は不測である。

○苗床と揺籃――自然と憧憬――

一面からすれば、教室は苗床であり揺籃である。一つは自然の育成にまつ愛情を持ち、一つは憧憬をこめた祈りである。

教室は自然とひとつづきであるのが望ましく、夢にあふれた場でありたい。教室に窒息するような陰影がくすぶってはならない。苗々の育成も、夢々のゆたかさも、教室がせせこましく、押しつけがましく、しばりつけるようであっては、期待できぬこと明らかである。

教室には、あこがれに満ちた規範精神を欠くことはできないが、さりとて、それはとじられた世界になってしまうことは悲しむべく、常に開かれた世界であってほしい。

可能性を可能性として認め導き、現実態を現実態として見すえることがたいせつである。

開かれた世界としての教室は、無限の可能性に期待するとともに、現実態の凝視を怠ってはならぬ。修羅相を把握してためらわぬのも、教室の現実態把握の一つであるが、一面的ではなくて、教室の現実態把握は、およそ徹底したものでありたい。現実把握があいまいであっては、教室の進展は望めない。きびしくこまやかな現実態把握をとげてこそ、教室自体の可能性への向上が薫化される。

苗床にも揺籃にも、日夜ふだんの自然と師父の愛情の滲透が欠けてはならない。しかも、その愛情は聡明な愛情でなくてはならない。

教室の苗床的性格は、技術を要求してやまぬ。同じく揺籃的性格も、やさしいくふう〈心づかい〉を求めてやまない。凝視と薫化とが行われるために、教育者は教室を常にどのように把握してゆくべきかを考えつくさねばならぬ。

（昭和21年6月15日稿）

右の小稿は、まだ国語教室の実践に本格的にとり組む前にしたためられたものであり、いきおい考えが観念的で論が浮いたものとなっている。やがて国語教育に実地にたずさわろうとしていた私としては、手さぐりながら、国語教育のありかたを懸命に求めていたのである。右の覚え書きは、その点からすれば、私の国語教室への初心を書きつけたものであって、それはみずからの国語教育実践への出発の足場を固めようとする営みの一つであった。

前掲の小稿中、「開かれた世界としての教室は、無限の可能性に期待するとともに、現実態の凝視を怠ってはならぬ。」とし、「教室の現実態把握は、およそ徹底したものでありたい。」と述べ、「教育者は教室を常にどのように把握してゆくべきかを考えつくさねばならぬ。」としているところは、今日もなお考えていかなければならない問題である。

二

国語教室への準備の営みとしては、教材研究と授業計画をどのように効率的に進めていくかという問題が切実によこたわっている。野宗睦夫教諭（当時、広島県立福山誠之館高校）は、昭和二五（一九五〇）年から現在まで三〇年間国語教育にとり組んでいる篤実な実践者で、つとに教材研究にカード（西洋紙四分の一大）法を導入し、その積み重ねをつづけていることで注目されている。

現在野宗睦夫教諭の手元には、教材研究に関するカードを入れた袋は、計二二六を数えるという。カード枚数では一万四千枚にも達しているという。

試みに、その中からカ行・サ行の計一〇六に及ぶ教材研究のカードを入れた袋ごとの項目を掲げると、つぎのとおりである。

カ行　65袋

外国作家論　外国文学A～D　科学A～C　かげろふ日記　川端康成　戯曲　戯曲資料　聞く　紀行A・B　北杜夫　記録　近世文学　近代詩全　近代詩個人A～C　近代短歌　近代短歌作家別A・B　近代俳句全　近代俳句個人近代文学史　源氏物語A～G　言語　研究　研究テーマ　口語文法　古今集全　古今集作品　国語教育A～D　国語問題学指（学習指導の略）A・B　国語問題学指資料　国語の実態A・B　国語学史　国語史　国語の将来　古事記A・B　個体史　古代文学　古典教育　古典語A・B　古典読解　古典入門　古典論語録　今昔物語

サ行　41袋

西鶴作家論　西鶴A・B　作文の学習指導一年　作文の学習指導一年資料　作文の学習指導二年　作文の学習指導二年資料　作文の学習指導二年（グループ作文）　作文の学習指導二年（愛と友情）　作文の学習指導三年資料　作文教育　作文の評価　作文の形態別指導　更級日記A・B　更級日記資料　詞華集　思想　島崎藤村小説学習指導　島崎藤村小説学習指導資料　島崎藤村小説　社会A～C　小説論　自主研究　新古今全　新古今作品　人生A～C　人生における出会い　人生論　随筆A～F　西洋美術　説話戦争　川柳

これらのうち、カ行の「研究」の袋には、野宗睦夫教諭が今まで発表した実践報告・実践研究の題目・日時・枚数（時間）・場所（書名）などのカードが入っており、「研究テーマ」の袋には、思いついたテーマを書きつけたカードが入っているのだという。研究テーマは、昭和五五年一月の時点で、すでに三四にも達しているよしである。

野宗睦夫教諭のカード法を導入してなされた国語教材研究の具体的なことは、すべて「カード法による国語教材研究の実態」（「国語教育研究」第26号下巻、昭和55年11月4日、広島大学教育学部国語教育研究室内広島大学教育学部光葉会刊）にくわしく述べられている。

野宗睦夫教諭は、みずからのカード法による国語教材研究・国語教育実践をふりかえって、つぎのように述べている。

「この直接教材研究に関係する袋以外に、同和教育関係・ホームルーム関係が12袋、卒業論文とその後の読書による作品論・作家論のカードなどが45袋、さらに現在は使っていないので本棚の別のところへ積んでいるものが20袋ばかりある。」（同上誌、一四五ぺ）

「一九四八年十二月に野地先生によってカードの目を開かれてから三十年以上経過した。わたしの場合は研究の場でなくて国語教育の実践の場でカード生活が展開した。このことはわたし自身も思いがけないことであったし、見通しもほとんどないまま自己流にしかやりようがなかったことである。三十年の国語教師をしたわたしの生きた証しとして三百のカードの袋があり、二万枚になろうとするカードがあることは恐ろしくさえある。黒ずみ、変色したカードの一枚一枚にも消しようがないわたしの実践の記録があり、その実践を受けて今日のわたしの実践が存在していることを感じるからだ。いまさら引き返すことのできない道を歩いていることを痛感する。」（同上誌、一四七ぺ）

野宗睦夫教諭の述べかたはつつましくなされているが、約三〇〇にのぼる国語教材研究を中核とするカードの袋と約二万枚にものぼろうとするカードが三〇年間のたゆまぬ国語教育実践へのとり組みの中で集積されていることには驚嘆せずにはいられない。こうした国語教材研究の効率化を図ったやりかたがつづけられ、授業計画が意欲的になされて、そのうえに進められた国語教室の実践営為が挙げえた成果は、改めていうまでもなく充実したものであった。国語教材研究をふまえて、国語科授業を徹底して行じていくことの重要さを考えさせられる。

三

国語教育における実践営為を、どのように準備し、計画し、実践し、評価（考察）し、どのように位置づけ根づかせていくか。実践者として、その日ぐらしに陥らず、生涯を通じて積み重ねをつづけていくようにするためには、実践者みずからこれらのことを考えていかなければならない。

国語教室の実践営為は、Ⅰ準備・計画、Ⅱ実施・記録、Ⅲ評価・考察を通して、まっとうされる。Ⅰ・Ⅱ・Ⅲのすべてを通じて、必要に応じた記録をしていくことが大切なのはいうまでもない。それぞれの段階・過程にあっては、指導者⇅教材⇅学習者（児童・生徒）が密接にかかわって個々の学習指導（つまりは実践営為）を成り立たせている。それらを必要に応じて記録していくことが望まれる。

大村はま先生の中学校の実践に典型的に見られたように、国語教室における学習活動を単元ごとに一冊の国語学習記録に学習者（児童・生徒）一人ひとりまとめさせることができれば、国語教室の実践営為の記録としては最も精細なものが得られることになる。そこには新しく見いだされたり生みだされたりした国語教材はもとより、指導者から配られる学習のてびきも、学習者自身の学習活動も、テストの答案なども、すべて収められ、国語学習の生態が具現することになる。国語教室における実践営為が学習の側からほぼ完全にちかい状態に記録されていくのである。

こうした国語教室から生みだされた国語学習記録を学習者一人ひとりがまとめていくこと自体が生きた国語学習活動になっていることを見のがしてはならない。みずからの国語学習の軌跡をみずからの手で記録し、一冊の書物のように仕上げていくこと自体が学習者一人ひとりの国語学力を多角的に育てていくのである。

また、国語教室における実践営為は、指導者の立場から、国語学習指導記録によって具体的にとらえられていく。指導日誌として記録をつづけている指導者も少なくない。みずからの実践営為をとらえていく手がかりは、指導日誌や指導記録に、実践営為の準備・計画と成立・展開に関し、いつ・どこ・なに・どのように・だれ（学習者たち）・なぜなどがメモとして記入してあれば、みずからの手でその実践営為を、さらにくわしくとらえ、考察を加えていくことも可能である。

みずからの国語教室の実践営為を、〝実践即研究〟の境地に高めていくことは、実践にたずさわる人々の心からの願望である。国語教室の実践営為にみずから徹していくことによってどんな苦労もよろこびに化していくよう努めたい。

（昭和56年1月31日稿）

7　導入の授業を見直す

――導入の授業で学習課題を明確化させる問題――

一

国語科に限ったことではないが、学習者（児童・生徒）から、授業時間の到来を心待ちにされているという指導者（授業者）は少なくない。いつでも、学習者（児童・生徒）から期待され、しかも、その期待を裏切らない授業がつづけられているからである。期待を裏切らないどころか、寄せられた期待感を充足させ、次の授業への期待をいっそうふくらませるような授業がなされているのである。

学習者（児童・生徒）に待たれる授業が行われるように、指導者（授業者）としての力量を高めていくことは、だれもが念願するところであるが、授業は思いのほかに停滞しやすく形骸化しやすい。たえずはりつめて清新な授業を行うということは、至ってむずかしく、指導者（授業者）自身、いきづまって非力感に沈むこともしばしばである。

学習者（児童・生徒）から待たれる授業がなされるということは、学習者（児童・生徒）自身が授業（学習活動）に積極的に参加しようとし、学習意欲を燃焼させていることを意味しており、授業への導入はすでになされているともみられる。そこには、指導者（授業者）への学習者（児童・生徒）の信頼があり、授業への興味関心の高まりが見いだされる。さらに言えば、指導者（授業者）と学習者（児童・生徒）が相互に魅かれあう関係にあって、授業への道がおのずと開けているのである。

国語科の授業における導入の問題を考える時、学習者（児童・生徒）を積極的に授業へと引き寄せ、授業過程に引き入れてしまう、待たれる授業を実践しえているかどうかが問われなければならない。学習者に待たれているということがすでに実質的には授業への導入を生き生きとしたものにしているのである。

二

授業への導入には、大きくわけて、学習指導計画（単元）への導入と与えられた教材（学習活動）への導入の二つがある。いずれもゆるがせにすることのできないものばかりである。

新しい学習指導計画（単元計画）への導入には、別して心づかいがいる。授業展開の青写真（骨組み）が用意され、学習者（児童・生徒）一人ひとりが主体的にとり組んでいけるような周密な計画を立てることは容易ではない。適切な学習資料（教科書教材を含む）を収集し、単元を編成し、個別的に、グループごとに、また学級全体として、それぞれ力動的に授業を展開するように計画するのは決してやさしいことではない。学習指導計画の始終を通じて、学習者（児童・生徒）一人ひとりに固有の席が用意されていなければならない。それは授業（学習指導）計画に、学習者（児童・生徒）を一人ひとり位置づけていくことである。

学習者（児童・生徒）一人ひとりを意欲的に学習活動へと燃えたたせ、進んで国語学習にうちこんでいくようにさせるのを、〝実の場〟に立たせるという。単元的展開にかかわって、国語学習に生き生きととり組まずにはいられなくする、〝実の場〟を用意することは、国語科授業においても最も心くばりを必要とするところである。

国語科授業への本格的導入は、学習者（児童・生徒）をして〝実の場〟に立たせることにほかならない。国語教科書に採録されている教材だけを念頭においた授業では、学習者（児童・生徒）が受動的に傾きやすい。それだけ指導者（授業者）からの導入を用意しなければならなくなる。〝実の場〟に立たせることができれば、それは授業全体（学習指導計画）への最高の導入となる。

一方、与えられた教材（学習活動）への導入でめざされるのは、学習者（児童・生徒）の意欲・姿勢を生き生きとしたものにし、教材への出会いをゆたかなものにしようとすることである。指導者（授業者）として、(1)自信をもって、わがものとした教材について、語り聞かせをしながら、教材の世界へ、その学習活動へと導入をしていくばあい、(2)めざす学習活動に即して、学習者（児童・生徒）の興味・関心・意欲に確実に点火することができるように工夫して導入をしていくばあい、(3)与えられた教材（学習活動）を念頭に置きつつ、指導者（授業者）自身の生活経験・読書体験・随想所見などに話題・事例を求めて、それを足場にしつつ、教材（学習活動）へと導入をしていくばあいなど、考えてみれば、導入は決して単一ではない。

(1)教材（学習活動）に精通し、学習への期待をふくらませていく導入、(2)学習者（児童・生徒）の実態に即し、学習活動を盛り上げていく導入、(3)みずからの経験・思弁を学習と結びつけ、学習へと集中させる導入、いずれのばあいも、これらの導入を成功させるためには、指導者（授業者）として準備と工夫とを必要とする。そこには、導入を成り立たせる心がまえはどうあるべきかが示されている。

三

授業を組織し展開させるに当たって、学習課題を学習者（児童・生徒）一人ひとりにどのように把持させるかは、指導者（授業者）として最も工夫を要するところである。

指導者（授業者）の発問による誘導的展開においては、つぎつぎに学習者（児童・生徒）に投げかけられる発問の一つひとつに学習課題が含まれている。主要発問による応答・確かめによって、予定されている学習課題が課題としての役割を完了するような学習活動が営まれる。そこに学習としての充足感はみられるが、発問による誘導的展開においては、学習課題へのとり組みが学習者（児童・生徒）一人ひとりのものとして把握されにくいといううらみがある。学習課題の発見と把握という点で、学習者（児童・生徒）が受動的になり、それだけ消極的になるおそれがある。

発問による誘導的展開においては、指導目標に合わせて発問が精選され、配列されているだけ、指導者（授業者）として、各発問の担うべき学習課題を見すえ、それらを学習者（児童・生徒）にどう把持させ、どう主体的にとり組ませるかということへの配慮が手薄になりがちである。

発問による誘導的な授業展開にあっては、準備され精練された発問と学習課題・学習方法・学習記録とのかかわりが見直されなければならない。

四

ある単元、ある教材の学習指導に入るに際して、事前に、あるいは初めての時間に、学習者（児童・生徒）一人ひとりの感想・気づき・疑問などを記入させ、指導者（授業者）として、学習者（児童・生徒）の反応・理解などを確かめつつ、学習課題を用意していくばあいがある。指導者（授業者）の単元研究・教材研究によって、あらかじめ指導目標・指導事項、学習目標・学習活動（作業）などへの見通しは、可能なかぎりつけられているのであるが、さらに学習者（児童・生徒）からの反応・理解状況を確かめて、学習課題の用意をいっそう周到なものにしていこうとするのである。

学習者（児童・生徒）からの反応に接して、とりわけ理解の深浅、多様さに接して、どのように学習課題を用意していけばいいのか、指導者（授業者）としてとまどうことが多い。共通の学習課題を用意することは、学習者（児童・生徒）の学力差と反応の多様さに接すれば接するほど、困難さを増してくるのである。

しかし、個人差・多様性にとまどいをおぼえながら、指導者（授業者）として、学習者（児童・生徒）一人ひとりの生きた反応・問題意識に触れることは、学習課題を考察していくのに、役立つことが多い。空疎で平板なものに流れず、じかに学習者（児童・生徒）の学習活動の地平をおさえて、考察へととり組むことができるからである。

学習課題を教材に即して、共通課題としてとらえようとすると、型にはまったものとなりやすく、それだけ学習者（児童・生徒）を学習課題へと本格的に立ち向かわせることがむずかしくなる。平板に陥らず単調に流れず生き生きとした学習課題を見いだし、それらを授業展開の核にすえていくことは容易でない。

学習者（児童・生徒）を引きつけて離さぬ学習課題を用意し、その学習課題へのとり組みを授業として組織していくこと、それこそ導入において指導者（授業者）が求めてやまぬところである。

五

学習課題を、学級にとっての国語学習上の課題、習得すべき課題ととらえれば、指導者（授業者）として、単元を編成し、授業を構想するに当たって、たえず問いかえし、確かめていかなければならない重さをもつものとなる。それは国語学力の習得に関し、見つめられ、めざさなければならない、学級全体あるいは学習者（児童・生徒）一人ひとりのとり組むべき課題となる。

最も基本的な課題としては、国語学習を各自軌道に載せ、国語学力の習得を着実にみずからのものとしていくよう努めていくことである。国語学習活動を通して、学習のしかたと国語学力がおのずと身についていくようにと指導していくのである。

つづいて、重要な課題は、学級全体として、あるいは学習者（児童・生徒）一人ひとりが、表現力・理解力に関し、あるいは文字力・語い力・表記力・文法力に関し、どういう問題点をかかえているかに着目し、新たに習得させ、伸ばしていくべき能力を明らかにしていくことである。つまり、国語学習上、学級にとって、学習者（児童・生徒）一人ひとりにとって欠くことのできない生きた課題を学力面で見いだしていくことである。

学習課題を国語学力の形成・習得にかかわるものとして、深い次元でとらえていけば、単元の構成、授業の計画と構想は、こうした生きた切実な学習課題をふまえてなされる。単元の計画も授業の展開も、その源を学習課題に求めてなされていく。

単元の構成、授業の構想の根基に見すえられている学習課題は、単元・授業の始発・展開に際しては、必要に応じて、そのつどめざすべき学習課題として具体化されていく。そこには、単元・授業の展開に沿って、たえず学習課題そのものも展開していくのである。

生きた切実な学習課題をふまえて編成され構成された単元・授業にあっては、当初から学習者（児童・生徒）に訴えるものをもち、迫るものをもっているのが常である。そこでは、学習課題そのものが学習者（児童・生徒）を迎え入れるという導入になる。それだけ、指導者（授業者）としては、学級にとって、また学習者（児童・生徒）一人ひとりにとって、生きた切実な学習課題を見いだすことに全力を注がなければならない。

六

学習課題は、課題学習と同義ではない。課題学習のばあいは、あらかじめ指導者（授業者）によって、課題（設問）群が用意されており、教室にあって、また家庭にあって、課題の提示順にとり上げて学習（解答）活動を展開していくことが多い。

学習課題群によって、教材へのとり組みの観点や問いが示され、学習活動に集中させる長所がみられる半面、教材そのものよりも、課題へのとり組み方が優先して、国語学習そのものを身をもって進めていく充実感とよろこびが後退してしまいやすい。事前に課題が提示されることによる、学習範囲や学習事項が明確になり、迷わずうちこむことができて効率化がはかれる一面、国語学習活動の包蔵する力動感・奥行きの深さを感得し、みずから発見していくよろこびに身をおくことはできにくい。

課題学習が課題群からの出発になるのに対して、学習課題を用意しての授業は、学習者（児童・生徒）を課題の発見・自覚へと向かわせる。学習者（児童・生徒）一人ひとりを本気になって国語学習にうちこんでいくようにさせる、学習意欲をそそるものこそ学習課題の名に値する。

七

学習課題を明確にさせることは、指導者（授業者）にとって、なにより大事である。学習課題の中でも、⑴行的実践的課題、⑵行的練習的課題、⑶作業的探究的課題、⑷内省的発見的課題、⑸能力的治療的課題などが考えられる。

学習課題のうち、⑴行的実践的課題とは、言語生活・言語活動を継続して積み上げていくことを通じて、自得していくことの多い国語学習活動をいう。読書マラソン（一年間に一万ページ読破を目標とした長期読書）にとり組ませるとか、ある分量の文章（作品の一節）の全文暗誦にとり組ませるとか、長期間になしとげるような国語学習へと向かわせる課題である。

つぎに、学習課題のうち、⑵行的練習的課題は、継続させたり、短時間に集中させたりしながら、国語学習上の能力や技能の一つひとつを確かに身につけさせるための課題である。強制されて、しぶしぶ行う消極的な逃げの姿勢による練習では、なに一つ身につくものはない。心をこめ、ねばりづよく、はずみをつけて、くりかえし行う、要をえた練習を通して、初めて身についたものとなる。真剣に身につく練習をさせる学習課題への導入は、おろそかにすることができない。

つぎに、(3)作業的探究的課題は、国語科授業の中で最も重視されている学習課題の本命であるといってよい。学習者（児童・生徒）一人ひとりが学習活動（作業）を通して、具体的に学習の経過と結果をまとめていくようにする。そこには個人差に応じた、個別的に、あるいはグループで、さらには学級全員でまとめ、仕上げていくよろこびが見いだされる。課題探究のための作業（学習活動）をどのように用意し、それにどのようにとり組ませるか、そのため、どういう手びきを準備していくかが、たえず考慮されなければならない。

つづいて、(4)内省的発見的課題は、教材に接して、読み深めをしながら、そこに新しいものを見いだしていく国語学習上の課題である。もの静かな営みではあるが、内面的には緊張がつづき、そこに国語学習上の深いよろこびと醍醐味を味わうことが多い。

さらに、(5)能力的治療的課題は、学習者（児童・生徒）一人ひとりの国語能力・国語学力の評価・診断に応じて見いだされる、克服し治療すべき課題である。冷静にかつねばりづよくとり組まなければならない課題が多くなる。

以上、(1)(2)(3)(4)(5)の各学習課題への導入は、それぞれの性格・役割に応じて工夫されるのが望ましい。

八

導入の授業で学習課題を明確化させる問題をとり上げるに当たっては、1国語科授業論の視点から、2現行導入の授業を検討する視点から、3学習課題の視点から、問題の所在を明らかにするとともに、それらと関連させつつ、導入の授業のありかたに言及した。

学習課題が国語科授業論において占める位置には、きわめて重く大きいものがあり、国語学力論とも発達理論とも深くかかわっている。導入の授業の見直しについて、広く深く考える機会を得たことを感謝するしだいである。

（昭和57年3月4日稿）

8　国語科実践記録の価値と役割

一

国語教育の実践事実を、どのようにして確認し、いかにして客観化していくかは、むずかしい課題である。この問題については、戦前すでに垣内松三教授がとり上げられ、「国語教育誌学考」（「コトバ」第三巻第一一号、昭和八年一一月号、四〜五一ぺ）という論考をまとめておられる。この独自の考究は、のち『国語教育科学概説』（独立講座『国語教育科学』第一巻、昭和9年4月30日、文学社刊、一五〇〜二〇〇ぺ）の中に収録された。垣内松三教授は、この論考において、国語教育誌学は国語教育科学の基礎工作であるとして、国語教育事実を明確に把捉する方法論的考察をされ、国語教育誌学の任務は、この事実を揚棄して、課題の本質を、国語教育の実在性の考察として定位すると共に、それが国語教育者の教育的良心を返照する光輝の裡に在りて、無限に展開し、無限に復帰する、「実践」を充実し、拡大し、勁健ならしめるために、国語教育科学の基礎的構築を担当することにあるとされた。

こうした垣内松三教授による「国語教育誌学」の提唱を受けとめつつ、実践に移し、みずから「教壇記録の技術学」の樹立をめざして独自の実践記録（教壇記録）の作成をつづけた方がある。芦田恵之助先生に師事し、専門速記者としての経験と技術を十分に生かして、芦田恵之助先生の授業記録を数多くしかも精細に仕上げられた青山廣志氏である。

青山廣志氏は、論考「『国語教育誌学』の実践と展開――垣内先生の学恩を追想しつつ――」（雑誌「実践国語」第一三巻第一四七号、昭和27年11月1日、穂波出版社刊）に、みずからの筆録作業の着眼点ならびに方法について、精細に述べておられる。

青山廣志氏は、みずから速記し作成された、芦田恵之助先生の授業（教壇）の筆録（記録）を目して、「師（芦田恵之助）の国語教室に於ける言・行を録したる弟子の随聞記にほかならぬ。」（教壇叢書第三冊『綴方教室』、昭和10年3月22日、同志同行社刊、四ぺ）とされた。青山廣志氏のばあい、芦田恵之助先生への師事・心酔・傾倒に発する教壇筆録であったから、平板で客観的な記録づくりに終始することはできなかった。そのことを、青山廣志氏は、つぎのように述べておられる。

「芦田先生の御教壇記録をつくるに就《ママ》て、私は到底職業的な一記録者とはなり了せない。だから、機械のやうに、平板な地の文句だけでアナウンスせよとならば、芦田先生の教壇記録に関する限り、ペンを折らなければならぬ。先生の御修行の中に、わが修行《いのち》を畳み込まうとする筆録者《わたくし》に、議事録の如き冷やかなる表現がどうして採れようぞ。機械化したる冷《ママ》かな教壇記録は断じて先生の御教壇に於けるみ姿を伝へる道でないと信じる。」（同上書、六ぺ）

ここには、正確精細な事実の記録をとることを前提としつつ、青山廣志氏独自の芦田恵之助先生の教壇事象を筆録してまとめていく根本の立場と考え方とが示されている。

戦前から戦後にかけて、わが国語教育界において、垣内松三教授によって、国語教育誌学の提唱があったこと、さらにその提唱を受けとめつつ、青山廣志氏によって、教壇記録の技術学の樹立がめざされ、実地に意欲的な試みがなされたことを銘記しておきたい。

わが国語科教育のばあい、国語科授業の実践記録のありかたについてはすでにすぐれた実績が積まれてきた。そこから、継承し、発展させるべきものがあれば、それをこれからの実践記録に生かしていくようにしたい。

二

私自身、国語科授業の実践記録の集積の問題を、国語教育個体史としてとらえ、そのありかたを求めるようになって、もうかなりの年月が経過した。国語教育個体史の記述をと思い立ったのが、昭和二七年（一九五二）七月下旬のことであったから、間もなく三〇年を経ることになる（昭和五七年の時点で）。

私が国語教育実践史（国語教育個体史）として記述の対象にしたのは、新任校であった愛媛県立松山城北高等女学校における満一年七か月（昭和二一年九月～昭和二三年三月）の国語科授業であった。記述したものは、三分冊にして、翌昭和二九年（一九五四）につぎのように刊行した。

Ⅰ『国語教育個体史研究』（昭和29年3月20日、白鳥社刊、A5判、五五一ページ）
Ⅱ『国語教育個体史研究』（昭和29年6月20日、白鳥社刊、A5判、六六一ページ）
Ⅲ『国語教育個体史研究』（昭和29年9月20日、白鳥社刊、A5判、六七五ページ）

これらの実践史記述の単位は、原則として、一つの主題を中心として、まとまりをもった（完結した）実践営為に求め、それを便宜教材題名その他によって表わすようにした。各記述単位（各項目）の構成は、原則として、1教材の提示、2教材研究の採録、3学習者のノート・各種記録の採録、4実践経過概要の記述、5自己反省・自己批判、6参考資料の提示、7関連事項の補記によって行うように努めた。

前掲三分冊を『国語教育個体史』（国語教育実践史）の実践編とすれば、個体史記述の拠点としての原理編にあたるものを、昭和三一年（一九五六）三月に刊行した。すなわち、『国語教育――個体史研究――』（昭和31年3月1日、光風出版刊）がそれである。

原理編としての本書は、Ⅰ国語教育個体史の基本問題、Ⅱ国語教育個体史の把握方法、Ⅲ国語教育個体史の具体事例、Ⅳ国語教育個体史の研究方法の四部から構成されていた。みずから模索して、国語教育個体史の記述・研究について、一応の見通しをつけることができたのである。

かつての国語教育誌学の提唱を受け、教壇記録の技術学（青山廣志氏）を生かして、国語教育実践史を構想し、記述し、分析・考究の対象としていくところに、国語教育個体史学構築の可能性を見いだすことができよう。

三

国語科授業の実践記録を、授業者自身が思い立って記述し、それを累積していく仕事は、国語教育実践史（国語教育個体史）を構築していくのに欠くことができない。日々の国語科教育の実践を通じて、みずからの国語科授業の軌跡（展開と集積）をとらえ、記述していくことができるように、個体史（実践史）への見通しを、たえずつけておくようにしたい。

発表の必要に迫られ、あるいは報告の依頼・要請に応じて、みずからの国語科授業の実践記録を記述しまとめるというばあいも、ふだんに志向している国語教育実践史（国語教育個体史）構築（記述）の仕事に即して、あるいは関連してなされるのが望ましい。

なににもまして、みずからの国語科授業の実践記録を、みずからの国語教育実践史（国語教育個体史）の構築に役立てていくという、みずからの実践とその記録をほんとうに大事にし、生かしていくという基本姿勢の確立が求められる。

みずからの国語科授業を、事前・事中・事後と、その展開過程に沿って、精細にかつ生き生きと記録し、それをまとめて記述していく仕事は容易ではない。やはり、覚悟と修練を要する。みずからの国語科授業を、授業終了を告げるベル（チャイム）の音と共に散消させるのでなく、みずから実践記録として記述することは、授業者として心を決めてかからないと、なしとげられない。また、過労と多忙の谷間で、みずから国語科授業の実践記録を、他者の力を借りることなく、まとめ記述していく仕事にも、心がけて記録精神を燃焼させつつ、授業展開を的確にかつ精細にとらえていく修練を必要とする。

四

覚悟を決め、修練を重ねることによって、みずからの国語科授業の実践記録がまとめられ、きっかりと記述しうるようになったとしても、それだけで安心することは許されない。みずからの実践記録を考察の対象として、国語科授業の実践営為そのものを見抜き、省察を加えていく仕事が残されているからである。

みずから細密にあるいは重点的に記録し記述した実践営為（授業）を、授業者として、どのように分析し、考究していくか。その仕事をやりとげるためには、国語科授業を透視していく力、透視力を必要とする。国語科授業の構造、その展開過程、そこに見いだされる、すぐれた点と、なお残されている問題点を確実に見抜き、おさえていくことのできる、国語科授業（実践営為）への鋭く周到な透視力を身につけていなければならない。

こうした国語科授業への透視力を身につけ、自他の授業記録に対して、それを十分にはたらかせることのできる授業者にして、初めて国語科教育の課題にこたえる、授業を構想し、課題解決に向かって、みずからの授業を展開させ、かつそれをみずから実践記録として、目的（課題）にあわせてまとめていくことができるであろう。

国語科授業の実践記録を、真に価値あらしめ、国語科授業の創造に真に有効な役割を果たさせるためには、

1　国語教育実践史（国語教育個体史）構築（記述）の立場と基本姿勢をしっかりしたものとしておくこと

2　みずからの国語科授業をみずからとらえ、記述していくという覚悟と修練を要すること

3　国語科授業への鋭く周到な透視力をふだんに磨いていくべきこと

これら三つのことをたえず確かめてかからなければならない。

（昭和57年2月7日稿）

9　授業者として努めたいこと

一　T教授の「論語」学習の実績

最近、同僚のT教授が学内の責任ある要職に就かれ、感想を求められて記された文章には、「論語」からの引用が自在になされていて、読む者に感銘をおぼえさせるものがあった。T教授は、東京高師・東京文理科大学を卒業され、現在は体育原理を担当している方である。漢文学を専攻された方ではないのに、「論語」からの語句や文の引用が自在に的確になされているのに、私は驚かずにはいられなかった。

要職に就いて所感を述べられた文章が柔軟で生き生きとしてりっぱであること、わけて「論語」からの引用の自在さに感じ入った旨を伝えると、T教授は「論語」に収められている約四九〇章（武内義雄博士訳注にかかる岩波文庫本「論語」では、五〇八章に分けられている。）のうち、二五〇章はいつでも自由に使える状態にある旨を話された。私は教授が体育原理・体育心理を専攻されつつ、「論語」に収められている二五〇にものぼる章句を完全に自分のものにしておられることに、さらに感銘を深くした。

T教授の「論語」の学習こそ、本格的であって、生涯を通じて、随時適切に生かして役立てることができる状態に置かれている。T教授は、年少の時期、いつ、どこで、どのようにして「論語」の学習にうちこまれたのであろうか。「論語」の章句二五〇を学習してみずからの人生行路に実地に役立てられるように深められた、契機と工夫は、どのように見いだされ、重ねられたのであろうか。

私自身は、旧制中学校時代、漢文の時間に「論語」（抄出）を学んだ。また、広島高等師範学校に入ってからは、一年次に、真武直講師から「論語」（上海からとり寄せたテキストを使った）の購読の指導を受けた。当時としては、真剣にまじめに学習したつもりであったが、あれから四〇年以上も経過した現在、同年齢のT教授の「論語」学習の主体的な堂々たるいきかたに接すると、たちまち、みずからの「論語」学習の未熟さ・脆弱さに思い至るのである。

戦後も、「論語」（武内義雄博士訳注にかかる岩波文庫本）をもとめ、赤鉛筆で〇印を施しながら読み進めている。たとえば、

・「論語」第六、二〇、子曰く、知るものは好むものに如《し》かず、好むものは楽しむものに如かず。（同上書、七五ぺ）
・「論語」第十六、一〇、孔子曰く、君子に九の思ふことあり。視は明かならむことを思ひ、聴は聡《さと》からむことを思ひ、色は温《かほいろおだやか》ならむことを思ひ、貌《かたち》は恭《うやうやし》からむことを思ひ、言《こと》は忠《まこと》あらむことを思ひ、事《わざ》は敬《つつし》まむことを思ひ、疑はしきは問はむことを思ひ忿《いかり》には難を思ひ、得るを見ては義を思ふ。（同上書、二二七ぺ）

などに、赤鉛筆で〇印を施している。しかし、〇印を付して読んでいるまでであって、積極的にくり返し読んで、ついに自己のものにしてしまうという、学習者としての燃焼がない。いま改めて前掲の二つの章を読み返してみれば、いずれも学習の極意を述べているではないか。

学習者の身につく学習、生涯を通じて生きて働く学習をさせるのには、授業者は、授業を通して、学習者になにを求めなければならないか。また、学習者にどのように学ばせていかなければならないか。確実に身につく学習、

摩滅しない、生きてはたらく力となる学習をどのようにさせていくか。
Ｔ教授が専攻外の「論語」について、ある意味では専攻者以上の「論語」学習をみずからのものとされている、典型的な学習例に接して、私は深く考えさせられた。通り一遍の平浅に流れる学習がいかに多いかということも、改めて考えさせられた。

二　学習上のつまずきと成就感と

学習者にとって、さまざまな学習が身についたものとなったり、あるいは身についたものとならなかったりする、その境目はどこにあるのであろうか。学習者として、真剣に必死の思いで学習に取り組みながら、みずから学習への軌道を確かに踏むことができず、つまずいてしまい、学習者として自信を喪失し、敗北感、挫折感に沈んでしまうようなことは少なくない。私自身、長い年月にわたるみずからの学習史をふりかえってみると、つまずき、失敗していることばかり多く、胸を張って述べうるような学習の積み重ねの極めて乏しいことに思い及ぶ。

授業者として、個々の学習者の学習上のつまずきについて、細密な心くばりをし、つまずきから立ち直っていくように適切な指導助言、示範誘導を工夫し考案していくことは、授業を展開していくうえで最も緊要な課題である。個々の学習者の学習上のつまずきやすさにたえず着目しつつ、それぞれのつまずきを未然に救うことができるように心をくばることができれば、学習意欲の燃焼と学習活動の質的向上とは、授業者の期待にこたえるものとなろう。

授業展開の過程にあって、随時生起してくる学習者一人ひとりの学習上のつまずきを適切・的確に救うていくこと、さらには学習上のつまずきを未然に工夫してとり除くことができるようにしていくこと、ともに授業者としては、授業展開に応じて、学習者の学習状況（とりわけ、つまずいている実態）から片時も目を放さないようにしていかなければならない。

学習者一人ひとりの学習上のつまずきのつらさ・痛みを、授業者としてどこまで親身に感じとることができるか。また、深切に感じつづけていくか。学習者が学習上のつまずきから救われ、各自の学習活動を確固とした軌道に乗せていくためには、授業者が学習上のつまずきを授業者自身のつまずきとして、その痛み・つらさをどこまで感じとっているかが問われる。みずからの学習経験をふりかかってみても、気がついてみたら、わからなくなってしまっていたり、つまずいて、遅れをとり戻そうと焦ればあせるほどわからなくなって、暗澹《たん》とした不安にうち沈んだり、学習者の学習活動に臨む心情は、たえず揺れつづけているのが、むしろ常態であって、学習上のつまずきをほとんど持たず、安定し、自信に満ちた心情を持して、学習軌道を確実に踏みしめているという例は、むしろまれであるといってよい。不安に揺れつづけ、つまずきに苦しんだり、もがいたりしている学習者の内面的な孤独地獄に思いをめぐらし、授業者としての心くばりをたえず学習者の痛み・つらさにとどくものにしていきたい。

授業者として、学習者の学習上のつまずきを親身に思いやり救うてやること、未然にふせぐことができるように授業計画を有効なものにしていくこと、これらは共に重要な努力事項であるが、授業者としては、さらに学習者一人ひとりに学習の成就をどのように実地にとげさせるかをたえず念頭に置いていなければならない。学習の成就は、学習のつまずきと表裏の関係にあるといってよい。学習者一人ひとりが学習上の数々の活動ごとに、一つひとつどのように成就感を味わっているか。学習者の学ぶ喜び、学ぶ充実感、満足感はそれぞれの学習活動を目標・課題に応じてなしとげた、成就感によって支えられている。学習者がみずからの学習に自信を持つようになるのは、すべてみずからの学習活動が結実していく成就感にもとづくといってよい。

授業者として学習者の学習活動ごとの成就感をどのように確かめ、どのように本格的な学習活動へと生かすようにさせていくか。成就感ごとに学習活動への喜びと意欲が高められ、学習方法（学び方）が会得されていく。成就感に裏うちされ、それが学習への自信と化していく時、学習者の学習軌道は、徐々に確固としたものとなり、大きくつまずいて後退し、あるいは転落してしまうということは、避けられるようになるにちがいない。

授業者として、学習者の学習上のつまずきと成就感に、どのように対していくか。授業者としての力量の修練は、たえずそこに求められる。

三　授業記録・学習記録の継続と集積

授業者としてみずからの授業力を向上させ、深化させていくにはどのようにすればいいか。授業力について自己診断をし、自己把握をしていくことは、思いのほかにむずかしい。

授業者として授業力を高めていくのに欠くことのできないのは、みずからの授業記録を継続していくことである。授業記録は、授業者の実践する授業に関する記録であって、授業者各自の向上・深化の拠点ともなり、足場ともなる。授業記録によって、みずからの授業に分析・省察を加えることができ、授業に関する問題点・課題を明らかにすることができる。

授業者として、日々の実践営為を記述し、それについてきびしい省察を加えていくことは、決意を固くして取り組むのでなければ、なかなか続かない。しかし、授業記録をつづけることによって、授業者としての心構えも定まり、授業に対して謙虚さを抱くとともに精進を重ねていこうとする意欲が湧いてくる。

一時間、一時間の授業を準備し、実践していく営みは、授業者としての創造をめざす営みであるといってよい。授業創造への営みの記録はまた、授業のつまずきの記録でもある。授業創造の喜びを宿す記録であるとともに、つまずきの苦渋に満ちた記録でもある。

しかし、授業者の向上・深化の拠点は、みずからの授業記録そのものに求められる。みずからの授業のつまずきを正視し、その克服を計っていくことは、苦しみを伴い、勇気を必要とする。

さらに、授業者としてぜひ心がけたいのは、学習者に一人ひとり学習記録を継続させることである。真剣に熱心に行われる授業であっても、その授業を学習者の側から学習記録としてまとめさせることを徹底してつづけている例は、そう多くはない。学習者に学習記録を丹念にまとめさせ、それを学習態度の確立と学習成果の向上に役立てさせている例は、総じて少ないのである。授業者は個々の学童の学習記録に即して、学習上のつまずきも成就状況も、すべて手にとるように明らかにとらえることができる。個々の学習者にふさわしい助言や指導を用意することも可能となる。

学習者の学習記録を有効なものにし、役立てさせるためには、学習記録のまとめかた、積み重ねのしかたについて、周到な指導を必要とする。学習ノートに気ままに書きとらせることは、学習記録以前のことであって、断片的なメモに過ぎず、学習活動の本格的な向上や深化にはつながっていかない。

学習記録には、学習者のつまずきも達成（成就）も、すべてこめられている。学習活動の進行と集積とがうかがわれる。学習上のことが、学習記録として客観化され、学習者としての自己をふりかえり、確かめるよすがが得られるのは、なにものにもまして心づよい。学習記録は、学習者にとって着実に伸びていく拠点となる。

授業者の授業記録⇅学習者の学習記録は、たえず緊密にかかわり合っている。授業者はみずからの授業記録を通して、授業者としての力量を高め、学習者は各自の学習記録を通して、学習者として大きく伸びていく。いずれも授業・学習の記録がそれぞれの向上・深化の拠点となって、授業と学習とをいっそう確かなものとしていく。

授業者自身が授業記録にうちこみ、学習者一人ひとりの学習記録一冊一冊に目を通して、学習者理解に努める時、学習者もまた意欲を新たにして、各自の学習記録の意義と価値を認め、その継続と集積とを心がけていくはずである。授業者学習者共に、それぞれの記録を大事にし、そこを拠点として、授業計画や学習設計をゆたかにしていくことができる。

四　まとめ

授業は授業者の学習体験をふまえて計画され、構築される。授業者として、どういう学習観・学習法・学習体験を持しているのかをたえず問いかえしていかなければならない。

授業者はまた、みずからの学習観・学習法・学習体験に即しつつ学習者の学習上のつまずきと学習活動の成就感を確かに見ぬき、理解していくように努めなければならない。学習者一人ひとりを学習上のつまずきから救うこと、また未然に防ぐように努めていくこと、授業者として全力を注ぐべきは、ここにあるともいえる。授業者としての信条は、学習者のつまずきの痛み・つらさをみずからの痛み・つらさとして受けとめ、その克服をなしとげるところにある。

授業者も学習者も、みずからの向上・深化の拠点を、授業記録・学習記録の継続と集積に求めるようにしていきたい。記録といえば一見平凡に過ぎるようにみられがちであるが、それをつづけることは非凡であって、尋常の心がまえではやりとげられない。

（昭和57年10月11日稿）

10　生涯を見すえた国語科授業を

一

環太平洋研究組織第六回年次会議（広島会議）が昭和五七年（一九八二）九月二六日から一〇月二日まで広島大学を会場にして開かれた。環太平洋会議には、オーストラリア、カナダ、アメリカ、ニュージーランド、日本など、太平洋をめぐる国々から教育学者が三〇余名参加して、連日熱心な発表・報告・討議が行われた。数多くの発表の中には、アーサー・キング博士（ハワイ大学）による、「カリキュラム構想及び教材の普及方略に留意した多国間協同カリキュラム開発計画の分析」と題する特別研究発表も行われた。

日本からは永井滋郎教授（社会科教育学）を代表とする社会科教育専攻の参加者が多かったが、目のあたり、国際会議（環太平洋会議）が開かれるのを見て、私は改めてわが身の視野の狭さ、閉鎖性を考えさせられた。母国語教育を専攻する立場は、どういうものか、垣内松三教授など特例を除けば、視野が狭くなり、閉鎖的になりがちであった。

戦後になって、比較国語教育研究に従う若手研究者の数がふえ、アメリカ、ドイツ、フランス、イギリス、中国、ソビエトなど、国々の国語教育の実態と特質、かかえている問題点などが明らかにされてきつつあるとはいえ、まだまだ、これからの精到な調査・研究に待たなければならない。国々の国語教育の実践や研究に関する情報が紹介され、解説され、さらに移入し摂取されることは、望ましくよろこばしいことではあるが、それらが真に活用されるためには、情報受容者が視野を広くし、国際的にみずからを鍛えていく心用意が必要となろう。

読むこと（読解・読書）の教育の分野に関していえば、国際読書学会への参加は、わが国からも関係者間で熱心に行われ、国際読書学会への理解は急速に深められていった。国際間交流も必要に応じて行われるようになった。これらは国語教育にかかわる分野として、先導的な国際化への積極的な参与のしかたの一つとみられるが、ほんとうに実を挙げる参加のありかたについては、なお改善の余地があるようにも思われる。

国語教育研究者として、また日々授業にとり組んでいる国語教育実践者として、可能なかぎり視野を広くしていくこと、国内的にも国際的にも、視野を広くし大きくしていくことが望まれる。わけて、国際的に視野を広げて、みずからの国の国語教育を大きくかつこまやかに育てていくようにしたい。

二

広島大学を会場にして開かれた環太平洋会議は、九月二八日から三〇日まで三日間はわが教育学部の会議室で行われた。九月二八日（火）、開会にあたっては、教育学部長としてあいさつをするようにと要請された。時間の節約ということもあって、英語で歓迎のあいさつをするようにという連絡を事前に受けた。

今まで、みずから英語であいさつを公式にしなければならないという場に臨んだことはなかった。それだけ、私としては、とまどいが大きかった。加えて、私どもの学生時代（第二次世界大戦下）は、敵性言語として英語の学習が排撃されるという時期であった。それだけ、私としては、英会話に関しても自信はつゆほどもなく、困惑は大きかった。

あいさつをしなければならぬ期日が近づいてくるにつれ、ふだんから積極的に英語にとり組んでおけばよかったという気持がつよまっていった。歓迎のあいさつの想を練り、下書きを終えて、その英訳を日本語教育学専攻の奥田邦男（広島大学助教授）氏に頼んだ。奥田邦男氏は、夫人奥田久子（修道大学助教授）さんと共に、快く引き受けてくれ、英国からの留学生の協力をも得るという慎重さで英訳を完成させ、届けてくれた。

九月二六日（日）、夜一〇時すぎ、奥田夫妻は、わが家まで出向いて、英語による歓迎のあいさつの練習に立ち会って、こまごまと助言をしてくれた。奥田邦男氏は、わざわざテープに吹き込んで、模範を示してくれた。所要時間は三分四〇秒であった。

二六日（日）、二七（月）の両日、いずれも夜半遅くまで、時には暁方まで、私はあいさつの稽古をつづけた。おしまいには、英文原稿を読み上げなくても、みずから暗誦して言えるようになった。

それにしても、九月二八日（火）、いよいよ環太平洋会議の席上、国々からの参会者を前に、あいさつをすることは不安であった。どうしてもしなければならない場に立たされたのは、ほんとうに初めてであった。

英文の原稿はポケットに入れてはあったが、途中でつまずいても、間があいても、原稿を読み上げることはしないで、あいさつをしとげようと心に言い聞かせた。マイクを手にもって、おぼえたとおり、あいさつをしていった。やはり、二、三か所、つまずいてしまった。流暢によどみなく言えたわけではなかったが、一応準備し、練習したとおりに英語によるあいさつを心をこめてやりとげた。生まれて初めてのことであった。

英語によるあいさつをしなければならぬという実の場に立つことになって、みずから英文によるあいさつ原稿が書けないという非力さは、やはりつらかった。はがゆかった。また、英語によるスピーチに、助言を請わなければならないというのも、当然の結果とはいえ、なさけない思いであった。

しかし、練習を重ねたうえ、なれない英文暗誦をして、あいさつをすることができたのは、自分には今日まで国語によるあいさつを、すでに三、七〇九回（講演・発表等を含む。）も重ねて、その一回一回についてみずから省察をゆるがせにしないできているという自信であった。そういう積み重ねの実績は、みずからの新しい試みに伴う不安を支えるものとなった。

かえりみれば、私は旧制中学校に学んだ五年間、英語学習には身を入れることをせず、その学力を身につけることには失敗をしてしまった。高等師範学校に学んだ四年間のうち、三年間は英語の時間が課せられた。英語の時間は、どの教授のばあいも、出席簿番号順（五十音順）の指名方式に拠っておられたが、私は、指名される順番でないとわかっている時でも、辞書にあたって、新しい単語の発音、とくにアクセントを調べ、テキストの当該単語のそばに書き込むことをつづけた。英語の語彙力の低さ、弱さを嘆きながら、私は必ず辞書を引きつづけた。今も手もとにとってある、当時の英語のテキストをとり出してみると、教室で学習したページには、びっしりと書き込みがしてある。

私は、しだいに思いあたった。学校（教室）における英語学習を一応終えてから、満四二年ぶりに初めて行った英語によるあいさつを、ほんとうにささえていたのは、この倦まずたゆまずつづけていた、高師時代三年間の丹念な英語学習であったのである。

このことは、極めて特異な事例であるかもしれない。しかし、旧制中学校五年間、三年生の第一学期の半ばころから、文学（創作）のことにかぶれてしまい、みごとに英語学習に敗北してしまった、にがい経験を生かして、高等師範時代には、最低限のことではあったが、英語の新しい単語の一つひとつを大事に辞書にあたっては確かめることをつづけるようになった。それによって、めきめきと英語力を伸ばしえたというのではない。英文解釈力も英作文力も、共に低迷したのであるが、ただ黙々と辞書を寸暇をも惜しむようにして引きつづけたのである。

私の試みた英語によるあいさつが大過なくできたというよろこびも小さくはないが、そのもとづくところが、若かりし時期の丹念な英語学習の営みにあったという発見の方がいっそう大きいよろこびであった。

生涯に通ずる、生涯に生きてはたらく国語学力を身につけさせる国語科授業は、どうあればいいのか。生涯を見すえた国語学習を具体的に組んで、徹底して行じていくこと、そこに国語教育は力強く生い立っていく。

本立って道生ずという。その本を立てることの一つが、学習者（児童・生徒）一人ひとりの生涯をつらぬく、真の国語学力を身につけていくように努めていくことである。

三

ことし（昭和五七年）一〇月二九日（金）・三〇日（土）の両日は、第三〇回全国国語教育研究協議会が岡山市内の幼・小・中・高を会場にして開かれた。三〇日（土）は全体会が開かれ、俳優の沼田曜一氏（岡山県下高梁市出身）が「暮らしの中の民話」と題して、特別講演をされた。

会場は岡山市民会館であったが、壇上から話される、沼田曜一氏の声は、広い市民会館の階下階上の隅々までよく通った。

私は、沼田曜一氏のご講演の第一声を聞いて、すぐにみずからの声と比べてみた。当然のことながら、国語教育の実践・研究に従う者は、いま目の前で話をしておられる沼田曜一氏のような〝声〟を発しうるようにならなければならないと考えた。

わが声を太く大きくたくましく、かつやさしく磨いていく。学習者（児童・生徒）の胸にひびいていく声を発することができるように心がけ、みずから修練を重ねていかなければならない。

目の前で、会場の聴衆の一人ひとりの心情を揺さぶり、みずからの話の中に吸いこむように話をつづけられる、沼田曜一氏の話しぶりに接して、私は、どういうはげしくきびしい修練を課してこられたのだろうかと思った。一体、国語教育の実践と研究を志し、またとり組んでいる、自分たちに、沼田曜一氏の試みられたような、修練があっただろうかと考えさせられた。真剣に行じて、確実にわが身につけていくという努力らしい努力をしていないことを認めざるをえないのである。

沼田曜一氏はまた、みずから発掘された民話や創作された民話をいくつかとり上げて、生き生きと語ってくださった。その語りかたの真に迫ってくる力には聴衆の一人ひとりにしみ透るものがあった。

私はまた、国語教材の一つひとつを、沼田曜一氏が今壇上で語っておられるように、授業者各自のものとして、学習者（児童・生徒）を前にして語り聞かせることができるであろうかと考えた。沼田曜一氏はどういう民話も、みずから語ろうととり上げられた民話は、確実にみずからのものにして、自由自在に語っておられるのである。

もし、国語教材の一つひとつを、国語科授業にとり組む人たちが本気でくりかえし読んで、各自のものにしたら、どうなるであろうか。教材研究、授業計画、授業の実施に、必ず多くの奇蹟ともいうべきものを生み出すにちがいない。

みずからとり扱う国語教材の一つひとつを完全に暗誦しうるようになるまで読み抜くということは、授業者の決意しだいであって、全面的に不可能に属するものではない。不可能ではないはずであるが、普通には、また一般的にはなされず、きわだって熱心な人々の試みにまかされてしまう。

しかし、沼田曜一氏の民話の語りのすばらしさ・みごとさに接すると、国語教材の精細な分析を中心とする、従来のやりかたには、なお不徹底な面があったことに気づかずにはいられない。表現読み（朗読）の実力を、一体ほんとうに身につけようと、どういう努力を重ねてきているのだろうか。平板で起伏のない、生涯を見すえていない、片々たる学習らしいものが、そこにはあるばかりではないのか。指導はいつの間にか不在と化していたのではないか。

四

私の最初の国語科授業は、初めて赴任した愛媛県立松山城北高等女学校において、昭和二一年（一九四六）九月から二三年三月末まで五組計二百四十八名を対象に行われた。新任当初の国語科授業は、まるで無我夢中で進められた。学習者の一人真鍋美代子（三組松組）は、当時の国語学習のことをふりかえって、つぎのように書きつけてくれた。昭和二八年（一九五三）一〇月中旬のことである。

「先生の御指導の下に、一つの主題を求めて教室全体がぐんぐん深まって行く時の息づまるような感動は、生涯忘れられない。そして外では得られない貴重なものであった。何気なくみすごしてしまう一つの表現に、思いがけなく新しいひらめきや、感想がひそんでいるのに気づいた時のよろこび、自分の感想を書き綴って行く事の興味など、苦しみと表裏するだけに強いよろこびでもあった。

しかし、そんな国語教室においても、言葉がからまわりをするひとときがあった。とりたてて指摘出来ないながら、耳に入る言葉すべてつやがなくなり、魅力を失って、何とかしなければという焦そう感が無意味な美辞麗句やつまらないユーモアを生んで、かえって救いがたい雰囲気になってしまった事もあった。生きものである言葉の魔術とでも云うのだろうか。

教科書とは別に、国文研究班の教室やまた折りにふれて示して下さるいろ〳〵な言葉は、生き〳〵としていて忘れられぬもののひとつである。後になって考えてみても、ひとつひとつ深い意味をもっていて、現実生活のつまずきをふっと救ってくれたりするのである。

先生の授業からはなれ、学校生活から卒業した。しかし、あの国語教室を卒業する事は一生出来ない。それはあの真剣そのものだった国語教室を思い出す毎に、更につよく感じさせられるのである。周囲の言葉の流れの中から、どういう風にして美と真実をみい出し自分の生きている言葉をみい出して、よりよい人生を送っていくかという事は、あの国語教室で課せられた一生の宿題だと思っている。」（野地潤家著『国語教育個体史研究Ⅲ』、昭和29年9月20日刊、一七〇一～一七〇二ぺ）

かつての国語教室のことを最大限に好意的に回想して述べてくれた文章であるが、しかし、わが国語教室にことばのからまわりするひとときのあったことが鋭く指摘されている。〃救いがたい雰囲気になってしまったこと〃がとらえられているのである。

「しかし、あの国語教室を卒業する事は一生出来ない。」と述べてくれる時、新任授業者として全力傾注をしていたみずからの営みがどのように学習者に受けとめられていったのかを、私は嚙みしめる。当時、私は未熟な授業者であって、生涯を見すえての国語科授業をすることなど到底できなかった。ただ必死のおもいで毎時間の授業にとり組んでいたことがその場かぎりの国語学習になってしまうのを引き止めえたかと思われる。その根底にあったのは、国語科授業への飽くことのない熱意であった。

私はかつてのみずからの国語科授業の一切を、みずから〃国語教育個体史〃として記述した。二四八名の学習者の一人ひとりのことは、授業（実践）記録としての個体史にすべて記されている。かつてのわが国語教室（＝国語科授業）は、記録されることで今に生きつづけていたのである。

みずからの国語教育（国語科授業）をどう育てていくのか。学習者（児童・生徒）の一人ひとりを育てることを通して、みずからの国語教育（国語科授業）そのものを育て、授業者みずからが育っていかなければならない。最も切実に問われているのは、そのことである。

（昭和57年11月8日稿）

11　子どもの自主性に根ざす授業を

一

かつて附属小学校に勤めた四年間（昭和四五年四月～昭和四九年三月）、私は「学校教育」誌に、毎号巻頭言を寄せた。巻頭言にとり上げる課題としては、学習や授業にかかわるものが多かった。みずからの学習史に触れて、述べたものもかなりあった。

子どもの自主性の問題を考えようとする時、私によみがえってくるのは、つぎの二つのことである。以下は、それぞれ、「学校教育」誌に寄せたものである……。

四年生の秋深く

いなかの小学校（四年生までは、分校で複式であった。）四年生の晩秋だった。両親はたんぼに出て稲刈りの仕事にいそしんでおり、わたくしは家の中で八つちがいの妹を背に負うて子もりをしていた。へやの中にはすでにもみをつめた俵が積み上げてあった。

もう日ぐれがたであった。子もりをしながら、立ったままの姿勢で復習をしていた、わたくしの胸奥に、もっと本気になって勉強にはげまなければという気持がわきあがってきた。ほんとうに勉強しようと思い立った。――勉強をしようという決意のもとに、それを機にわたくしは生まれかわった。

それまでも、別に意識してなまけていたというのではなかったが、ほんとうに勉強をと思い立ったのは、秋も深まっていた、生家のおもての間でのたそがれの一瞬であった。それからは、勉強についてのスランプ・中だるみは、ほとんどこなかったように思う。一筋の道だった。

四年生の二学期も半ばをすぎた、あの時期に、もしわが心が固まらなかったら、その後の自分はどうなっていただろうと思うと、名状しがたい感慨に傾いてしまう。四年生の秋深く、ひとりの少年におとずれた学習への決意、四〇余年をへて、さらにそれを持ちつづけたいとねがわずにはいられない。（「学校教育」昭和47年12月号）

ともしびを囲んで

わたくしは四国の山村に生まれ育って、そこで尋常小学校に通った。四年までは複式学級の分教場に学び、五年からは本校に移った。本校へはかなりの道のりを通い、卒業のときは六ヵ年精勤賞を受けた。六年間に三日以内の欠席だったはずだ。もちろん、この精勤賞は、わたくしよりも、わたくしの母が受けるべきものだった。

わたくしの生まれたのは、山ふところの小さい部落だった。高学年になると、自分ひとりだけの単独の自宅学習ではもの足らず、近隣の子どもたちに呼びかけて、勉強会を持つようになった。武田の繁喜さんという級友のうちの物置の二階を借りて、石油ランプをともしたり、ろうそくをともしたりして、数名の者が勉強会をつづけた。

文字どおり、どんぐりの集まりだったが、その自主的な会合のなんとのびやかでたのしかったことか。学習効率はどれほどもあがらなかったにせよ、勉強会に臨むひとりひとりの胸底はあたたかかった。

まことに素朴な学習集団だった。血のかよいあう、気心の知れあった、集まりだった。吹き入ってくる風にともしびがゆらぎ、そのゆらぐともしびに横顔を浮かびあがらせる子どもたち。歳月をへて、学習のことそれ自体をも自己の課題とするようになろうとは、すこしも思わない時をすごした。

かつての素朴なわが学習集団に郷愁の情をおぼえつつ、集団を育てる力はなんであろうかと思う。学びあっていくことの意義の深さを思わずにはいられない。集団の荒廃はその建設のむずかしさに比べ、思いのほかにはやくきてしまう。（「学校教育」昭和48年2月号）

四年生の秋深く、ほんとうに本気になって勉強をと思い立った、そのことが、すぐに順調に授業（学習）に結びついていったわけではない。しかし、みずから求めようとする態度を持して、みずからの学習態度をいちずに真剣なものにしようと努めるようになった。

高学年になって、近隣の友だちにはたらきかけて、勉強会をもとうとしたこと、またもったことも、ふりかえってみると、一緒に学習をしたいという、やむにやまれぬ気持ちからであった。めざましい成果を挙げる勉強会にはならなかったけれど、共に学ぼうとする、自主的なものを持ちえていたこと、それを子ども心にも実行しようと試みたことに、今日なお考えさせられるのである。

学習者一人ひとりが学習においてどのようにみずからの自主性を伸ばそうとしているのか。授業者として、それをどのように見すえていくのか。授業者としては、たえずそのことが問われている。

二

『新版わたしは小学生』（昭和53年6月1日、青葉図書刊）は、蒲池美鶴という子どもの六年間に書きしるした、およそ八〇〇編の日記や作文の中から、七七編の文章（作文・日記）が選ばれて成った、戦後の代表的な個人文集の一つである。

この文章の冒頭には、蒲池美鶴ちゃんが昭和三三（一九五八）年四月八日、入学式の日に、みずから記した二つの文章が収められている。

〇　（四月八日）

みつるはきょう一ねんせいになりました。きょうは四月の八か〔ようか〕です《ママ》　このちょうめんはうけもちのこしろ〈古代〉せんせいにもらいました。ほんとうにやさしいせんせいです。ようちえんのおかだせんせいもやさしいせんせいです。おかだせんせいはそつえんしき〈卒園式〉のときにないていました。ようちえんじゅうのせんせいがないたそうです。それからこしろせんせいにさんすうのちょうめんももらいました。いいせんせいです。一ねん三くみの子がみんな二さつづ〔ず〕つもらいました。みつるも一ねん三くみです《ママ》　きょうしつのなかにはかわいいえなどがはりつけてあります。こしろせんせいはおんなのせんせいです。

（『新版わたしは小学生』、一〇ペ）

かあちゃんのびょうき　（四月八日）

みつるのかあちゃんはもうちょうでにゅういんしています。それでとうちゃんわ〔は〕かあちゃんのいるせんばというところにかんびょうしにいくのでみつるはせんばのあるまつ山からかよっています。けれどかあちゃんはあと二三日ぐらいしたらでるというのでもうすこしでうちへかえれるとおもいます。

（『新版わたしは小学生』、一一ペ）

前掲二つの文章（日記）について、父親の蒲池文雄氏（国文学者、近代文学専攻、作文教育研究者、当時、愛媛大学教育学部に勤務されていた方）は、〈父のことば〉として、つぎのように記しておられる。

「入学式の日には、あいにく母親が入院中だったので、わたくしがついて行きました。家に帰った娘は、さっそく机に向かって何か書いていました。それが右の文と、次の「かあちゃんのびょうき」という文です。（最初の文章では句点が二箇所落ちています。）（引用者注、文章中、ママとしたところ、句点。がつけてない。）

このように、自分から進んで日記を書いたのは、兄（隆文《たかふみ》・当時小学五年生）の絵日記を幼い時から見なれていてまねをしたくてたまらなかったのを、晴れて一年生になった心のはずみにうながされて実行に移したわけでしょうが、「やさしいせんせい」からノートをいただいたことも、一つのはげましになっていると思います。」

（同上書、一一ぺ）

蒲池美鶴ちゃんが小学校一年に入学した日、みずから担任の古代先生にいただいたノートに、その日のこと、お母さんの病気入院のことを、自発的に思い立って書きしるしていることに、私は深い感銘をおぼえる。六年間に八〇〇編もの日記・作文を書きつづった美鶴ちゃんの文章表現活動の始発点は、ここに認められる。自主性の芽がくっきりとうかがわれる。

美鶴ちゃんが自分から進んで入学式の日のことを書いたのは、父親として蒲池文雄氏が述べておられるように、一つは、お兄さん（隆文・当時小学校五年生）の絵日記を幼い時から見なれていて、まねをしたくてたまらなかったのを、晴れて一年生になった心のはずみにうながされて、他の一つは、やさしい古代先生からノートをいただいたことによるであろう。自発的な書く行為がどのようにして成ったかは、本人がすでに文字を習得し、文・文章をつづけることができるようになっていたことにもとづくが、子どもの自主性をまもり育てていく環境の大切さであることを、改めて考えさせられる。

入学式の日は、まだたどたどしい文しか書けなかった美鶴ちゃんが一年生の夏休みには家族ぐるみで見に行った映画のことを日記にくわしく書きつけうるように伸びていった。

（八月十九日　火よう日　はれ）
えいが「けがれなき　いたずら」
おひるから　えいがを　みに　いきました。「くろい　おうし」と「けがれなき　いたずら」です。「けがれなき　いたずら」は　きょうかいの　おぼうさまが　びょうきの女の子の　ために　おはなしを　して　あげたものがたりです。きょうかいの　まえに　赤んぼうが、すてられていて　おぼうさまが、それを　みつけてみんなで　そだてる　ことに　なりました。ふとった　おぼうさまが、ゆりかごに　赤ちゃんを　のせてゆりかごに　ひもをつけ、その　ひもの　はしっこを　じぶんの　手へ　むすびつけ、手を　うごかすと　ゆりかごが　ゆれると　いう　しくみで　ジャガイモを　むいて　いるのが　おかしくて、みつるも　かあちゃんも　わらいました。（以下、三ページ半分、省略）（同上書、二〇～二一ぺ）

この日記については、父親の蒲池文雄氏が、つぎのように述べられた。

「原稿紙五枚分の、これまで書いたいちばん長い作文です。こどもなりに筋をまとめて、こんな長い文が書けたのは、一つには、映画そのものが、こどもに理解しやすく、楽しくおもしろかったことによるものですが、その上に、いっしょに映画を見た家族全員が、帰ってから感想を話しあったことが、ひじょうに役に立ってい

ると思います。」（同上書、二二四〜二二五ペ）

美鶴ちゃんは、質量ともに、めざましい文章表現力の伸びを示しているが、父親として、「いっしょに映画を見た家族全員（本人のほか、父・母・兄）が、帰ってから感想を話しあったこと」が非常に役に立っていると述べておられるのは、子どもの文章表現力を伸ばすために、なにが必要であり大事であったかを示している。

この後も、美鶴ちゃんの文章表現力は、順調に伸びて、八〇〇編という集積をするのであるが、その間、学校では指導者に恵まれたほか、父親・母親・兄がいつもよき理解者・はげまし手・読み手であったことを忘れることはできない。

三

成蹊学園の亀村五郎氏の試みておられる、もう一つの個人文集の指導がある。ここでいう「個人文集」とは、「個人のさまざまな作品を一まとめにして文集にしたものではなく、個人が書いた一つの作文を、一冊の文集として出す」ことをさし、「自分で書きあげた作文を、自分で原紙に刻字をして、印刷し、綴じて文集のような形にしたもの」（以上、亀村五郎氏稿、「『個人文集』指導の実践」、昭和56年8月31日刊、一ペ）をさしている。「価値のある仕事に向かってねばり強い努力をすることを喜びとする子どもを育てたい」と、数年来実践を重ねられたものである。

亀村五郎氏は、個人文集についての指導のあらましを、つぎのように述べておられる。

「作文の題材も、長さも自由です。ただし、これを作るについては、担任である私のすすめがいります。すすめる場合は、おおよそ次のような場合です。

①　子どもの生活日記の中から、この子どもや、仲間たちにとって、大切な生活であり、ぜひ一まとまりの作文に書き直させたい、と思うもの。
②　学級生活の中で、子どもとつきあっているときみつけた生活の事実が、その子どもや、仲間たちにとってたいそう大事なことであると思ったもの。
③　子どもが、個人文集になることをのぞんで書いてきたもので、その内容が、個人文集にふさわしいと思ったもの。

以上の三つです。また、この条件にあえば一人が、何回作ってもいいことにしています。

表紙の裏には、『書きたかったこと』というところがあります。これは、作文に書きたかったことを、短く述べるところです。なお、書いてからはっきりした自分の心を書きつけることもあります。

そのあとに、私の、この作文についての感想を、およそ二百字ほど書くようにしています。また、作品についての感想以外に、学級の仲間たちへの、見どころ、考えどころを呼びかける内容になっていることもあります。子どもたちは刻字をするときに、この部分だけあけておき、私が自身で刻字をします。

この文集の刻字は、私のコメントをのぞいては、すべて子どもがします。（現在はボールペン原紙を使用）印刷は学校でして、製本は、学級の仲間が共同して行います。」（同上稿、二～三ペ）

「この個人文集は、できあがると、原則として、その日のうちに、当人が全員の前で朗読するようにしています。それを聞いた学級の仲間たちは、作品の内容や、作品の持つ問題について自由に発言します。これは、主として、朝の話し合いの時間や、放課後の時間を利用しますが、内容によっては、国語の時間の一部を利用することもあります。

現在のようすですと、一学期、ほぼ、二十点から、多くて三十点ほどです。

（私の仕事は、子どもの日記や、日常生活から、子どもに個人文集としていいと思ったものをすすめることと、膝下指導をすることですが、一週間に、一回二点ですので、細かく見ても時間的には、さほど重荷ではありません。この点は、だれにでも実践できることだと思っています。）」（同上稿、三ぺ）

亀村五郎氏は、三六年もの実践歴を有する方である。みずから考え出された、「個人文集」の指導について、実にこまやかに周到に工夫を重ねられている。この試みについて、亀村五郎氏は、つぎのようにも述べられている。

「個人文集は、子どもたちに、明日やる仕事をもたせます。いつかはやるという希望をもたせます。自分で作りあげる、自分でもくろむ、仕事や希望です。その意味でも今後、さらに大切にしていきたいと思っています。」（同上稿、二四ぺ）

子どもたちの自主性をひき出し、育てていくのに、亀村五郎氏の「個人文集」の指導の試みは、示唆深いものを持っている。

四

子どもの自主性に根ざす授業を、どのように構想していくのか。子どもの自主性を根幹とする授業を、どのように構築していくのか。授業者として、たえず求めつつ、しかもみずからの授業の浅く軽く薄いのを嘆かずにはいられないが、身の非力さをわきまえつつ、なお、子どもたちの自主性を的確にひき出し、伸ばしていくことから目を放さないように努めていきたい。

（昭和57年12月4日稿）

12　国語科授業力の錬磨

一

『素顔の15歳――教育現場からの報告――』が昭和五七（一九八二）年五月一日、中国新聞社から刊行された。教育取材班のスタッフが、直接中学校の三年生のクラスに入学して、生徒たちと学習活動を共にしながら、教師・生徒の実態をとらえ、問題の所在をつきとめようとした、独特のレポートである。

この『素顔の15歳』の中には、記者（いわゆる生徒になった記者二名）の学んだ三年D組の四三名の生徒に、「好きな先生」「きらいな先生」についてアンケートし、その結果が、つぎのようにまとめて掲げてある。

〈好きなタイプ〉

「何でも相談に乗ってくれる人」／「心配ごとを笑い飛ばして、いつも明るい先生」／「一人一人のことをよく理解してくれる先生」／「授業の進め方がうまい人」／「優しいけど、悪い時は思いっきり怒る先生」／「無理を通そうとせず、生徒の立場に立ってくれる人」／「ユーモアがあって、友達って感じを漂わせる人」／「運動ができる先生」

〈きらいなタイプ〉

「えこひいきする先生」／「自分が『先生だ』というプラカードを持っている先生」／「やたら〝私の教育

方針は…〟と言う知ったげな先生」／「教科書丸読みの手抜き授業をする先生」／「古くさい考えに固執し、学校を軍隊とでも思っている人」／「授業中にすぐ注意し、テストの点を引く――という先生」／「すぐ怒り、暴力をふるう人」／「くねくね、ねっちり、しつこい、イヤみの先生」（同上書、四六～四七ぺ、傍線は引用者。）

これを見ると、「授業の進め方がうまい人」⇅「教科書丸読みの手抜き授業をする先生」が両極をなしている。つぎに「一人一人のことをよく理解してくれる先生」⇅「えこひいきする先生」もまた、考えさせられる。「ユーモアがあって、友達って感じを漂わせる人」⇅「くねくね、ねっちり、しつこい、イヤみの先生」も、好対照をなしている。

生徒たちは、「授業の進め方がうまい人」を好きなタイプとして挙げ、「教科書丸読みの手抜き授業をする先生」をきらいなタイプの一つに数えている。「授業の進め方」の巧拙は、学習者（生徒たち）にも指導者（教師たち）にも切実であり、かつ深刻である。

国語科授業力を、指導者みずからどのように錬磨し、自在さをどのようにして得ていくかは、国語科を担当する者の最も重要な課題である。

前掲『素顔の15歳』には、一年間の取材を終えた、記者が、その感想を、つぎのように述べている。

「教師がなぜか、がんじがらめにされているみたいで生気が感じられない。」

「これだけをきちんと教えとけば大丈夫、みたいな確信が教師の側にないんじゃないのかなあ。だから、あれもこれもと上っつらをなでるようになる。公開授業や経験・知恵の交流が教師間でもっとされる必要があるね。」（同上書、二三三ぺ、傍点は引用者。）

ここで指摘されている、教師に欠けている生気と確信は、国語科授業力においても、これを欠くことができない。

二

『素顔の15歳』には、中学校三年生の第三学期の国語科授業のある光景について、つぎのように述べられている。

「いま、教師の権威が失われているといわれる。確かに一昔前のように、いばった先生は通用しない。しかし、自分の教職に自信をなくして権威が薄れたとすると大変だ。そして『先生らしさ』をカバーするために、教師が『かみしも』を着るとどうなるか。

今年の二月下旬。高校受験に向けて最後の追い込みに入ったD組の教室で信じられない光景を見た。『どうもうまくゆかないいんっだ□』の□の中に適当な助詞を入れる問題を教師が出した。『えーっと、これは「た」を入れるんだよな。』その教師はどうしたことか間違った答を示した。二、三人の生徒が『えっ、おかしいよ』と言うとクラスの大半がうなずく。『日本語になってないよ。先生。』生徒が大声を出す。しかし、引っこみがつかなくなった教師は一言『いや「た」じゃ。次へ進むぞ。』そうすると生徒の間から『何が次じゃ。いいかげんなことを言うな。』生徒の言葉は、もう教師のそれとは違っていた。

このことについて、D組の生徒は『先生だって間違えるじゃろ。でも「ごめん」とあやまればいいじゃないか』という。」（同上書、二二八～二二九ペ）

国語科授業における授業者としての確信のなさが、こうした「信じられない光景」を現出させてしまう。それは国語科授業者の自滅行為と化する。

『素顔の15歳』では、現下の学校教育のかかえている問題点を、つぎのように衝いている。

「『学力』という一本の物差しで人間を選別することが、いかに子供たちを傷つけていることか。出会った多くの非行少年・少女の〝選別執行人〟をなじる口調は激しかった。『できるやつには親しげに冗談をいい、ワシらを全く無視しやがって』『わからんことを教えるのが教師なのに、はなから〝お前の頭が悪い〟〝ダメだ〟とくるんじゃけえ』『ウチらの悩みを親身になって聞いてくれん。何かいっても〝そうか〟の一言だけ。学校は塾と変わらん』……。

子供たちにも甘えがある。しかしそれをなじるだけでは、彼らには寄る辺がなくなってしまう。甘えに問題があるとしても、まずそれを包み込み悲しみを共有したうえで、生き抜く力をつけてやるのが教育の原点ではないだろうか。」（同上書、二二〇～二二一ぺ）

ここでは、テストによって選別される学力ではなく、子どもたち・生徒たちの生き抜く力をこそ学力と考えて、「甘えに問題があるとしても、まずそれを包み込み悲しみを共有したうえで、生き抜く力をつけてやるのが教育の原点ではないだろうか。」と述べられている。

三

「一人一人のことをよく理解してくれる先生」を、生徒たちは〈好きなタイプ〉の一つとして挙げていた（前出）。学習者（児童・生徒）一人ひとりを理解していくのに、国語学習記録は、最もあずかって力がある。「文は人なり。」と同様に、「学習記録は人なり。」である。

一人ひとりの国語学習記録は、学習者一人ひとりの国語学力を語ってあますところがない。国語学習記録一冊一冊をとり上げ、一ページ一ページに目を通していく営みは、一人ひとりの国語学習（国語学力）を丹念に見つめさせる。それはおのずから一人ひとりを具象的に理解していくことにつながる。精魂をこめて国語学習記録の指導にあたられた大村はま先生は、「生徒の学習記録は、私の指導記録を上回る記録であった。」（「総合教育技術」昭和58年6月号、一四九ぺ）と述べておられる。このことばは、一人ひとりの国語学習記録が単元ごとにどんなに充実していたかをうかがわせる。大村はま先生は、全集『大村はま国語教室』（筑摩書房刊）各巻に収められる授業報告をまとめられるのに、生徒たちの国語学習記録を読みかえされ、かつての授業場面を生き生きとよみがえらせておられる。

「ある時間のところで、教室がありありと目に浮かんできて、私は書きながら、思わずひと言、助言のことばが口に出そうになって、はっとして、そこに開いていた紙面を見ると、何年か前に、その場で、やはり同じことばをかけたと見え、その生徒の学習記録にメモされているのに驚いた。

ある発表のあと、質問が出た。発表者がちょっと答えに詰まって、流れがとまったのに気がついた司会者が『では』と受け取ろうとした瞬間、思いついた一語が発表者の口から飛び出して、二人の張り上げた声が重なって、どなり声のようになった。息づまるようであったクラスの空気が一度に破れて歓声になった。みんなわざと体をゆすって笑った。そんな情景も『笑い』という記録から浮かび上がった。」（同上誌「総合教育技術」昭和58年6月号、一四九ぺ）

国語学習記録を通して、ある授業場面があざやかによみがえってきたという、これらの事例を通して、国語学習記録のもつ不思議な力を感じさせられる。

国語学習記録は、授業の展開と共にあり、学習者（児童・生徒）一人ひとりに国語学習記録をどのように書かせるか、まとめさせるか、さらにまた活用させるかは、国語科授業力に負うところが大きい。

国語学習の始終を克明に生き生きと記録させること、記録にまとめさせることによって、学習者（児童・生徒）一人ひとりの自立と向上を図っていくこと、国語学習記録をまとめるごとに大きく伸びていく実感を得させること——国語授業は学習者各自の国語学習記録として結実をとげる。

四

国語科授業を構想する力、つまり、授業構想力は、たえず練りきたえられていなくてはならない。しかし、国語科授業力の自己診断はむずかしい。みずからの授業構想力を、豊かに自信ありとするのか、貧しく平浅に過ぎるとするのか、自己評価することはやさしくない。

表現（作文）の授業であれ、理解（説明文教材）の授業であれ、学級の学習者の国語学力にふさわしい教材を選ぶことは至ってむずかしい。やさしい教材（資料）に偏ってしまうこともしばしばである。

平易にすぎる教材（文章）が選ばれているような場合、授業は全般に浮いたものになりやすい。授業者の単なる好みや思いつきで選ばれた教材が、学習者を夢中にさせるのはむずかしい。ひきつける力が弱い。

国語科授業力は、教材選択力に待つところが大きい。選んだ教材が生きていなければ、授業は低調なものとなってしまう。

与えられた教科書教材をとり上げ、授業に備えた教材研究が行われる場合、ややもすれば型にはまりやすい。授業者みずから生きた教材を見いだし、それを授業に生かしえた時のよろこびは大きい。

生きた国語教材を見いだし、それを核として授業そのものを充実させていくためには、授業者として、たえず読書生活に励んで、教材（資料）感覚を鋭くしていかなければならない。

五

先日（昭和58年6月18日〈土〉）、広島市立中央図書館で開かれた読書会のテキストは、『話しことば入門』（村上幸子著、昭和57年10月12日、溪水社刊）であった。

話しあいの中では、つぎの一節が話題となった。

　話し方教室で、若いOLが、「今日、私とっても恥ずかしかったんです。建設会社なので女性の少ない職場です。事務をやりながらお茶くみも大事な仕事なんですが、お昼過ぎに壊れたお湯のみが置いてあるので、思わず『だれ、これめいだのは。』とつい大きい声が出たんです。が、誰もだまって仕事をしているので、まあ、そんなせんさくより、仕事だと思って自分の机について仕事をはじめました。そうすると、もう一人の女の人、といっても私と同じ年の人ですが、入ってきて、やはりそのお湯のみを見て、『あら、どうしたんでしょう。かわいそうに。』と言いながら、そのお湯のみを片付けたんです。私は恥ずかしくて顔があげられないような気がしました。ことばは飾ろうと思ってもだめですね。ことばは人柄だと思いました。」と話していたのが印象的でした。（同上書、六五ペ）

『だれ、これめいだのは。』とつい大きい声を出した方をAさん、『あら、どうしたんでしょう。かわいそうに。』と言った方をBさんとする。Bさんのことばも、たとえば、「かわいそうに。」も、言い方しだいでは、へんにきざっぽく聞こえることもあって、その点は気をつけなければならない。Bさんのことばに「恥ずかしくて顔があげられないような気がしました」Aさんの言語感覚は、鋭くりっぱではないか。『だれ、これめいだのは。』と言ったAさんのことばも、言いようによっては、わるい感じを与えるよりも、あっさりとしていて、むしろ好感を呼ぶこともあるのではないか。こういう気づきを、読書会に招かれた助言者として述べたところ、まっさきに反応したのは、その読書会に参加していた著者村上幸子さんだった。自分の今までの話しことばのとらえかたが浅く平板だったことを改めて考えさせられたと、感想が述べられた。

授業者・指導者として、日常生活の中でどのようにみずからの言語生活を高めていくのか、また国語学習の深まりをどのようにして実現させていくのか、思いめぐらして努力しなければならないことばかりである。

六

授業の展開は、準備したとおり、願っているとおりには、なかなかならない。むしろ思いのほかに難渋することが多い。しかし、国語科授業においては、苦労してからだにおぼえこんだことだけが、生かされて授業構築に役立つように思われる。

前掲『話しことば入門』には、著者村上幸子さんが、聞くことの大切さにふれて、つぎのように述べている。

俳優の森繁久弥さんは、

「わたしは、いろんな人の話を聞いて、私の体の中にある袋の中に全部ほうりこむんです。そうすると、なんにもならないと思って聞いた話まで役に立ちます。そしてそれでわたしのものを見る見方が育っていく場合がとてもたくさんあるのです。」

とおっしゃっています。

話すことは積極的、聞くことは消極的と思われがちですが、聞く耳持たぬという人の話は幅も深さも出ません。（同上書、一九九ぺ）

森繁久弥氏の実行している聞く生活の深さは、なかなか達しがたいもののように思われる。みずからの国語科授業力を高めていくのに、もうこれでいいという時はない。スランプに陥り、壁につきあたって、苦しみ迷うことの連続であるといってもよい。

どのようにして、みずからの国語科授業を軌道に乗せ、堅固でかつ柔軟な展開をはかり、集積を重ねていくようにするのか。みずからの授業に深みをと念じながら、軽く浅いものにとどまってしまう無念さは、また格別である。

学習者（児童・生徒）への語りかけ、説明、問いなど、どれ一つをとり上げてみても、授業者としての修練が不十分であることに気づく。みずからの国語科授業力には、なにが欠けているか、なにが未熟なのかをとらえつつ、着実にわがものとして会得していく努力を重ねたい。

（昭和58年6月21日稿）

13　本格的な学力を生む授業計画を

一

昭和五七年度達成度調査における中学校国語の出題には、公表された限りではあるが、出題源（素材となった文章・作品等）の検討・選択をはじめ、設問の構成・内容・方法等に至るまで、周到な心くばりが見られた。ただ全問題が公表されていないため、中学校国語の達成状況調査の各学年を見通しての全体計画とその具体的な内容を確実におさえることができないのは惜しまれる。

公表された問題をくり返し読みながら、改めて考えさせられたのは、中学校各学年の国語学力を客観体テストとしてとらえていくことのむずかしさである。中学校における国語学習の達成状況を真に把握していくことの困難さである。国語の学力調査では、個々の学習者の国語学習体験（活動）に密着して学力が問われるとは限らない。個々の学習者が各自の国語学習体験（活動）を通じて習得し、身につけている能力・知識・技能が問われる。つまり、既習の国語教材について復習的に学力が問われるのは、校内における評価に多く、それ以外では、未習の国語材（文章・作品など）について既得の学力が任意に問われることがほとんどである。

以下、客観体テスト方式による国語学力の評価のむずかしさ、その限界をふまえたうえで、中学国語の達成状況調査を通じて、学力評価の問題・課題について考えてみたい。

二

まず、〔文学的文章〕についての出題では、中一・中二とも、少女や少年を主人公にした文章が選ばれ、設問の配列や問い方にも工夫が見られる。

中一の岡野薫子氏の文章による設問は、問一、特定の表現から「私」のカナヘビに対する心情（気持ち）をとらえさせる／問二、同じく特定の表現から「私」のカナヘビの卵に対する心情（気持ち）をとらえさせる／問三、筆者である「私」が大人になってから少女時代を思い出して書いたという、この文章の特性、文章内容の特性をとらえさせる／問四、今までの問一、問二、問三をふまえて、文章全体から中心的な事柄を読みとらせるように、構成され、工夫されている。

「私」の心情（気持ち）の把握という観点からは、おしまいの段落のうち、「それなのに、私は、自分になっていてねむってしまったのだと思い、うれしかった」について、当然問うべきであろう。カナヘビの赤ちゃんへの気持ちという点で、授業であれば必ず確かめられるところである。

こうした設問では、特定の表現箇所→心情（気持ち）の把握というように、傍線を施した特定箇所だけに固執して心情（気持ち）をわかろうとする学習者も少なくない。特定の表現箇所（たとえば、問一、息をつめて見まもっていた私は、ほっとして力をぬいた。）そのものを的確におさえること、「息をつめて」、「ほっと力をぬいた」などをしっかりおさえるとともに、この表現箇所の前後の描写や「私」の心の動きをも、あわせておさえていくようにしなければならない。

読み深めていくに値する、特定の重要な表現箇所を、授業者として、どのように見出し、学習者にどのようにしっかりとおさえさせ、読みとらせるか。授業計画にあって、十分意図的に配慮しなければならないところである。

中二の杉みき子氏の文章による設問は、問一、特定の表現箇所から、少年の心情（気持ち）をとらえさせる／問二、文章中に二回用いられている特定の足ぶみしということばから、少年の心情（気持ち）をとらえさせる／問三、この文章を読んだ人たちの主人公に対する感想を五例掲げ、学習者の感想に近いものを選ばせる（この場合は、正答のほか、準達成が認められるしくみになっている）／というように構成・配列されている。

これらの設問のうちでは、問二の足ぶみしについての問いが、問題となろう。足ぶみしが二回用いられているのは、少年の心情（気持ち）のそれぞれの異同をとらえさせるのにふさわしい表現箇所のようでありながら、必ずしもそうはいえないのではないか。足ぶみしはあるいは杉みき子氏の愛用表現かもしれないが、「そんなことにさえ気がいらだって、少年は小さく足ぶみした。」と「少年は笑いながら、からだをずらして、にじを正面に見る場所をあけ、友達が上がってくるのを足ぶみしながら待った。」とから、足ぶみしだけを特定して取りあげて、無理に掘り下げるのには、問題が残る。それよりも、後者の例では、和解と友情のあらわれとしての「笑いながら、からだをずらして、にじを正面に見る場所をあけ、」の少年のやさしさを読みとらせることが大事ではないか。さらにまた、歩道橋の上での「だれひとり、立ちどまって、この大空のドラマにながめ入るものはない。」も、授業であれば、当然おさえられるであろう。それを読みとらせることで、「少年はふと、はじめて、自分のことを恵まれた者に感じた。」という、少年の心情も確かに読みとられよう。

文学的文章の場合、登場人物の心情（気持ち）を読みとり、読み深める力を問われることが多い。授業において、学習者一人ひとりの心情・内面を、読むこと・読み味わうことを通して、どのように耕しているか、また耕していくかが大きい課題となる。

中三の「徒然草」による設問は、問一、文章執筆のきっかけをとらえさせる／問二、特定の表現箇所について、読みとる力を確かめる／問三、筆者の日常生活についての考えをとらえさせるように、配列・工夫されていた。

これらのうち、問一は、中学校の古典学習に入るにあたって、文章制作（執筆）の動機は、予備知識として与えるべきものであろう。そうでなければ「鎌倉よりのぼりて」の「のぼる」とはどうすることかを、注として入れて、問うべき性質のものではないか。無理な設問ほど、選択肢が浮いてしまい、体をなさなくなり、はては出題者の見識まで問われるようになる。

三

〔説明文章〕の出題では、中一・中二・中三とも、それぞれ学年段階にふさわし材料（文章）が選ばれ、設問の配列や問い方にも工夫がうかがわれる。

中一の前田富祺氏による設問は、問一、特定の表現箇所から、語句のたとえているものを読みとらせる／問二、特定の語句のことばの意味をとらえさせる／問三、文章中の空欄に適当な（ことば）を入れさせる／問四、文章全体で、筆者がいちばん強く述べようとしていることをとらえさせる、というように構成されていた。

中二の西宮克彦氏の文章による設問は、問一、文章中、第二段落の冒頭の空欄□に最もよくあてはまることばを選ばせる／問二、特定の語句を取りあげ、そのことが具体的に説明した文を選ばせる／問三、文章中の第五段落について、何についての説明がなされているかをとらえさせる／問四、特定の表現箇所（自浄作用もほとんど行われなくなります。）の理由を読みとらせるように、構成されていた。

これらのうち私自身は問二について、選択肢を選んでみたが、正答ではないのを取りあげていてひとり赤面した。四つの選択肢を比べながら選んで、文章の叙述面を的確に読みとらなかったことが誤答の番号を選ぶ結果となった。

さて、中三の北村昌美氏の文章による設問は、問一、特定の表現箇所について、述べられている思考内容について読みとらせる／問二、特定の表現箇所に関して、筆者が何を論拠にしているかを読みとらせる／問三、特定の表現箇所二つ、すなわち筆者の二つの問題提起に対して、答えを述べている部分を、（A）～（E）によっておさえさせる／問四、文章の後半の部分で述べられているのは何かをとらえさせるように構成されていた。

中一・中二・中三とも、それぞれ内容面で特色のある、しっかりした文章（説明的文章）が選ばれており、特定の語句（ことば）、特定の表現箇所（文など）、特定の段落について、的確に読みとるための問いが用意されていた。文章の全体にわたって、あるいは主要部分について、要旨を読みとらせる問いも当然のことながら用意されていた。

説明的文章を読みとる授業を計画し実施するにあたって、その達成目標、達成水準をどこに置くかは、むずかしい。説明的文章（教材）ごとに、授業者としての達成目標（それに向かっての学習指導事項）をどのように見きわめていくかが課題となろう。

説明意識を明確にさせ、段落意識を確かなものとして、読みとっていける学習者を、どのようにして育てていくか。内容（問題あるいは課題）がどのように明らかにされ、説かれているのか、どういう段落（さらには、どういう文）によって、説述が進められているのか——それらを説明意識を確かにさせ、段落意識をたえず確かなものにしていくこととして考えれば、学習者に説明的文章を読む構え（姿勢）とその読みとり方をどのようにして身につけさせていくかが課題となる。

学習者一人ひとりに、説明的文章を読んでわかる充足感と、ひとりで読み通し、読みとっていく充実感を得させる、授業上の配慮が望まれる。さらには、学習者相互に読みえたもの、読みとりえぬ問題点を出し合って、充足感・充実感を確かに読みとりえたという満足感（達成感）を味わうことができるように配慮していくことが望まれる。

四

〔作文〕に関する出題では、中一・中二・中三それぞれに工夫と配慮が見られた。

中一では、図が表している事柄をことばで説明することが求められ、与えられた空欄□の中に、図が表している事柄を説明する、適切な文章を書く力が問われている。（感想や意見は書かないこと）と、設問のおしまいに記されている。

中二では、ある生徒の作文を四つのまとまりに分け、一部、順序を入れ替えたものに、A、B、C、Dを付し、Dを最終の段落とした場合、他の段落（A、B、C）をどのような順序にすると、まとまりのある作文にすることができるかが問われている。

中三では、ひとまとまりの文章を、例文にならって、〰〰線のついたことばを使い、前文に続けて——線のことばのあとに作っていく力が問われている。

中一・中三の場合は、条件作文ともみられる出題であるが、許容事項も配慮されており、評価の対象としての作文力にしぼられている。中一では、伝達のための作文力がもとめられ、中三では、与えられた二つの文から考えて、〰〰線のついたことばを使って内容を論理的にまとめていく作文力が問われている。

中二では、「ある生徒の作文」となっているが、選ばれた文章は堂々とした述べ方であって、大人の文章という感じがする。生徒ばなれした文章という印象さえ受ける。ここでは、文章構成力が問われているかのごとくである。こうした正しい配列を求める整序問題の目ざすところは、文章構成力そのものを問うというよりも、文章構成意識を確かめることになろう。Dを最終段落として、与えられた、A、B、Cの三段落から、冒頭の段落、それを受ける段落、さらにそれを受けつつ最終段落へと架橋していく段落を、どう見出していくかは、それほどやさしくはない。

こうした評価方式による限り、学習者各自の作文力の達成状況のうち、生き生きとして個性的主体的な動的な作文力の達成水準を確かめるというよりも、作文力の基礎となっている能力（技能）や意識（文章構成、段落構成など）

静的で手がたい力を問い確かめることになるのではないか。

授業計画の中に、作文単元として、生活文・記録文・説明文・感想文・意見文・通信文・報告文を、どのように取りあげ、その文章制作（表現）過程に即して、主体的個性的な表現力をどのように伸ばしていくのか、また文章表現の基礎的な能力、技能をどのようにしてきめ細かく演練していくのかが課題となろう。授業者（指導者）として、作文単元ごとに、また学習者の文章（作文、記録）などごとに、その達成水準をどのようにおさえていくのか、その評価計画のありかた、進め方も課題となろう。

五

〔漢字〕〔語句・語彙〕など、〔言語事項〕関係の出題では、中一の〔漢字〕、中二の〔語句・語彙〕、中三の〔漢字〕それぞれに五題ないし四題が用意された（公表された限りで）。漢字の正しい読み、正しい語句の使い方、適当な語句の選び方、使い方が問われている。

中学校各学年において、確実に身につけていくべき、漢字力（読字力・書字力）、語彙（語句）力を、どのようにおさえていくのか、また、それをどのようにして確かめていくのか。漢字・語彙・語句に関するごく限られた設問によって、各学習者の習得（達成）状況を、どこまで的確に精確にとらえることができるのか。そういう面への推計学的な評価上の配慮は、どのようになされているのであろうか。

義務教育段階（とくに中学校段階）にあって、国民生活に必要な漢字の読み書き能力（いわゆるリテラシイ）の習得をどのようにさせるか、語彙力・語句を理解し使用していく力をどのように伸ばしていくか。いずれも授業において、丹念に積み上げて学習させなければならないものばかりである。

漢字の読み書き能力にしても、語彙・語句の力にしても、中学生として誤りやすい傾向・実態を、指導者としてできるだけ克明におさえつつ、それぞれの習得上の留意点、生きた呼吸を会得させる配慮が望まれる。

六

達成度調査にかかわる評価研究の実践課題は、むろん設問対策などにあるのではない。どのような達成度評価にも応じうる本格的な国語学力を、どのように体得させていくかが、たえず問われるのである。

本格的な学力を生みださせる授業計画として、たえず配慮したいのは、

(1)　学習者一人ひとりの心情・内面を、文学的文章を読むこと・読み味わうことを通して、どのように耕していくのか。また、どのようにして、読み深める力として伸ばしていくのか。

(2)　説明的文章（教材）ごとに、授業者としての達成目標（それに向かっての学習指導事項）をどのように見きわめていくか。学習者一人ひとりに説明的文章を読んでわかる充足感、読みえたという充実感、確かに読みとりえたという満足感（達成感）をどうえさせるか。

(3)　主体的個性的な表現力をどのように伸ばしていくか。また、文章表現の基礎的な能力、技能をどのようにきめ細かく演練していくか。

(4)　漢字の読み書き能力、語彙・語句の力の丹念な積み上げをどのようにしていくか。

などを主軸とする実践課題の取り組みである。

国語学習達成度の自主的な確かめは、授業計画と展開の始終をつらぬいてなされるのが望ましい。

（昭和58年7月4日稿）

14　学ぶ主体を育てるための教師の働きかけ

一

私がカール・ブッセの「山のあなた」と題する話、山のあなたの空遠く／「幸」住むと人のいふ。／ああ、われひとと尋めゆきて、／なみださしぐみかへりきぬ。／山のあなたになほ遠く／「幸」住むと人のいふ。(上田敏訳)――を新制中学校三年生に扱ったのは、昭和二二(一九七四)年八月下旬のことであった。当時の授業記録によると、昭和二二年八月二七日(水)に、この詩を三年竹組で扱い、翌八月二八日(木)三年梅組、桜組、松組、菊組で扱っている。四学級で授業をした二八日(木)の「日記」には、「つかれる。」と記している。

私は、この「山のあなた」の詩を、「春の朝」(ブラウニング作)、「落葉」(ヴェルレーヌ作)と共に扱った。一連の授業を通じて、これらの話を学習した生徒の一人Kは、「山のあなた」について、つぎのように記している。

「幸福を追求した思想性の深い詩で、色々と考えさせられるものが多い。立体的なものである。静かなあきらめが純粋のそれでないにしても、東洋的なあきらめと通じるものがあり、しかもその底に幸を求めて止まぬ人の情熱がかくれている。明るい感じの勝った詩である。」

ことし(昭和五八年)八月一四日(日)、松山市でこの学年のクラス会(同期会)があり、私も招かれて出席した。

参加者は五クラス二四八名のうち、三二名、ほかに恩師一名であった。席上、三年梅組にいた野田（近田）久子さんは、自己紹介・近況報告を兼ねた短いスピーチの中で、かつて三六年も前、カール・ブッセの詩「山のあなた」を学んだが、そこで出会った「幸」（幸福）の問題は、その後もずっと生きつづけている。自分は最近カソリックに入信したが、今なお、「さいわい」の問題を求めつづけていると述べた。

かつて「山のあなた」を授業にとり上げた時、私は全力投球をしたが、学習者一人ひとりにどのように働きかけたかを思いかえしてみると、はなはだ心もとない。五クラス二四八名の一人ひとりに心をくばることは、やはり至難の事に属していたといってよい。

野田（近田）久子さんは、もの静かで勉強熱心な生徒であった。卒業後も、ずっと自己の人生を求めつづけていたあかしとして、「山のあなた」を学んだことと結んで、みずからの真摯《し》な生きる姿勢を語ってくれた。私はかつて国語教室で学習者と共に詩を学び合ったことが、年月を経てなおこのように生かされていることに深い感銘をおぼえた。

学ぶ主体を育てるという時、指導者としては授業を中心とした眼前の学習事象によって判断をくだすことが多い。それは当然のことではあるが、目の前に営まれている学習の一つひとつが学習者一人ひとりにどのようにかかわっていくのかをたえず見つめていかなければならない。一つひとつの学習活動を通して学習者に根づき、かつ確かに育てられていくもののあることを念頭においてかからなければならない。それは指導者の手を離れたところで、目の及ばぬところで、本格的な学習として見いだされることが多い。

二

稲坂良弘氏（劇作家・演出家）は、三〇年前、東京都中央区立紅葉川中学校で大村はま先生に国語を学ばれた。その当時のことを回想して、稲坂良弘氏は、つぎのように述べておられる。

「三十年前のひとりの少年は、先生が開いてくれた扉から言葉の銀河宇宙へ飛び出して行きました。この宇宙の存在と〝言葉〟の存在が同じであることを知り、言語宇宙の遊泳に魅了され、身体を通してそれを表現することの迷宮へも踏みこんで、今日という日までたどってきました。

言葉は人を歓ばせ、言葉は人を哀しませ、言葉は心をカタチにする。私たちは言葉というすばらしいものを持っているのだと、東京のド真ン中ひとりの中学生（当時、中央区立紅葉川中学校）は、思うに至ったのです。「感じること。考えること。心をカタチにすること。伝えること。……いろいろ知りました。教科書を通してではなく、大村はま先生という一人の人間を通して、言葉と人間というものを。

そして大村先生は、少年の心に無限にひろがる世界を見せてくれたのです。

教室で、詩集を作ったこともありました。ガリ版刷りで。そのとき結果として、詩よりも一生懸命になってしまったのが、みんなの詩のみんなでの合評集。これが面白いと、大村先生はほめて下さいました。『詩を書く』ということでひとつのことが終るのではなく、そこからまた次の魅力的な仕事が始まることを知りました。」（『大村はま国語教室』第五巻月報8、筑摩書房刊、五ぺ）

大村はま先生は、ことば（国語）の学習の扉を開いて、一人の少年をほんとうにことばと出会わせ、その少年をことばの銀河宇宙へ送り出された。稲坂良弘氏は、「感じること。考えること。心をカタチにすること。伝えること。……いろいろ知りました。教科書を通してではなく、大村はま先生という一人の人間を通して、言葉と人間というものを。」と述べられた。「教科書を通してではなく、」は、大村はま先生が教科書だけをパイプとして働きかけられたのではないことを意味している。大村はま先生は、教科書を軽視されたことはない。かつて、「私はだれよりも教科書を精読しています。何回もくり返し読んで、やがて授業に臨むころには、おのずと全文を暗誦していました。」と述べられたことがある。教科書以上に生きた学習資料が見いだされ、用意され、そこから教科書以上に豊富な学習活動を組織し展開させられるのである。

稲坂良弘氏はまた、大村はま先生の授業の場合、詩集を作るという学習活動（作業）をそれだけにとどめるのでなく、そこからさらに「合評集」という魅力的な学習活動（仕事）が始まったことを述べられた。学習者にとって、始めの学習活動が次々とどのように新しい学習活動を生みだしていくのかは、大きい問題である。

教師が学ぶ主体を育てるため、どのように働きかけるかについては、まず学習者にどれだけ周密にかつ適切に学習活動を用意しえたかをかえりみなければならない。働きかけるのは学習者一人ひとりに本格的な学習を成り立たせるに足る学習活動（作業・仕事）とともに働きかけるのである。

稲坂良弘氏が、「教科書を通してではなく、大村はま先生という一人の人間を通して」と述べられるところに、働きかける主体のありかた、生きかたが問われている。

三

ことし（昭和五八年）八月一二日（金）、私は卒業生を会員とする国語教育学会で、「国語学習の極印と深化」と題する話（講演）をした。みずからの旧制中学校時代にどういう国語学習をし、どういう指導を受けたかを中心に述べたものである。ひとりよがりの懐旧談になってしまい、会場の参加者はかなりきびしく冷たい態度で聴いたのではないかと、話し手としては、不安でもあり、落ち着かなかった。一三日（土）、一四日（日）と、どこからも反応は届けられなかった。

八月一五日（火）から、すこしずつ届けられるようになった。
いま、私的なものではあるが、届けられたものを掲げると、つぎのとおりである。

1　八月一五日（月）受信

昨日は、心打たれるご講演を賜わり、ありがとうございました。

先生の「国語学習の極印」、はっきりとお教えいただいた思いでございます。お話は、「国語」の領域にとどまらず、まさに教育そのものの要諦と存じられました。

先生にとって、実に立派な先生がいらっしゃいましたことに感激しました以上に、その先生方の一事一事を、半世紀後も、ありありと思い浮かべになる先生のお心にいっそう心打たれるものがございました。

「出会い」はあっても、うかつな精神が気づかずにすごしてしまうことが多くございますのに、先生は、両先生（白田時太・仲田庸幸）とのすばらしい「出会い」を、本当に深く体現なさっていらっしゃいます。私の感激の根はそこにございます。

ことに、先生、ご講演のさ中に、しばしば絶句なされました。あの沈黙の重さを、私はひしひしと感じさせられました。千万言を尽くすよりも重い、深い心の表現を感じたものでございます。

先生にお教えいただくことの余りにも大きく、謝恩のいとなみの余りにもまずしきことを恥じ入っております。

ご講演を承りました感激のあまりに、たいへんご無礼をも顧みず、粗文差し上げました。ご海容下さいませ。

2　八月一六日（火）受信（はがき）

先日の光葉会における先生のご講演心に染《し》みました。

先生が語られたお二人の先生のすばらしさ、その先生を語る先生のお姿に、私は先生方の人間愛の大きさを感じ、心うたれました。

残暑も厳しく、疲れのたまる時期ですので、くれぐれもお体に気をつけられて、ご自愛くださいますよう。

3　八月一九日（金）受信

のろのろ台風の影響が報じられておりますが、広島の方はいかがでしょうか。おかわりはございませんか。お見舞い申しあげます。こちらはざわざわとした日が続きました後、やっと通り過ぎてくれまして、ほっといたしております。わたくしは風に全くといっていいほど弱いのです。一日中吹かれますと、はじめのうちはがまんいたしておりましても、だんだん不きげんになりまして、何も手に着かなくなります。二日も続きますと寝込んでしまうくらいです。雨は好きでして、どんな雨でも喜ぶものですから、雨蛙の生まれかわりかと冷やかされております。（中略）

光葉会のご講演、感動深く拝聴いたしました。先生のご講演は五回（御影公会堂、市立姫路高校、大津学会、兵庫県教育研修所、武蔵川女子大学）うけたまわりましたが、こんなに感動したことはありませんでした。何かしら胸元にこみあげて参りますものを押さえ押さえ拝聴いたしました。生涯の思い出に残る一日でございました。

4　八月二〇日（土）受信（はがき）

朝晩多少涼しくなり過ごしやすくなりました今日この頃、先生にはお元気で毎日を過ごしていらっしゃることと存じます。

先日の国語教育学会ではお疲れさまでした。紫色の風呂敷から大事そうにご本を取り出される手つき、ああ先生だと感じずにはいられませんでした。

学生の間はおぼろげながら感じていた「先生の人間に対する情」にじかにふれることができたと確信される

お話の数々。恥ずかしながら涙がにじんできて仕方ありませんでした。「同じ道を歩んでゆく」という先生のお言葉が胸にしみ、怠慢な己の日々を反省しかつ精進を誓った次第です。

昼は尚残暑厳しき折、ご自愛下さいますよう。

これら四通の書信は、昭和二〇年代、三〇年代、五〇年代の卒業生からであった。（2のみ、直接の教え子ではない方である。）

講演は孤独な営みであって、多くの聴き手に、どのように働きかけるかは、至ってむずかしい。前掲の講演は、私の場合、昭和一八（一九四三）年に初めて人前でまとまった話をしてから、三九一七回めにあたっていた。もっとも、これは講演だけでなく、発表もあいさつも式辞なども話述に関するものすべて含めて数えているのである。学ぶ主体（聴き手主体）に働きかけることのきびしさとむずかしさは、だれしも経験するところであるが、講演においては、一段ときびしさ・むずかしさがわかってくる。前掲四例の書信は、いずれも最大限に好意的に受けとめてもらったものばかりである。それゆえ、有頂天になるわけにはいかない。講演を授業に置きかえてみれば、働きかけるきびしさ・むずかしさは、またいっそう切実なものとなる。

四

学ぶ主体を育てるための教師の働きかけの中で、最もむずかしいものの一つは、どのように聴かせるかの問題である。聴こうとしない学習者（児童・生徒）に、どのように指導をすればいいのか。どういう働きかけが工夫されているのか。

学習活動の中で、的確な聴き取りをしなければならない場を見いだし、あるいは、そういう場に立たせて、聴きとる力を伸ばし、自信をつけさせるようにする工夫を重ねても、現実には十分でないことが多い。指導者の中には、ついには静かに集中して聴かせることに自信をもちえないで、半ばあきらめ、半ば自信を喪失してしまっている例も少なくない。

指導者の話をいっぺんで聴きとるようにしつけていく場合も、一回かぎりの話では聴きとれない学習者も少なくない。そういう子どもたちにも聴きとっていくことができるようにするのには、指導者の側で、同じことのくり返しでなく、すこし言い方をかえて、話の大事な点が聴きとれるように配慮をしておくと、子どもたちも自信をもって聴くことにとり組むようになる。こうした指導者の心くばりは、はやく大村はま先生が中学校の一年生（新入生）に対して実践してこられたものである。教師の働きかけには、このような心くばりがほしい。

また、聴かせるため、傾聴させるための話し手としての修練をどのようにしていくかも、大事な問題である。あきらめと自信喪失とが先に立つと、働きかけの源になる話法の修練ができなくなってしまう。

五

学ぶ主体を育てるということ、そのための働きかけをどうするかということ――学習者一人ひとりの学習状況（―学力水準）が指導者によく見えており、学習者理解に徹していかなければならない。

学習状況（―学力水準）に応じて目標をめざしての学習活動ごとに、学級全体への働きかけ、グループへの働きかけ、個別への働きかけが工夫される。とりわけ、個別への働きかけについては、指導者が初めから熱心にとり組むのでなければ、思いつきの程度では、成果を挙げることが、むずかしい。

学習者一人ひとりは、学級の中に独自の位置を占めつつ、その学習への意欲が認められ、学習活動の達成・成就感を味わい、確かに自信をつけていくことを望んでいる。また、指導者からのはげましや助言、あるいは率直な批判を期待している。学ぶ主体をどう育てるか、どう育てつつあるのかが、今後ますます問われるであろう。

――私の場合、かつて五クラス二四八名の生徒たちに国語科を担当し、全力傾注をしたつもりではあるが、年月を経て、当時一人ひとりにほんとうに指導者として責任をもって働きかけ、指導に悔いを残していないかを、みずから問いかえすと、やはり胸いたむ思いがする。どう働きかけるべきであったかについても、当時の授業記録（国語教育個体史研究）を見直して、考えさせられることが多いのである。

（昭和58年8月31日稿）

15　授業力としての発問を求めて

一

教師の発問は、国語科授業の成立源となり、導入力となり、さらに展開力となり、さらにはまた評価力ともなる。国語科授業は学習者によって自主的に進められ、学習者本位に主体的に営まれるのを理想とする。それは理想形態であって、そこへ到達するまでには、教師がさまざまに加勢し、示唆し、方向づけなければならない。多様な形態をもちうる国語科授業の機構を透視するとき、そこに教師としてかかわる発問こそは、話しあいを中核とする授業の成立源であり、導入力・展開力・評価力でもある。教師の発問によって、国語科授業が質的に成立し、形式としても整い始める。国語科授業開始の発端は、教師の発問によって多く形づくられる。そこで果たす発問の役割を導入力とみるなら、国語科授業の発端部・導入部において、教師の発問はその中核をなしているといえる。国語科授業の成立・開始後、その進行に応じて、教師の発問は予定に従って、あるいは臨機に多角的にうちこまれる。そこでは国語科授業の展開力の役割を担っているといってよい。国語科授業の真の展開力は、学習者の自発性・自力性に求められる。学習者の国語学習における展開力と表裏一体をなし、あるいはその的確な展開を方向づけるため、教師の発問が推進力となり、ときに修正力となる。教師の発問は、学習者の国語学習を全体としてその内と外とを見まもりつつ、展開力となり、中心部における最も主要な支柱となる。国語科授業の一応のまとまり、あるいは終結において、その成果ないし達成を確かめ価値づけるのも、教師の発問によってなされることが多い。そこでは教師の発問が評価力として働いていく。

このようにみるなら、教師の発問が国語科授業の中枢をなし、国語学習の成立から終結に至るまで、その導入部・展開部・終結部の各過程において、欠くことのできないかなめの役割を果たしていることは明らかである。国語科授業の成立に深くかかわって、それを保証し、かつその展開の始終にわたって、学習活動を充実させていく機能をもつものとして、教師の発問は必須の存在意義を有している。

教師の発問は、その目的によって、つまり何のために何を目ざして問うのかによって、試験発問・練習発問・発展発問の三つの類型に分けられる。試験発問は、学習者の学力並びに学習状況の評価・確認などのために用いられる。練習発問は、学習者の理解・記憶・技術などを強化し熟達させる練習のために用いられる。発展発問は、学習者各自の理解力・思考力を誘発して、学習を発展させるために用いられる。

また、教師の発問は、何を学習者に問うかという、その内容対象によって、記憶(事実)発問・思考(問題)発問の二種類にわけられる。記憶発問は、学習者の経験の事実・知識・記憶などを問うために用いられる。学習しえたものがどれだけ確実に習得されているかを問い、かつ確かめるのである。これに対して、思考発問は、学習者がみずから判断し推理していくように、その思考を誘発するために用いられる。思考発問は、学習の本質に根ざした発問類型である。これはさらに、原因・理由・比較・選択など、その思考の誘発のしかたによって、多くの型にわけられる。思考発問は、各種発問のうち最も典型的な存在といってよい。

教師の発問はまた、教師によっていつ準備されるかという、その準備が行われる時期によって、予定発問と即時発問との二種類に分けられる。学習活動は予期したとおりに進行することもあり、予期・予想を超えたり外れたりすることもある。周到な予定発問に加えて、自在で的確な即時発問の要請されるゆえんである。

さらに、教師の発問は、学習指導過程の分節化に応じて、導入発問法・展開発問法・終結発問法の三つの類型に分けることができる。学習指導の始終を通じて、導入・展開・終結のそれぞれの部位に適合した発問法が考えられる。

二

教師の発問は、国語科授業の成立から終結に至るまで、その導入部・展開部・終結部の各過程において、欠くことのできないかなめの役割を果たしている。その視点から、発問をとり上げてみれば、つぎのようになろう。

(1)　国語科授業成立のための発問
(2)　国語科授業への導入力としての発問
(3)　国語科授業の展開力としての発問
(4)　国語科授業への評価力としての発問

これらのうち、(1)～(4)それぞれに補足を加えれば、つぎのようである。

(1)　**国語科授業成立のための発問**

国語科授業を成立させるための準備段階（予備調査・実態調査を含む）までを考慮するとすれば、そこには多くの発問法を要することになる。しかし、核心になるのは、国語学習の対象または課題の設定に関する発問である。国語科授業が真に成立するためには、学習対象・学習課題についての発問が確実でなければならない。何を学習対象とし、何を学習課題とするのであるかを問うことこそ根本である。

(2)　**国語科授業への導入力としての発問**

国語科授業における学習対象が明らかになり、学習課題が明確になったとして、そこで自動的に学習活動が開始されるとは限らない。国語学習への内面点火をするのは、教師の発問である。ここでは主として記憶発問・思考発問が中心をなすであろう。

(3)　**国語科授業の展開力としての発問**

国語科授業における発問の役割は、ここに極まるともいえよう。国語科授業そのものが深まるように、ほどよく確かに展開していくように、教師の発問の機能していくことが、最も期待される。思考発問が中核をなすであろう。

(4)　**国語科授業への評価力としての発問**

評価がなされて、初めて国語科授業の次の段階への向上・充実が約束される。国語学習を評価していくこと自体、それは発問によることが多いといえる。ここでは、試験発問・練習発問としての記憶発問が主として用いられ、思考発問もまたあわせ用いられる。

授業力としての発問は、国語科授業の成立から終結まで、導入力として、展開力として、また評価力として機能する。授業者としての力量は、授業力としての発問を、いつ、どこで、どのように、的確になしうるかにかかってくる。授業力としての発問は、授業者が授業に臨むかぎり、実の場で工夫され、活用される。授業に臨んでいない場合も、たえず発問についての修練を要請されている。

三

(1)　**国語科授業成立のための発問の工夫**

国語科授業の計画・構想を立てたり練ったりする準備段階にあって、授業者の胸底に浮かび上がってくる発問案を大事にしていくようにしたい。どういう視角から発問を用意し工夫していけばいいかについても、心がけているうちに、おのずと浮かび上がってくることが多い。

国語科授業の成立には、何を学習対象とし、何を学習課題とするかを問わなければならない。また、授業に臨む授業者の熱意と自信と意欲がしっかりしているとともに、学習者の授業に参加する意欲と興味と関心が盛り上げられていなければならない。

練り上げられた学習課題は、一種の板上発問であり、授業者としての期待がこめられ、抱負が示されている。板上発問としての学習課題の提示は、主として口頭によってなされ、また板書によってなされる。時には、小黒板その他によって示されることもある。学習課題は学習者にとって、自明のものとなりやすい。そのことがかえって学習者の学習課題の受けとめかたを不十分なものとしてしまいやすい。学習課題の提示とそれを学習者一人ひとりに十分に理解させることは、国語科授業の成立に不可欠のものとして工夫していくことが望まれる。

学習課題に注がれる学習者の目の輝き、意欲の高揚は、学習課題への取り組みを中核とする国語科授業を生き生きとしたものにしていくあかしである。

(2)　国語科授業への導入力としての発問の工夫

国語科授業への導入発問は、教師が慎重にかつ周到に用意し、明確で新鮮なものでありたい。提示された学習課題に即して、国語学習への内面点火をする発問は、どうあればよいか。授業者によって、学習者一人ひとりの国語学習への意欲や興味がとらえられ、国語学習への見通しがつけられている場合、内面点火の発問は、おのずと考案されよう。

「みなさんだったら、どういう学習のしかたを選びますか。」と学級の全員に問いかけることもあり、また、「○○君、○○さんは、どうしますか。」と、個別に国語学習のしかたを確かめていくこともできよう。国語学習へと、また学習課題の核心へと、上手に向かわせ、誘いこむことは、導入発問に最も求められている点である。

こうした導入部における全体への発問、個別発問には、学習者からの応答に応じて、授業者がさらにことばを添えて認めてやり、励ましてやる心くばりが必要となる。

四

(3)　国語科授業の展開力としての発問の工夫

国語科授業を展開させる展開発問については、二つの方法が考えられる。

一つは、国語学習（授業）の進行状況に応じて、一定の時間ごとに分節し、教師（指導者）として思考発問を用いていく方法である。国語学習における話しあいの時間を事前に約束しておき、一区切りついたところで、さらに学習を深めるため発問をしていくのである。こうした発問は、国語科授業の準備段階において周到に練られ、国語学習を深めていくのに役立てられる。

もう一つは、授業者（指導者）も話しあう学習者たちの一メンバーとして、話しあい学習に参加し、学習者の立場に立ちつつ、指導意図をも含めて発問していく方法である。これは学習活動の流れを中断することなく、国語学習そのものを充実させていくことができる。

展開のための発問、それは主として思考発問であるが、国語学習において、それを自在に活用していくためには、話しあいを中断させないで発問しうる方法を、たえず工夫していかなければならない。

展開のための発問は、国語科授業にあっては、最も緊要な役割を持ち、授業の成功・失敗に深くかかわっていく。展開発問の工夫は国語科授業においてたえず重ねられて、目標の達成をめざしてなされる。

授業を生き生きとさせる展開発問は、授業者による事前の周到な準備にまつところ大であるが、授業の進行に伴って、学習者の反応や学習上の困難点に即して、臨機に工夫を要する面も多い。授業者としては工夫した発問であっても、実際にはその展開発問による学習活動が停滞してしまうことがある。そういう局面に立って、授業を進め、学習活動を盛り上げていくのには、思うように発動しなかった、みずからの発問について、検討を加えていかなければならない。

(4) 国語科授業への評価力としての発問の工夫

学習者が、一時間ごとの国語科授業に真剣に取り組んで、各自みずからの学習活動をなし遂げた場合、その充足感あるいは成就感には格別のものがあろう。授業者としては、授業過程の始終を通して、学習者の学習状況を見きわめつつ、努力を認め、さらに意欲を高めさせる発問を用意していくようにしたい。

国語科授業における評価発問は、授業のしめくくりに当たって、その達成状況を確かめつつ、学習者としての姿勢や意欲を、さらに確かで盛んなものにしていくために工夫される。国語科授業を生き生きとさせるために、どういう評価発問を工夫していくかは、ゆるがせにすることのできぬ課題である。

五

以上、国語科授業の成立・導入・展開・終結の各過程に応じて、そこに見いだされる、授業成立のための発問、導入発問、展開発問、評価発問の工夫の必要とありかたに関し、基本的な問題を考えた。いずれも具体事例を挙げていないため、実地にどう工夫していくかに関しては、具体性の乏しい述べ方になった。国語科授業をほんとうに生き生きとしたものにさせる発問は、局部的な工夫にとどまるのではなく、授業全体にわたって、分節された各過程ごとに準備され機能していくことが望まれる。

国語科授業における各過程ごとの発問を、一層確かで有効なものとするために、授業者として留意しておくべき点に言及すると、次のようになろう。

① 焦点化された、揺れない発問の工夫

授業者からの発問に対して、学習者の応答が活発に機敏になされない場合、教師は慌てて、発問の主意もしくは

主眼を、別のことばで易しく言い換えて問い直すようにする。易しく平明でわかりやすい問い方にしようと努めること自体はわるいことではないが、そうすることによって発問の焦点がぼやけたり、ずれたりしてしまうことがある。発問を平易なわかりやすいものにしようとする試みが発問を変容させてしまうのである。

授業を生き生きとさせる発問を工夫する場合、それぞれの発問がよく焦点化されているように、平易に噛みくだいて問い直す必要が生じても、揺れて変わったものとならないように心がけたい。

②　各発問における間（ま）の工夫

各発問における間（ま）の工夫を入念にしていきたい。発問は学習者一人ひとりに確実に受けとめられ、よく染み透っていくことが願わしい。一つひとつの発問が学習者にかっきりと受けとめられるためには、その発問の音声表現をほんとうに生かしていく間（ま）のとりかたを、たえず工夫しなければならない。

かの徳川夢声氏は、名著『話術』（昭和22年6月5日、秀水社刊、のち白揚社刊）の中で、話術は間（ま）術だと道破している。話は間（ま）によって生かされもするし、殺されもするというのである。発問法においても、間（ま）は重視される。発問者（授業者）として間（ま）のとりかたを十分に工夫していきたい。

③　発問においてことばを惜しむ工夫

授業者としては、発問過多症に陥ったり冗長な発問にならぬよう心したい。発問に際して、できるかぎりことばを惜しむようにしたい。すぐれた発問に特性として見いだされる、簡潔性・確定性・平易性・論理性・適合性も、もともとことばを惜しむ精神に発している。ことばを惜しむのは、舌たらずのわかりにくい発問にするためではない。平明で迫力のある、精練された、さらには示唆性に富む発問にするためである。

以上は、授業力としての発問にもとめられる、主要な留意点であるが、授業を生き生きとさせる発問の工夫は、国語科授業の場合、文芸教材・説明文教材・表現教材・言語教材などをとり上げる、いずれの授業過程にあっても、たえず要請されている。授業者自身の発問に関する自己評価は、授業者としての力量を高める有力な契機となろう。発問の工夫は、授業者にとって、求めがいのある実践的課題である。

（昭和59年5月30日稿）

16　国語学力を精練する場の発見

一

このたび報告された、国語科達成度調査問題とその結果の考察に接して、改めて考えさせられる点は少なくない。今回の調査では、国語科の目標を達成するための指導内容のうち、その範囲を、

(1)　主題や要旨のはっきりした表現をしたり、目的や内容にふさわしい文章を書いたり、文章の全体の構成を考えて書いたりする表現の基礎的・基本的な内容。

(2)　主題や要旨を理解したり、読む目的や文章の種類・形態などに応じた適切な読み方で文章を読んだりする理解の基礎的・基本的な内容。

(3)　表現及び理解の能力の基礎となる言語事項。

のように定め、調査問題の内容としては、小学校第五・六学年ともに、表現領域では、文や文章の構成、文章の説明的な叙述、語句の適切な使用法、文章の推敲などに関すること、理解領域では、文学的な文章の主題や人物の心情、場面の情景の読み取り、説明的な文章の文章構成及び内容の論理的な読み取りなどに関すること、言語事項では、漢字の使い方や熟語の構成に関することを含め、表現や理解の基礎となる事項が取り上げられている。

これらのうち、第五学年で、最低の通過率を示したのは、国語A㊀（第一問題）の第一設問の二つの問いであった。

次の昆虫は、植物の何を利用して身を守っていますか。□の中に書きなさい。

(1)　アブラムシやバッタは、□を利用して身を守っています。（通過率33・8%）

(2)　シャクトリムシやナナフシは、□を利用して身を守っています。（通過率40・4%）

これらの設問に対応する問題文は、次のような文章である。

さらに、昆虫は、植物の色や形を利用して、てきから身を守ることもできます。たとえば、緑色をしているアブラムシやバッタは、葉やくきにとまっているときは、ほとんど見分けることができません。シャクトリムシやナナフシは、小えだの色にあわせるだけでなく、形もそっくりにばけて身を守っています。（問題文第⑤段落）

第一問題は、四つの設問のうち、他の三つまでは選択肢群から選んで答えるようになっていて、右の設問(1)(2)のみ、選択肢方式でなく、本文の叙述から読み取って答えるようになっている。もし選択肢が用意されたならば、通過率はもっと高いものとなりえたであろう。

文学的な文章であれ、説明的な文章であれ、読み取る力を精練していくべき、学習の場を必ず有している。授業者として、その学力を精練していく場を、教材と学習者に即してどのように見いだしていくかが授業改善の大きな課題となる。

読み取っていく文章の段落内の文と文の連接関係、展開の筋道をたえずしっかりとおさえていくように学習者の読解していく構えと方法を確実なものにさせること――それを個別に身につけさせるように授業者として心配りをしながら授業を進めていくこと、これらは授業力を豊かにしていくのに欠くことができない。

二

次に第六学年で、最低の通過率を示したのは、国語B㈠（第一問題）の第二設問であった。

文中の③の段落の、登山は苦しみをともなうものである。という文を人生にたとえた文があります。次の中からもっともよくあてはまる文を一つ選んで、その番号を□の中に書きなさい。

1　自分の足で頂上をきわめたとき、ほんとうの喜びを味わうことができる。
2　人生を自分の足で歩くということである。
3　人生とは、苦難にたえて生きていくものである。
4　苦難を乗り越え、目標を一つ一つ果たしていくものである。

（通過率37・6％）

右の設問（解答）に対応する問題文の関係部分は、次の二段落である。

③
また、登山は苦しみをともなうものである。重い登山ぐつをはき、必要な食料や衣服をつめこんだ重いザックを背負って山道を登ることはつらい。山は高く登れば登るほど、苦しみが増してくる。それは、道もけわしくなるし、空気もうすくなってくるからである。たとえ天候が悪く、周囲の景色が見えなくても、ただもくもくと登っていく。

⑥｛また、人生はいろいろな苦難に出会うものである。君たちは眠《ねむ》い目をこすりながら宿題の山に取り組んだり、マラソンで何キロメートルも走ったりして、つらい思いをした経験があろう。友達との関係がうまくいかなくなって苦しむようなこともあろう。人生とは、そうした苦難にたえて生きていくものである。

右の設問においては、「文中の③の段落の、登山は苦しみをともなうものである。という文を人生にたとえた文があります。」という問い方そのものが六年生の子どもたちによくわかったかどうか。この設問上のハードルを越えそこねたのではないかという危惧の念がつきまとう。

学習者にとっては文章読解のハードルこそ学力精練の場である。学習上のハードルを越えて、つまり学習上出現してくる様々なハードル（障害）を克服して、各自の学力は精練されたものとなる。

しかし、ハードルには、学習内容・学習活動にかかわるもののほか、前掲の設問のしかたにかかわるもの、すなわち学習のしかた（学習方法）にかかわるものがある。

授業者としては、学習者一人ひとりが学習への意欲をどのように持し、学習のしかたをどのように身につけつつあるか、また、どこに学習上のつまずきが見いだされるのか――こうした点に着目しつつ、国語学力がどのように根づき、伸びていくのかを見定めていくようにしたい。

発問・設問へのつまずきもまた、国語学力の伸び悩んでいる学習者に対しては、常に心配りを要することである。

三

表現領域において、第五学年の場合、最低通過率だったのは、国語B㈢（第三問題）の第三設問であった。

文中の④の段落は、(1)の文から(13)の文までを一つの段落としていますが、これを二つの段落に分けるとすれば、何番の文から後の段落になると思いますか。その文の番号を□の中に書きなさい。（通過率41・2％）

この設問に対応する問題文（都会に住んでいる五年生が夏休みに経験したことを書いた、「天草《てんぐさ》がところてんになるまで」という作文、全文は五段落から成る。）の④（第四段落）は、次のとおりである。

(1)まず、とってきた天草を砂浜に広げてほします。(2)これは、夏の日光に当ててかんそうさせるためです。(3)海中から引き上げた時赤い色だった天草は、かんそうしてくると白っぽくなってきます。(4)その天草を大きなざるに入れて、水で何回もすすぎます。(5)それからまた、よしずの上に広げてほします。(6)かんそうしたら、今度は木づちで三十分ぐらいたたいてやわらかくするのです。(7)次に、やわらかくなった天草を大きななべに入れて、一時間ぐらいにます。(8)この時、酢を少し入れると早くとけるそうです。(9)でも、なべに入れる天草や水や酢の量の割合がむずしくて、なれていない人はよく失敗するそうです。(10)どうしてかというと、水や酢が多すぎるとどろどろになり、少なすぎると固まってしまいます。(11)とけてきたら、上に浮かんできたごみやかすを捨ててもめんのふくろに入れ、ゆっくりこします。(12)こした汁は平らな器に入れてさますのです。(13)こうして固まったものがところてんです。

なお、この設問につづけて、第四設問がなされ、次のように右の段落分けの理由をたずねている。

三の問い（前掲）で、その番号の文から分けようと思った理由は、次のどれにあたりますか。次の中からもっともよいと思うものを一つ選んで、その番号を□の中に書きなさい。

1　「それからまた」というつなぎ言葉があるから。
2　「次に」という言葉で内容のまとまりが変わっているから。
3　「でも」という言葉があるので、前に書いてあることと反対になるから。
4　「どうしてかというと」という、理由を述べる言葉がついているから。
5　「こうして」という、前の部分をまとめる言葉があるから。

（通過率48・1％）

前掲設問三、四ともに、通過率ははかばかしくない結果となっている。

設問三の場合、段落内の段落の発見は、どこに手がかりをえるかによって成否がわかれてくる。内容上のまとまりを叙述の展開に即して見いだす読み取り、読み分ける力は、理解・表現いずれの領域の学習においても、育てていかなければならない。設問四の結果からすると、段落の発見に、つなぎことばを有力な手がかりとしていく着眼がまだ弱いように思われる。

学習者自身の文章表現（作文）に関して、構成意識、段落意識、文と文の連接の意識、接続語・指示語・修飾語等の意識をしっかりしたものにしていくよう、記述の前・中・後を通じて、授業者は十分に心してかからなければならない。構想の段階、記述の段階、批正・推敲の段階を通じて、学習者一人ひとりに文章表現力としてなにをどう根づかせていくのか。授業者としては、でき上がってくる文章（作文）の評価をどうするかということとともに、その過程の始終を通じて、文章表現をみずから把握していく力を学習者一人ひとりに育てていかなければならない。

四

六年生の場合、表現領域では、国語B四（第四問題）の(2)（第二設問）が最低通過率を示している。

次の(2)には、ばらばらに四つの文がならべてあります。これを意味の通った文章にするために、正しい順番にならべかえ、その番号を□の中に書きなさい。

(2)
1　それに、いつもクラスで何かやるとき、全員が心を一つにして、力を合わせている。
2　そのときは、運動会の前日まで、全員が朝早く学校に集まり、練習にはげんだおかげで一位になった。
3　たとえば、この前の運動会のとき、クラス対抗の全員リレーを行うことになったときのことである。
4　わたしたち六年一組は、大へん仲よしで明るいクラスである。

□―□―□―□　（通過率52・0％）

この設問に対して、(1)（第一設問）の方は、

(1)
1　母にこう言われると、テレビを消し、勉強を始めることになる。
2　わたしは、テレビを見始めると、ついつい、その前にすわり続けてしまう悪いくせがある。
3　心の中では、母にそんなことを言われないようにしなければならないと思っている。
4　そんなとき、よく母に「いいかげんにして勉強をしたら。」と注意される。

この設問の方は、通過率77・1％である、設問(1)・(2)の間に、どうしてこういうちがいが生じてくるのか、比べて考えてみなければならない。

文章表現（作文）の授業において、書き出しから結びにいたる、段落を通じての展開過程を、みずからのものとして、よそごとではなく、学習者にどのように自覚させていくか。一つひとつの文の文初、文頭、文末に着目させつつ、文章表現に習熟し、やがては文章表現に自信を抱くにいたる、その精練が待たれる。

こうした文章表現（作文）力をわがものとしていかせる授業は、学習者一人ひとりの文章（作文）の指導者による読みきかせ、学習者による自作朗読をはじめとして、指導上さまざまな工夫を要する。

五

五年生の場合、文学的な文章の問題のうち、通過率の低かったのは、国語A㊂（第三問題）の第二設問であった。

文中に、(2)小島は海に、おぼれはじめる。とありますが、「海に、おぼれはじめる。」の説明にもっともよくあてはまるものを次の中から一つ選んで、その番号を□の中に書きなさい。

1　海があれはじめるということ。
2　海水にしずみはじめるということ。
3　海水にかくれてしまったということ。
4　大きな波がうちよせはじめたということ。

（通過率50・1％）

問題文は今江祥智氏の文章から採られている。

こうした、詩的表現、擬人的表現、さらには比喩的表現を、その表現の微妙な味わいまでを、どのようにして会得させるか。こうした表現への出会いを多くしていくこと、さらには典型的な表現に出会った折の扱いを十二分にしていくこと——授業者として心がけなければならないことは多い。

六年生の場合、国語A㈡（第二問題）の第二設問では、まぶたが熱くなりました。という表現が取り上げられていた。

文中に、(2)まぶたが熱くなりました。とありますが、このときの「私」の気持ちにもっともよくあてはまるものを、次の中から一つ選んで、その番号を□の中に書きなさい。

1　雪の中を道にも迷わず、アカ（引用者注、犬）だけがかえってきたことにおどろいている。
2　雪の中を道にも迷わず、家にかえってきたアカのちえにすっかり感心している。
3　雪の中を道にも迷わず、いちずに家をめざしてかえってきたアカに感動している。
4　雪の中を道にも迷わず、アカだけがかえってきたことの恐ろしさにふるえている。

（通過率55・0％）

問題文は関英雄氏の文章から採られている。

この表現にも、どこかで出会っていなければ、やはり学習者はこの設問（選択肢）に接してとまどいをおぼえたのかもしれない。

六

以上、今回の小学校国語科達成度調査の結果の報告に接して、第五学年・第六学年とも、各領域のうち、通過率の最も低かった問題（設問）を具体的な足場として、国語科授業の改善点をさぐろうと試みた。微視的観点に傾いてしまったきらいはあるが、一面では学習者の国語学力の具体的臨床的な地平から見ていくことができたかと思う。

表現・理解の両領域、それに密接にかかわる言語事項――それらのどこに国語学力を精練していく場を見いだすのか。授業の準備の段階、計画の段階、展開の段階、評価の段階など、いずれの段階においても、学習者一人ひとりの学力（能力・技能）をどう精練するのか、その発見と達成とが、授業改善への最も緊要な課題となろう。

（昭和60年1月6日稿）

17　学習主体を育てるために　――授業者として心がけたいこと――

一

鳴門教育大学大学院に開設されている総合科目の一つ「研究の世界」を担当して、ことしは二回目になるが、必要があって、「人前で話すとき困っていること、心がけていること」について、カードに記して提出してもらったところ、自然系の院生Mさん（教職一二年目、高校理科〈生物〉担当）のは、次のように箇条書きにしてあった。

心がけていること（授業を中心として）

1　聞き手のひとりひとりの情報をできるかぎり集め、事前に理解しておくこと。
2　教材内容そのものを自分のものにするため、教師自らが感動し、その内容を自分のものとするなど周到な事前準備をおこなうこと。
3　ひとりひとりの生徒を思い浮かべた教材研究であること。
4　できるかぎり一問一答を話のなかに取り入れること。
5　そのクラスの最底辺にいる子供たちの表情を見ながら話をすること。
6　どんな些細な話でも要点を箇条書きにして話すこと。
7　導入、展開、結論を明確にすることはもちろんであるが、特に導入部分にも力を注ぐこと。

8　日常の出来事に関する資料整理を不断におこない、社会の現象をタイムリーに話題として取り入れること。

9　聞き手の人権やプライドを常に配慮すること（「あほ。こんな問題さえできないのか」など）。

10　事後の反省を必ず記録に残しておき、同じ失敗を二度と繰り返さないようにすること。（昭和60年10月中旬記述）

この一〇か条に接して、私は、周到な心くばりがなされているのに感じ入った。授業を通して、学習主体を育てていくのに、こうした心くばりを欠くことはできない。

前掲4に、「できるかぎり一問一答を話のなかに取り入れること」とある、「一問一答」というのは、学習者・授業者間に対話がなされるように努めていることを指しているのであろう。

前掲10には、「事後の反省を必ず記録に残しておき、同じ失敗を二度と繰り返さないようにすること。」とあり、その心がけには感じ入ってしまう。授業者として熟達の境をきわめるためには、このきびしいまでの修練を自らに課さなければならない。「同じ失敗を二度と繰り返さないようにする」、その覚悟で、一つひとつ自己の話しかたを高めていかなければならない。

院生Mさんは、困っていることとして、「以上の心がけていること（引用者注、前掲の一〇か条）が必ずしも実行できないこと」と記していた。学習主体を育てていくために、授業者として心がけたいことは、数多いのであるが、話すことにしぼってみても、その修練はやさしくはないのである。

もう一人の院生Yさんは、「人前で話すことに関して心がけていることや困っていること」として、次のようにカードに書いて提出した。

二

「月並みではあるが、まず、どんな場面でどんな人に話をするのかということを考慮している。それによってどのような内容を、どんなふうに展開してゆくべきかを組立てねばならないからである。選んだ内容が聞き手にとって、未知のことや興味を持っていることなどについてであれば、聞き手は退屈しないはずである。話の内容が一義的なものであることは言うまでもない。この内容のヤマはあまり多過ぎては聞き手が集中できず、その印象がぼやけてしまいやすいので、まとまりのあるように話されねばならないと思う。

さて、人前で話す際、最もテクニックが必要なのは導入部であろう。話す側も聞く側も、最も緊張している場面だからである。聞き手の期待が膨らみ、緊張の度合が高まっている中で、私はできるだけ、聞き手の期待を裏切るような始まりにしている。例えば、『ここである人はきっと、こんな挨拶をして、このように切り出すのではないか。』と、聞き手がある程度身構えている。こんな時こそ、別の角度からの唐突な切り出しが効果的なのである。自分の期待、身構えがすかされた聞き手が、『おや』、と思い、耳を傾ける。そうなれば、後は、この『おや』を魅きつけて離さずに、ぐんぐん自分のペースに引き込んで話を盛り上げることである。

私の場合、最近の例では大学卒業時（二年前）の謝恩会で恩師への感謝の辞を述べる時に工夫をした。各ゼミナールの代表が、御礼へ数々の思い出についてスピーチをしていた。最後であったことも幸いであった。私は『哲学のライオン』という詩の話から切り出した。ライオンと小動物との物語が皆に語られた。そしてそのライオンは実は恩師のことで、それを憧れの目で見つめていたのが私たちであったと結んだ。どうぞ哲学的なライオンのように、どっしりと、何時までも私達の目標でいて下さい、と。記念すべき日に悔いなく話せた、一生私の心に残る思い出のスピーチであった。

次に困っていることであるが、それは人前で話す機会が定期的にないということである。話をすることは大好きなのであるが、機会に恵まれない。

〝語り手〟としては、私は久留島武彦のようになりたい。日本のアンデルセンといわれた久留島武彦は、童話の語りで、子供たちを魅きつけて離さなかったという。もっと場数を増やして腕を磨きたくて、私は教壇に早く立ちたくてソワソワしている。」（昭和60年10月中旬記述）

Yさんは教職経験者ではないが、話し手として伸びていくすぐれた資質を有しており、その心がけもりっぱである。Yさんは、人前での話しかたについて、すでに独自の工夫をすることができ、典型的なスピーチ体験をもしている。しかも、「久留島武彦のようになりたい」と望んでいるのである。その意欲はまことにすばらしい。

私は旧制中学校の生徒だったころ、愛媛県大洲町で久留島武彦氏の童話を聴いたことがある。戦前昭和一〇年代の初めである。戦後は広島市にあって、直接口演童話の話しかたについて講話を聴く機会に恵まれた。また、久留島武彦氏が広島市三篠小学校の講堂で、子どもたちを前にして、低学年・高学年に分けて、それぞれ口演童話を話されるのを聴くことができて、なにかと啓発を受けた。「〝語り手〟としては、私は久留島武彦のようになりたい」というYさんの話し方修練の前途にさいわいあれ。

前掲の記述の中で、Yさんは、「人前で話す際、最もテクニックが必要なのは導入部であろう。話す側も聞く側も、最も緊張している場面だからである。」と述べている。

三

私自身の最近の経験の一つであるが、「教育実践の創造と課題」と題して、体育館の壇上に立って、話を始めた。初めに、この県には、昭和二八（一九五三）年に初めて話をしたが、昭和三四（一九五九）年からは、昭和五一、五二の両年を別にして、毎年のように来たこと、その回数は九〇回、話した時間は計一〇六時間にのぼり、聴き手は高校生を含んで約一万五千人に達することを話した。さらに、この地域には、今から一六年前、昭和四四（一九六九）年二月一日（土）に、市内のF中学校に来て、二年生を対象に、「山椒大夫」（森鷗外）をとり上げて授業をしたこと、その折の生徒の感想文がりっぱで印象的であったことを話し、感想文例を読み上げて紹介した。

その時である。体育館には約三〇〇名ばかり、小学校・中学校の先生方が参加されていたが、その中の一人、まっ赤な洋服を着た、若い女の先生がつっと立って、まわれ右をして歩き始めた。私は思いがけない出来事にびっくりして、そのまま話をつづけることができず、出て行くその人の後姿をじっと見ていた。体育館の入口でも、ふり向いて会釈をすることはなく、その人はそのまま帰って行った。

私は導入部における話のむずかしさを思わずにはいられなかった。講演の導入部あるいは前半部において、聞き手がさっと立ち上がって帰って行くということは、私も今までに何回かは経験していて、今回が初めてではなかった。そういう無作法ともいうべきやりかたに耐える覚悟はできているつもりであったが、話し手にとっては、やはりこたえるものがあった。

厳密にいえば、単なる導入部の失敗ではないように思われる。それは話し手としての私の話す態度とその内容への拒否反応だったのではないか。聴き手として期待していたものに、まともにこたえることができず、その期待を裏切ってしまった時、若く聡明?でしかも忍耐力のない、その聞き手は、はやくも愛想をつかして、席を立ってしまったのであろうか。

この冷淡でいまいましい、一人の聞き手の反乱は、はやくも私の話への意欲を消そうとし、私に大きい衝撃を与えたが、むろん私はくじけたり、話を放棄したりはしなかった。

それは昭和四一（一九六六）年六月二八日（火）のことであったが、同じ県下のK中学校体育館では、二、三年生一〇〇〇名の聞き手たちが九〇分間も「国語学習の方法と工夫」と題する、私の話を静かに聴いてくれた。また、昭和五四（一九七九）年一一月六日（火）には、同じ県下のS高校の創立六〇周年記念講演を頼まれ、「出会いについて」と題して、九〇分、九九〇名の全校生徒に話した。この時も、始終静かに聴いてもらった。

ともかく、今から本論（展開部）へ入ろうという時点で、反乱（拒否反応）に会うのは、話し手としては、みじめでつらい思いをしなければならない。しかし、考えてみれば、反乱（拒否反応）そのものを、自己の話し方の拙劣さ、未熟さを克服していくよすがとしていくほかはない。

四

また、院生Mさん（教職一六年目、中学校で数学科担当）は、話すこと、その心くばりについて、次のように記している。

「イギリスの社会言語学者にバーンスティンという人がいます。彼は『地域や社会階層によって使われている言語パターン（言語習慣）が子どもの発達に大きな影響を与える』ということを発表しました。そして『子どもは、ある一定の形での社会によって一定のコードを身につける』が、『労働者の多く住む地域では、制限コードがつくられやすく、中流階層のそれでは、精密コードになりやすい』と述べています。また、精密コードでは『語、文型などが正確で豊富であり、物事を的確に記述したり、表現したり、客観的に分析、推理できる』特徴をもっている。制限コードでは『単純なことやお互いによく分かり合った状況下で話をするので命令型や紋切り型のことばづかいが多く、現在はない仮定の事柄についてや因果関係を表現したり、推論を重ねた考えを展開するには、あまり適切ではない』と述べています。

私が、なぜ、このようなことを最初に書かせていただいたかと申しますと、私自身、人前であらたまって話をするのがとても苦手なのです。『です、ます調』、あるいは『〇〇〇ですね。』という『ていねいな言葉づかい』に慣れないせいか、そんな言葉づかいをしていると、どうも借りものになってしまってよそよそしく、しっくりこないのです。大勢の前で話をしなければならなくなると、『ていねいな話し言葉』が当然要求されます。そうなると、もう上がってしまい、話したいことも、十分述べられず、恥をかくということもよくあるのです。これは、私の育った家庭や地域の生活環境が、まさにバーンスティンの指摘のような制限コード型であったためではないかと改めて考えさせられているからなのです。

私は、今まで話しことばに注意をしたり、気くばりをあまりしませんでした。話すことは、教師の仕事の中核であるはずなのに、意味が伝わればいいぐらいにしか考えていなかったからだと思います。『ことばが人間をつくる』というふうに、よくいわれますが、子どもの話しことばや大人の話しことばが、子どもの成長発達、すなわち、思考や創造性、さらには感性などのイメージを広げる働きに重要なかかわりがあるとすれば、私達はもっともっと重視しなければならないと思います。

教師として、話の内容が多彩で、しかも新鮮で、内面への浸透力のある話し方、それは一種独特のものにちがいないと思いますが、そういう話し方はどうしたらできるのでしょうか。考えてみたいと思います。」

（昭和60年10月中旬記述）

Mさんは、「話すことは、教師の仕事の中核であるはずなのに」と言い、自らの話しことば自覚の十分でなかったことに思い至っている。Mさんが求めようとする、「話の内容が多彩で、しかも新鮮で、内面への浸透力のある話し方」は、授業者として習得し、自在に生かしていきたい話法力の一つである。こうした話し方を身につけていくことは、容易ではないが、授業者として、願い求めていけば、必ず成果が得られるようになると思う。

五

大村はま先生は、学習の場（授業）に対話（児童・生徒と教師との一対一で話し合うこと）を成り立たせることのむずかしさについて、次のように述べられた。

「このほんものの対話を、実際に教室のものにすることはじつにたいへんなのです。」「教室のなかで問答ならいくらでもできますけれど、一対一で話す機会ということは、――聞き手がいない二人の話し合いの場をもつということはたいへんなことです。」（『大村はまの国語教室』3、昭和59年9月29日、小学館刊、一七一ぺ）

授業の中での対話、学習の場における対話の重要であることを、大村はま先生は、さらに次のように述べておられる。

「小言を言うときにでも、私に心から認めて、いたわる気持ちはありました。ただきびしく言うわけではないので、ほんとうに、人と人とがじかに接する機会です。ほんとうに人間として接するというときに、よく家庭の話とか趣味の話とかをするかたがありますね。それはそれで構いませんけれども、やはり勉強というものが子どもの仕事でしょう。そのほんとうの仕事のなかで一対一に接しえないと、困るのではないかと思います。勉強はべつにすんでしまって、生活指導という時間に別個に話をするというのは非常にやさしくて、とくに苦心もなにもないと思うのです。勉強しているその最中に、つまり、お互いの、本領に生きている、そのいちばん大事な場面において対話をしていかないといけないので、それを離して考えることは、ほんとうではないと思います。」（同上書、一七六ぺ）

授業における対話をどのようにしていくか。その問題はまた、授業における個別指導をどのようにしていくかに深くかかわってくる。授業を準備していく段階で、留意すべきことの一つを、大村はま先生は、次のように述べておられる。

「ねらいをきめて計画をして、これでという案が持てましたときに、ほんとうにこれでいいかと、いろいろの観点からチェックをします。そのなかで個人との話し合い、個人の指導の機会がどのくらいあるかということは大事な項目になると思います。もし、たいへんよい学習が展開しそうな案があっても、いつもグループなり集団なり全体なりで動いていて、個人指導の機会があまり含まれないとしますと、その案は、どこか直さなければいけない案であるということではないかというぐらい、私は大事だと思います。」（『大村はまの国語教室』2、昭和58年10月10日、小学館刊、一四五ぺ）

個人指導の機会をどのように準備していくか、授業（学習）の場におけるほんとうの対話をどうするか。重要な課題である。

（昭和60年11月21日稿）

18　豊かな授業を生みだす指導秘策

一

私が最近の新聞のコラムで、最も感銘を受けたのは、「毎日新聞」の「余録」に紹介された、ある農業高校の写真部員の行った独自の活動に関するものでした。

秋田県立大曲農業高校の写真部が、個人制作から共同制作に切り替えたのは六年前だった。テーマを探していたら新聞に「いまの高校生が定年退職するころ、高齢化のピークが来る」という記事が載った▲「これだ」と思った。当時評判の「恍惚（こうこつ）の人」に、人間の肉体は二十二―二十四歳で完成、以後老化が進むとあったのもショックだった。ボヤボヤしてはいられない。高校生だってお年寄りに学ぶ点が多いはずだ。こうして決まった統一テーマは「長寿に学ぶ」▲はやる一同の顧問の三浦貞夫先生のいった言葉が「シャッターを切るな」。心の交流がなければ、いい写真は撮れないという教えである。生徒たちは何度も足を運び、話し込むことからはじめた。そのうち、重かった口はほぐれ、話が聞けるようになった▲一人で必死に生きる老人のもとに通ったときは、「おばあさん」と呼んで、返事をしてもらえるまでに三ヵ月かかった。特別養護老人ホームに半年通いつめて、友達のようになったこともある。毎朝、一緒にジョギングしたことも、囲碁の相手を務めたこともある▲親しさを増すにつれて、老人の表情が豊かになることも生徒たちには驚きだった。写真部に入ってきたあるツッパリ生徒は、卒業と同時に志願して重度障害者施設に入っていった。採用は女子に限るという施設側を説き伏せての就職である。心の交流が若者の生き方を変えた▲先輩から後輩へと受け継がれた記録が写真集「長寿に学ぶ」（無明舎出版）として出版された。どの老人も実に明るい顔をしている。「お年寄りは今、何を望んでいるのでしょう。福祉でしょうか。いや、人間の愛ではないでしょうか。」写真部員の感想である。（「毎日新聞」、昭和60年12月10日〈火〉）

老人たちの写真をはやく撮ろうと、気持のはやっている写真部員に、顧問の三浦貞夫先生は、「シャッターを切るな！」と言われました。安易に不用意にシャッターを切らないように戒め、その意味するところを深く考えさせることで、三浦貞夫先生は、ほんとうのシャッターの切り方を会得させられたのです。

写真部員たちが自信をもってシャッターを切ることができる時は、表情豊かな老人の生き生きとした姿を撮ることができる時でしょう。シャッターを切りたい写真部員に対して、「シャッターを切るな！」と抑えられる三浦貞夫先生のことばは、単なる禁止のことばではなく、本格的な心の交流を生みださせ、老人の生き生きした表情、明るく豊かな人間性をひきださずにはいられない、抜き差しならぬことばになっています。

ここには学習者に授業者が助言をしていく場合の秘策の一つが見いだされるように思いますが、いかがでしょうか。もちろん、このことは子どもたちの意表を突くことばを思いつきで投げかけることではありません。それは単なる奇策であって、豊かさを生む秘策ではありますまい。指導助言の秘策は、指導者の熟慮と新鮮な発想から生まれます。

二

私の勤めていた広島大学教育学部における授業のことになって恐縮ですが、昭和五四年度前期の「国語科教育法」（二九回め）を受講したT君（文学部史学科東洋史専攻）が、カードに次のように書いて提出しました。

「率直に言って、ぼくは先生の講義（引用者注、「国語科教育法」）を聞いて大変心を動かされる思いがします。先生の話は強弱なく一本調子のようでありながら、実は心こもった、やさしい落ちついた、聞き手に感動を与えるものであると信じます。カードを読みながら一つひとつまじめに答えていかれるその姿――現在のありのままの先生が、一朝一夕でつくられたのではなく、長い苦労と努力によってであることが直観として感じられ、ぼくは震える思いをしました。

今、自分は将来の進路について深く悩んでいます。だから、この講義が、今の自分にとって慈雨のごとくであってほしいと心から願ってやみません。いつまでも印象に残る講義をつづけて下さい。」（傍線は引用者。昭和54年度前期記述）

私は毎時間のように作業課題を出して、カードに記入したものを提出させ、次の時間に数枚ないし二〇枚くらいを取り上げ、それらを順次読み上げながら、補説を加えていくようにして授業を進めていました。前掲カードの傍線部は、そのことに触れて、感じたことを述べてくれたものです。提出されたカードに一通り目を通すだけでも、受講者が一〇〇名もいるセメスターには、約二時間を要しました。その中から、翌日の授業（講義）に生かして役立てていきたいと思うものを選び、さらにその順番を考え、一枚一枚について述べるべきことを用意していくのは、やりがいがあって苦にはなりませんでした。

そういうカードによる作業課題方式の授業運びが受講者にどのように受けとめられているかについては、反応を調べることもせず、不安な気持が残っていました。前掲T君のカードに書かれたことは、そういう気持でいる授業者の私にとっては、思いがけない評価でした。昭和二三（一九四八）年以来、三二年間三二回「国語科教育法」の講義を積み重ねてきて、初めて認められた面があるのだと思うと、おのずとわが胸が熱くなりました。

カードを操作するという指導技術を自在に生かして、みずからの授業（講義）に役立てていくということは、緊張裡につづけられる、油断することの許されない営みですが、前掲T君の記してくれたカードの文面に接して、私は一人の授業者として力強く励まされる思いがしました。

これに関連して思い出すのは、ことし（昭和六〇年度、第一・二学期）の私の「国語教育史特講」（鳴門教育大学）を聴講した院生M君（小学校における教職経験者、二年次生）が、観察したところを、次のように記してくれたことです。


「四月十九日（引用者注、昭和六〇年）、自己の実践記録を自らの歴史の中で、どうとらえていくか、というお話から一学期の講義が始まりました。カードメソッドによる学習課題が出されました。

この課題が、回を追うごとに、受講生（引用者注、主として一年次生）の課題へのせまり方、あるいは文章表現力等が飛躍的に伸びていく有様に、先生の指導力の深さ、豊かさ、確かさを実感することができました。それは、今後国語教育を求めていこうとする私の典型と規範である御姿でした。」（昭和60年11月7日記述）

これによって、私は、カード作業方式による指導が、いつの間にか、すこしずつ深まっているのかと思いました。

また、これに関連して思い出されるのは、一年次の院生H君が記した、「国語教育史特講」を受講しての感想の中に、次のような一節のあることでした。

「先生の授業で本（引用者注、文章）を読まれる時の間の取り方、また普段話されていることばのていねいさというものを学びとることができました。
特に、本（引用者注、文章）を読まれる際の、一言一句狂いのないよみ方をされるのも、書く時の句読点の正確さであることに気づき驚かされました。」（昭和60年11月8日記述）

右の例で、院生H君は、間の取り方、狂いのない読み方を指摘していますが、これらは子どもたちに向かって、話をしたり、読み聞かせをする場合、常に心がけ、工夫を重ねなければならない問題であると思われます。

学習課題による作業をカード方式で授業に生かしていくのに、指導者はどういう工夫と修練を積まねばならないか。読んで聞かせる場合、説明を加えていく場合、たえず話し手としての「間《ま》」が問題になります。授業者に「間《ま》」の自覚が欠如していると、話そのもの、話し方そのものが生彩のない迫力の感じられないものになってしまいます。

子どもたち全員に対して、または一人ひとりに話しかける場合、指導者（授業者）として、どういう「間《ま》」の工夫をしているか、「間《ま》」をどこまで自在にかつ思慮深くわがものとしているか。そこから指導秘策も生まれてくると思われます。

三

もう一二年も前のことになりますが、真夏の甲子園で行われる全国高校野球選手権大会で、広島商業高校が優勝をしました。S監督は、インタビューにこたえて、チーム育成の抱負と苦心とを、あれこれと語りました。その中で、私が最も魅きつけられたのは、「要するに、にせものの練習をしないこと」ということばでした。本番・実戦というもののきびしさ、むずかしさ、こわさをほんとうに知っている人の戒語でもあろうと思いました。

「要するに、にせものの練習をしないこと」――私ははっとさせられました。国語科の授業で、話し、聞き、読み、書く、各活動・技能の錬磨を目ざして練習学習をさせる場合、形だけの練習に終わったり、練習のための練習になったりしがちです。

S監督のように、ことば（文字）の練習や訓練がにせものにならないように、指導に際して細密な心くばりをしようとする――そこにことばの力（技能）を本格的に伸ばしていく秘策が得られるように思います。

「要するに、にせものの練習をしないこと」、では、ほんものの練習をさせるのには、どういう見通し、どういう準備がいるのか、どこをめざして全力傾注をしていけばいいのか――指導上、十分心すべきことが見えてまいります。

長い年月、無事故で走りつづけている個人タクシーの運転手さんが気をつけていることを聞かれて、その一つは一時停止を励行すること、それも自分自身のためにという気持で一時停止を守ると答えておりました。

他者のために止まってやるという考え方ではなくて、なにより自分自身のためにという気持で一時停止を心がけているというのです。私はこうした考え方にはっとさせられました。子どもたちに漢字の練習をさせたり、日記（生活記録）を書かせたりする場合、子どもたちに「我がために、自分自身のために」という気持と意欲を持たせるようにしていくこと――ここにも子どもたちを自主的な自発的な学習者たらしめる秘策が見いだせるのではないかと思います。いかがでしょうか。

四

京都市嵯峨の地に住むK君は、京都市内の高等学校で国語科を担当しているのですが、お嬢さんの生誕を記念してバラづくりを始め、年月を経るうち、ついにバラづくり日本一になりました。それも三年連続日本一の栄誉にも輝きました。

このK君が述懐しておりますのは、バラづくりを始めて、かなりの年数が経っていましたが、ある晩、とうとうバラ園にバラの花々と共に野宿?をしてしまいました。そうしますと、K君とバラの花々との間に交流・感応の奇跡がおこりました。奇跡といいますのは、その晩をさかいとして、K君は、一本一本のバラが訴えていること、ほしがっているもの、それらが何かがわかるようになったというのです。このバラの木は、水をほしがっているとか、あのバラの木は、どういう肥料をもとめているとか、手にとるようにわかり始めたというのです。

私はK君のこのバラ園にバラの木たちと一夜を共にして起こった奇跡には、国語科における個別指導、個人差に応ずる指導の秘策が含まれていると思わずにはいられませんでした。

子どもたちをひとまとまりの束《たば》にして指導をしていく場合は、子どもたち一人ひとりを見ようとしても、なかなか見ることができません。子どもたち一人ひとりを指導者（授業者）として、ほんとうに受けとめていくのだという構えがしっかりしていないと、一人ひとりを大事にしていく指導はできません。

授業を豊かなものたらしめる秘策は、指導者（授業者）自身が子どもたち（学習者）をどれだけ豊かに理解しているか否かにかかっているように思われます。

子どもたちの学習記録を充実させること、子どもたちの国語科学習記録を継続させ集積させること——これはやさしいようで、むずかしい面を持っております。

五

子どもたち一人ひとりの国語科学習記録や生活記録（日記など）を丹念に読み通し、そこを足場にして、子どもたち一人ひとりを可能なかぎり理解していくように努めているうちに、子どもたちの学力の水準、子どもたちの興味関心の所在、学習上のつまずきなど、多くのことがわかってまいります。学習上のつまずきの一つひとつが、やがては、つまずきの方から指導者（授業者）の眼の中に飛びこんでまいります。つまずきの方から飛びこんでくるというのは、指導者（授業者）がそれをことさらページごとに探さなくても、一瞬のうちに目にとまるようになるということです。それは熟達の境地に至って生起する現象とも見られます。

子どもたち一人ひとりの文章（作文）を読んでいく場合も、真剣にうちこんで読み通し、読み味わっていくうち、おのずとその文章（作文）のよさ、りっぱさが指導者の胸にせまってまいります。思わずはっとさせられることも、しばしばです。

国語科学習記録、生活記録（日記など）、文章（作文）など、うまずたゆまず接して、本気で読み深め、読み抜いていくうちに、一人ひとりの子どもに応じて、何をどう指導すべきかが明確に見えてくるようになります。個別指導上の具体的な要点がはっきりと見据えられるようになれば、それを核にして組まれる授業は、おのずと豊かさを増してまいります。

以上述べてきましたように、豊かな授業を生みだす指導秘策は、授業者（指導者）のたえざる修練と自己啓発から見いだされてくる指導上の秘鍵にほかなりません。

（昭和60年12月下旬稿）

19　指導者に求められている「教師の耳」

一

かつて、高校一年生に望ましい先生のありかたについて、無記名で記してもらったことがある。女生徒の一人は、次のように答えてくれた。

1　安らかな親しみやすい気持で話せる先生。

2　慈愛にみちたような態度の先生。

この二つの項目には、生徒が教師に対してどういう聞き方を求めているのかもうかがわれる。すなわち、親しみ深く接してほしい、また慈愛に満ちた、やさしくあたたかい気持で受けとめ、包んでほしいという願いがこめられている。

また、一人の女生徒は、次のように書いてくれた。

1　その先生の頭がよいとか、悪いとかいうのは問題でなく、とにかく先生自身が、よく勉強しておられ、自信を持って指導できる先生。

2　授業をおもしろくする。そして、生徒にその授業、また学課に対する興味や好奇心を持たせるようにする先生。

3　自分はいかにもえらいのだとか、わたくしは先生だぞとかいうような気持を持たずに、生徒と同一の立場にいるごとく、遠慮せず、生徒も愉快にかたくならずに、できるようにする先生。
4　生徒の個性をよく見抜き、一人一人に対し、最大の注意をはらわれるような先生。
5　だれに対しても、対等な扱いをなさる先生。

挙げられた、五つの項目の一つひとつが教師としての私どもに深切に迫ってくる。このような指導者を学習者（児童・生徒）が求めているということを考えると、改めて自らをきびしく律していかなければならないと思わずにはいられない。

とりわけ、前掲3　自分はいかにもえらいのだとか、わたくしは先生だぞとかいうような気持を持たずに、生徒と同一の立場にいるごとく、遠慮せず、生徒も愉快にかたくならずに、できるようにする先生。／4　生徒の個性をよく見抜き、一人一人に対し、最大の注意をはらわれるような先生。／5　だれに対しても、対等な扱いをなさる先生。――に見られる、学習者（児童・生徒）の指導者への期待と願望には、いかにも切実できびしいものがある。それらは、「教師の耳」にまっすぐに届くように念じられた、学習者の声であるとも受けとられる。

「生徒の個性をよく見抜き、一人一人に対し、最大の注意をはらわれるような先生。」が願わしいという時、「教師の耳」がどのようにはりつめていなければならないかは、おのずと明らかである。明らかではあるが、そういう「教師の耳」を持つこと、それを十分に機能させて、学習者（児童・生徒）に満ち足りた思いに安んじてもらうよう仕向けることは至ってむずかしい。「教師の耳」は、いつも重くむずかしい課題を抱えている。

二

西尾実博士は、その主著の一つ『言語生活の探究』（昭和36年1月27日、岩波書店刊）において、社会的行為としてのことばの世界を主体の社会意識を中心に体系づけて、左のように述べられた。

「それ（引用者注、主体の社会意識）を大局的に段階づけると、広さにおいては一対一、一対多と、一対衆の三類があり、深さにおいては、相手の求めているものを知って話し聞き、書き読む立場と、相手の求めていることだけではなく、求めている気もちまで、よく理解して話し聞き、書き読む立場と、さらに深く、相手の立場になりきって、すなわち、主体が相手と一体になって話し聞き、書き読む立場の三段階である。第一段階である、相手の求めることが何であるかを知って話し聞き、書き読むのでないと、何をいっているのかはっきりしない。これはだれにもすぐわかる段階であるが、われわれの話し聞き、書き読む生活は、この段階をさえ、満足させようとしているばあいは、まれである。第二の、相手の気もちをよく理解して、話し聞き、書き読むということは、相手との妥協と誤解されやすい。が、妥協とは根本的にちがう。主体が積極的に、相手の求めていることだけではなく、求めている気もちまで理解して、話し聞き、書き読む生活であるから、主観的・一方的態度を克服し、相手の気もちを摂取した、総合的・積極的態度に出ることである。このような主体の能力によって、社会生活の平和は保たれる。また、第三の、相手の立場になりきることは、主体の屈服であり、否定であると誤解されやすい。が、主体が相手の立場になりきるということは、一面からいうと、自己否定にはちがいない。が、それは相手に否定されるのではなく、自己が自己を否定するのである。自己を否定するような、より強大な自己の発現がなくしてできることではない。だから、天才や達人のみが達しうる立場である。でなければ、一生に一度というような非常事態に際会したとき、自己をこえた自己の力の発揮が、われしらずおこなわれるといったようなばあいに発揮される能力であって、相手と妥協し、相手に屈服するのとは類を異にしたはたらきである。むしろ、自他の対立をこえた、絶対の立場を発掘することであるとしなくてはならないであろう。現代のわが国における政治家の言動にも、文化人の言論にも、このような主体の社会意識のふかさというものは、まったくといっていいほど欠如している。」（同上書、一五七〜一五八ペ）

この論述は、西尾実博士が昭和三五（一九六〇）年五月に書きおろされたものであるが、そこには西尾実博士の戦前からの言語生活探究の到達水準が示されている。

西尾実博士は、言語主体の社会意識の深さの面に着目され、

一　相手の求めているものを知って話し聞き、書き読む立場

二　相手の求めていることだけでなく、求めている気もちまで、よく理解して話し聞き、書き読む立場

三　さらに深く、相手の立場になりきって、すなわち、主体が相手と一体になって話し聞き、書き読む立場

これらの三つの段階を示された。ここで用いられている〝相手〟を、いま学習者（児童・生徒）という語に置き換えれば、さらに、「話し聞き、書き読む立場」とあるのを、いま「聞く」という活動・行為にしぼって考えれば、これら三つの立場・段階は、「教師の耳」が学習者（児童・生徒）に対して、どういうありかたをすべきかを示すものとなる。

一　学習者（児童・生徒）の求めているものを知って聞くように努めること。

二　学習者（児童・生徒）の求めている気持までよく理解して聞くように努めること。

三　学習者（児童・生徒）の立場になりきって、すなわち、指導者（授業者）が学習者（児童・生徒）と一体になって聞くように努めること。

指導者（授業者）が学習者（児童・生徒）研究に徹し、学習者（児童・生徒）一人ひとりを個別によく理解し、その指導に周到にとり組もうとする場合、「教師の耳」が十二分に機能し、その役割を果たしていくためには、こうした三つの立場・段階への認識を新たにし、確かにしていかなければならない。

「教師の耳」がめざす究極の願いは、学習者（児童・生徒）一人ひとりの立場になりきって、一体となって聞くことに努めることにあろう。そのまったき達成、具現は、至難のことであっても、指導者（授業者）が学習者（児童・

生徒）に向かって、開かれた、「教師の耳」をきたえていくべき到達目標として見失ってはならない。

指導者（授業者）が学習者（児童・生徒）一人ひとりについて、その求めているものを知ろうと努め、その気持まで理解しようと努め、さらに学習者（児童・生徒）一人ひとりの立場になりきり、一体になろうと努めることによって、「教師の耳」のはたらきは、その努力に応じて、一層活性化され、充実した営みとなろう。

指導者（授業者）が学習者（児童・生徒）の側に立ち、その立場まで降りていき、あるいは近づき、その立場になりきろうと努める時、「教師の耳」は、学習者（児童・生徒）一人ひとりについての聞くはたらきを有効なものとし、豊かなものにしていく。

三

私はかつて指導者（授業者）の学習者（児童・生徒）の言動の観察・把握に関して、次のように述べたことがある。

「学童の国語学習の状況を、継続し観察していると、学童ひとりひとりの発言や応答に、また、読み声に、学年相応の発達上の特性を感じとることができる。これは、観察していて、いちばんうれしいことの一つである。

ある学童（男子）が、先生から指名されて、きちっと起立して、ほどよく間をおき、自己の考えをまとめて、みだれることなく、よく整えて、発言したとする。その態度のりっぱさ、明るさ、元気のよさ、そのむだのないまとめかた、邪気とよどみのない、はりつめた声の感じの純粋さ、こういうものが迫ってくる。そして、そこに、六年生らしい、熟達と伸びの確かさを汲みとることができる。

一言一動について、学童から多くのものを、感知することができる。このよろこびには、格別のものがある。

態度形成に関して、指導者がいつも考えたいのは、子どもたちの言動に即して、その態度・技術（つまりは、表現力・理解力の個性・長短）を観察し把握していくよう心がけるということである。

　思うに、こうした経験を積み重ねるにしたがって、熟達した指導者の脳裡には、学童の態度ならびに態度のありかたに関し、具体的な事例がいっぱいにつまっていくにちがいない。それを幻影化させてしまうか、聞く・話すの態度形成について、事例化し、具体（実在）化していくかは、指導者の心がまえによるところが大きい。」

（小著『話しことば学習論』、共文社刊、八五～八六ぺ）


　ここには、聞くことだけでなく、見ること・観察のこともとり上げられている。聞くという時、見ること（観察）を大事にして、それが聞くことに役立つようにしていきたい。

　指導者（授業者）としての「教師の耳」になにがどのように響いていくのか、なにがどのように積み重ねられていくのか。「教師の耳」が学習者（児童・生徒）一人ひとりからどれだけ豊かな情報、認識、理解を得てくるのか。それらは、どのようにして可能であるか。「教師の耳」のありかたは、指導者（授業者）の学習指導の源泉をなし、授業展開に深くかかわっていることに思い至る。

四

　指導者（授業者）は、学習者（児童・生徒）を意識し、学習者（児童・生徒）から聞きとろうとするあまり、指導者（授業者）自身のことば・表現（文・文章）を聞こうとしない傾向がある。指導者（授業者）の「教師の耳」が自らのことば・表現（文・文章）に向けられ、きびしく省察することができるようになって、初めて自らのことば・表現（文・文章）の自己把握（評価）が可能になる。さらには自らの言語生活・言語行為をしっかりしたものにしていくことができる。

こうして、内に向けられ、深化をはかることのできる、「教師の耳」は、聞く営みを通して、指導者（授業者）としてのありようを自ら点検し、向上させていくのに大事な役割を担う。「教師の耳」は、たえず学習者（児童・生徒）の言動、ことば・表現（文・文章）に向けられるが、そこから聞きとり、聞き深めていくべき修練は、「教師の耳」を自己の内面に向けることによって、一層確かさを増してくるであろう。

指導者（授業者）に求められる「教師の耳」は、学習者（児童・生徒）の心情の琴線に触れるものでありたい。同時に、学習者（児童・生徒）の知的探究心に正面から、また側面から十分にこたえるものでありたい。「教師の耳」は、学習者（児童・生徒）一人ひとりの学習意欲を盛んにし、学習能力を伸ばす、有力な手がかりを、たえず提供する役割を果たすものでありたい。指導者（授業者）に求められる「教師の耳」は、授業構築の基礎になる、学習者（児童・生徒）研究にとって、欠くことのできない羅針盤の役目を担う重い存在である。

（昭和62年11月15日稿）

20　本格的な学習記録を求めて

一　学習記録の実施状況

わが国の教科教育実践史（授業史）を調べても、明治・大正・昭和（戦前・戦後）各時期に学習ノート・学習記録の類は、完全な姿では保存されていない。各家庭においても、各学校（学級）にあっても、これらは価値の低いものとして、残しておくのに値しないものとして、処分されることが多かったためであろうか。

概していえば、実践者（授業者）の記録精神ともいうべきものが低弱であって、記録尊重の精神が薄弱であっては、学習ノート・学習記録の指導の成果もあがりにくい。総じていえば、明治期・大正期・昭和期（戦前・戦後）を通じて、各時期を代表しうる、本格的な学習記録は、見出しがたい。一方では、それを求めるのはそもそも無理なのだと思いながら、残念にも、さみしくも思わずにはいられない。

教職の場の忙しさに追われながら、実践者（授業者）自身の実践営為について記録をとっていくこと、学習者（児童たち）に学習記録・生活記録をつづけさせることは、最も大事な仕事そのものであるとわかっていながら、どういうものか、思うように仕上げること、仕上げさせることができない。実践営為を全体にわたって精細に記述していくことを、持続させることは、いたってむずかしく、容易に望むことはできないにしても、実践者（授業者）の実践上の発見と工夫とを明確に記録し、自らの実践営為を深めていく拠点とすることは可能であろう。また、学習者（児童たち）一人ひとりに学習記録を必要と目標に応じてつづけさせ、学習者としての伸長に資するよう指導していくことは、実践営為の内実そのものを克明に把握していく有力な方法としても、いっそう工夫されるのが望ましい。

学習者（児童たち）一人ひとりに各自の学習記録をつづけさせ、六ヵ年にわたってそれを集積させることは、至難のわざとも思われるが、ぜひそれを着実につづけて、完遂させたい。それは地味な営みであるが、それを営々とつづけて、各自の学習記録が仕上げられることは、前人未到の壮挙ともいえよう。

二　学習者による個人文集から

戦後編まれた個人文集としては、その代表的なものの一つとして、蒲池美鶴著『新版わたしは小学生』（昭和53年5月23日、青葉図書刊）を挙げることができる。この文集は、蒲池美鶴さんが昭和三三（一九五八）年四月八日、小学校に入学した日から、昭和三九（一九六四）年三月一八日、小学校卒業の日までの六年間に書いた、約八〇〇編の作文・日記から選ばれた七七編の日記・作文によって編まれている。

小学校六年間に約八〇〇編の日記・作文を書き上げたという、美鶴さんの書きつけ、書き表す営みの持続と集積には、驚嘆せずにはいられない。

一人の子どもの六年間の生活記録（日記・作文）がみごとに誕生したかげには、父親蒲池文雄氏（近代文学専攻、元愛媛大学教育学部教授、作文教育にもローマ字指導にも熱心に取り組まれた方である）の至れりつくせりの心配りとねんごろな励ましが見出される。個人文集『わたしは小学生』は、小学校六ヵ年を通して、低学年、中学年、高学年と文章表現力が伸びていく鮮烈な軌跡を確かに認めることができる。

『わたしは小学生』は、日記・作文の側からすると、生活記録・学習記録と見ることもできる。それは望みうる最高水準に達していると考えられる。さらにいえば、作者（美鶴さん）の各教科の学習活動そのものの記録が目ざされていたらと思う。それがつづけられていたら、小学生としての六ヵ年の学習活動の展開と集積とが精確に記録されたにちがいないという気がする。

生活記録（日記）を毎日つづけさせ、一人ひとりの日記に、実践者（授業者）としてことばを添えるという指導が熱心になされているという事例は少なくない。その面で、多くの成果を挙げている方々も少なくない。

そういう生活記録（日記）の指導の熱心さに比べれば、学習記録への実践者（授業者）としての取り組みは、まだまだ十分でないような気がする。子どもたち一人ひとりの学習記録を本格的に指導するという体制も、実績も、まだ十分とはいえないように思われる。

三　実践者の取り組み

実践記録は、実践者（授業者）としての刻苦の記録である。実践者（授業者）として、迷い、苦しみ、耐えて、すこしずつでも、実践者（授業者）としての発見と工夫とを自ら書きつけ、書きとどめることができるようになる。その喜びは大きい。

教材にどう取り組み、学習者（児童たち）一人ひとりにどう対し、学習活動をどのように組み立てていくのか。実践者（授業者）として、周到に準備し、意欲を燃やし、心配りをして、授業そのものを充実させるには、どうすればいいのか。実践者（授業者）として、自らの実践記録をどのように書きつづけ、積み重ねていこうとするのか。すこし気力が弱り、熱意がつづかなくなると、実践者（授業者）は、その日その日を過ごしてしまう、無気力な状態に陥りやすい。そういう状態に沈んでしまうと、授業から清新さが薄れ、学習者（児童たち）一人ひとりが見えなくなってしまう。

学習記録を、自ら担当したすべての中学生（それは数千名にのぼるといわれている）にまとめさせ、提出させ、一人ひとりの学習記録の一ページ一ページに目を通して、ほんものの国語学力を確かに身につけさせるというすぐれた実績を挙げられたのは、大村はま先生である。前人未到の学習記録の指導のありようは、『大村はま国語教室』第一二巻（筑摩書房刊）にくわしく述べられている。それは巨大で非凡な〝記録の記録〟であると言ってよい。

四　畑山博著『教師　宮沢賢治のしごと』に示唆されるもの

畑山博氏によって、『教師　宮沢賢治のしごと』（昭和63年11月20日、小学館刊）がまとめられた。畑山博氏は、「私が、この今の人生を全部投げ出してでも、生徒になって習いたかった先生でした」（同上書、一〇ぺ）と述べ、また、「賢治こそ、今のこの荒廃した教育状況の中に灯すことの出来る、唯一具体的でリスクの少ない教育ヴィジョンなのだと私は確信するようになった」（同上書、一七ぺ）とも述べられた。

本書には、すべて一七章のうち、

第二章　初めての授業／第三章　再現　代数の授業／第四章　再現　英語の授業／第六章　再現　土壌学の授業／第七章　再現　肥料学の授業／第八章　実習「イギリス海岸」／第九章　実習　音楽演劇教育／第十一章　幻の国語授業

など計七章が収められている。

畑山博氏は、宮沢賢治とかつての花巻農学校時代の教え子たちとの交流を丹念に取材してみごとに再現されている。

そこからは、実践記録↔学習記録のありかた、とらえかたに関し、示唆と啓発を受けずにはいられない。それにつけて、小学校教育における学習記録の指導とその取り組みについて、さらに努め多くの成果が挙げられるよう期待してやまない。

（昭和63年11月16日稿）

21　国語科授業者に求められるもの

一　円熟した教育者の基本的態度　――晴朗とユーモアと善意――

O・F・ボルノウ博士は、その著『教育を支えるもの』（森昭、岡田渥美訳、一九八九年3月10日、黎明書房刊）において、「円熟した教育者の人間的な基本態度は、晴朗と善意とユーモア、これら三つの相互に分ちがたく緊密に結び合っている顕著な特性によって、もっともよく特徴づけられる。」（同上書、一四九ぺ）と述べている。

ボルノウ博士は、これらのうち、まず、晴朗について、くわしく述べた後、さらに、次のように説いている。

「それゆえに、このような静かな晴朗が、家庭や教室や、他のあらゆる教育的状況における、教育的雰囲気の全体に、隅なく漲ることが、限りなく重要なのである。したがって教育者は、子どもの学校生活を重苦しくするようなさまざまの傾向、例えば、責任感のあまりこれを義務とさえ思いこみがちなくそ真面目さや、あるいは不機嫌、さらにはともすれば教室全体に伝播して子どもたちの喜ばしい構えを窒息させてしまう不愛想な態度などを退けて、たえず、新たに晴朗さをつらぬいてゆかなければならない。

かくして、晴朗は、教育者のひとつの高い徳性であり、教育者から放射される雰囲気の最も純粋な形態なのである。しかし、教育的状況において注意すべきは、こうした晴朗が、みずから『意志すること』もあるいは

『つくり出す』こともできないものであり、しかも、その重要性を認識するがゆえの最も深い教育的責任感からさえも、そうすることのできないものである、ということである。晴朗は、人間がみずからのなかで平衡にいたったばあいにのみ、その人のものになるものなのである。それゆえ、例えばシュティフターが、『いやしくも一廉の人物ならば、誰でも容易に教育する』と語っているように、教育しようと欲する当の人間こそが、まず第一に自分自身の心の安らぎに達していなければならないとするならば、ひとは教育にとってきわめて重要な晴朗を、教育者の特殊な職業的特性として、意図的に獲得しようと努めることは、できないのである。むしろ晴朗は、円熟した人間の全体から生まれでるものであって、それは、ことさらに求めずとも、また特に欲せずとも、円熟した人間であれば、他のあらゆる人間関係におけると同様に、教育においても、おのずからに光を発しうるものなのである。」（同上書、一五七～一五八ぺ）

ついで、ボルノウ博士は、ユーモアについて、真の教育者の特有のユーモア〈余裕〉について、次のように述べている。

「教育的見地からすれば、ユーモアとは、子どもの小さな悩みごとを、ある一定の高みから余裕をもって眺め、それを軽く受けながす能力である。というのは、教育者がもしも、当の子どもにとっては無限の、もはやとても耐えきれないと思われるような悩みを、いちいち子どもと同じように重大に受けとめるならば、もはや彼は正しい仕方で子どもを助けてやれないだろうからである。もし子どもと同じように、その悩みのとりこになるのならば、教育者は、子どもとともに同一の状況におかれることになる。それと反対に、教育者はユーモアによって、緊張をほぐすのである。彼は、子どもと同じような仕方で厄介なことと真剣に取り組むことをせずに、それを軽くあしらい、こうして子どもにも、内的にそれを乗り越える可能性を得させる。このことは教育者が無神経であり無関心であることを、決して意味するのではない。いわんや子どもは、まだ、最高の幸福と底無しの絶望との間を無媒介に激しく往き来しつつ、いかなる瞬間も全く目前の状態にとらわれて、自分をそれから守ることができないのである。それに対して、おとなは、両極端の間を同じように動揺することはない。おとなは、より長い人生経験と、そこで身につけた内的な平衡とによって、現実との間に一定の距離をもつことができる。この距離こそが、子どもが当面の状態において絶対化しているもの、また、現在の状況において子どもには八方塞がりのように見えるものを、その限定的条件性において（客観的に）認識することを、可能ならしめるものである。」（同上書、一六〇～一六一ぺ）

ボルノウ博士は、教育の場におけるユーモアについて、さらに次のように述べている。

「『どれどれ、すぐ見てあげるよ』というようなごく簡単な言葉でさえ、子どもの最初の苦悩を和らげるのに、しばしば役立つものである。子どもはおとなの助力に、自然な信頼をよせているからである。子どもが、ちょっとした不運に見舞われたとき、例えば、皿をこわして、しょげきっているとか、ま新しい教科書をインキで汚してしまったときなど、ユーモアは、子どもの気持を取り直してやれるのである。過ちをおおごとに考えたりせず、どうしたらよいかを示してやったり、あるいはまた特に、万事をすぐに厳しいきまりの秤りにかけるようなことをせずに、晴れやかな態度でそれを見のがしてやることによって、子どもがそこから抜けだせるように助けてやれるのである。」（同上書、一六一ぺ）

ユーモアのありかた、ユーモアの効用が具体的に述べられていて、なるほどと思いあたる。ボルノウ博士は、「ユーモアは、まだ助力を必要とする子どもとの交わりのなかで巧みな手さばきを生みだす天分なのである。」(同上書、一六二ぺ)とし、さらに、「あらゆる教育的ユーモアは、子どもがかなり成長しているか、すっかり成長しているかのいずれにせよ、子どもを少しばかり子ども扱いにするものであり、そして子ども自身が、このような彼の役割に、(少なくとも一時的に)みずからすすんで同和してくるばあいにかぎり、教育的ユーモアはその目的を達するのである。一般に、ユーモアは、温い人間的な善意によって包まれ、担われるばあいにのみ、教育的なものたりうるのである。」(同上書、一六四～一六五ぺ)とも述べている。

ボルノウ博士は、教育的ユーモアについて精細に論及しつつ、その限界について言及することも忘れていない。

「いうまでもなく、このようなユーモアもまた、越えてはならない限界をもっている。すなわち、ユーモアが、子どもらしい生のさまざまの『小さな』苦悩に対する教育的に適切なふるまいたりうるのは、子どもが、おとなのより妥当な洞察からすれば『全くなんでもない』ことを絶対視しているばあいなのである。これに反して事柄がほんとうに重大であるばあい、すなわち、子どもの心がほんとうに傷つけられたときとか、子どもに恐るべき不幸が見舞ったときとか、あるいはまた、子どもの心がほんとうに歪んでしまっているばあいや、無条件の道徳的要求が彼に対して厳として提示されなければならないようなばあい、ユーモアは、もはやその権能を失うのである。ここでは再び、正真正銘の真剣さで子どもに対しなければならない。ユーモアは、小さな苦悩からその辛らさを取り去ることによって、いわば、人生の真剣さの周りを動くものなのである。」(同上書、一六五ぺ)

ボルノウ博士の教育的ユーモア論は、その本質と機微をとらえて的確であり、そのありかたが周到にしかも鋭くとらえられている。授業者に示唆を与えてやまないものがある。

ボルノウ博士は、善意について、次のように述べている。

「善意こそは、おそらく教育者のあらゆる徳性のうちで最高のものであろう。しかし真の善意は、年とった教育者のみが身につけることのできる徳性であり、したがって、より立ち入った考察をしようとすれば、単に子どもの側のみならず、教育者の側においても、年齢にともなう変化について検討しなければならないであろう。すなわち、まだ若い教育者の子どもを魅了するような情熱から、壮年の明察な着実さを経て、老年における本来の善意にまで至る移り変りを、細かく見てゆかなければなるまい。それぞれの年齢によって、教育的態度は規定され、類型的に異なる形態を呈するからである。」（同上書、一六七ぺ）

ボルノウ博士は、善意について、態度の面から、次のように述べている。

「善意は、特に悩んでいる人に向けられ、彼に援助の手をさしのべようとする。愛は、またさらに、こちらから対象に応答を期待するものである。教育者も、彼の愛に応じて相手から愛しかえされることを欲する。これに対して善意は、このような応答の有無を問題にはしない。ただ、もしそれに対して感謝あるいは控えめの愛の返しがあるばあい、善意はこの応答を望外の幸せと感じるのである。この意味で、善意はまた、自然な親切とも混同されてはならない。善意は決して人間が生まれながらにして具えている『自然な』人間の特性ではない。むしろそれは、円熟にいたるまでの長い苦しい過程でみずからの苦悩との対質を通じて、はじめて獲得される態度である。そしてそれは、かくして克ち得られた高みから、あらためて、他の人に対しても、思いやりをもってみずからを開くことのできる態度なのである。」（同上書、一六八ペ）

「善意は、人生のあらゆる避けがたい苦悩と混迷についての深い了知である。ゲーテの言葉をかりていえば、『すでに人生の迷宮に深く通じた人』の態度である。すなわち、人生の苦悩を知り、しかも円熟の過程でそれを乗り越え、かくして、未経験な他人の苦悩にも確信をもって対処できる態度なのである。」（同上書、一六九ペ）

ボルノウ博士は、さらに、善意のもつ特性について、次のように述べている。

「善意もまた、さきほどのユーモアにみられたと同じく、内的な限界を有する。にもかかわらず、善意のばあいは、それとは事情が異なっている。すなわち、相手がほんとうに真剣な問題や深い苦悩や厳しい要請などに直面するばあい、もはやユーモアはありえない。このような意味の『まじめな』情況においては、ユーモアは消えるのである。これに反して善意は、ここでも決して消えることはない。しかも善意は、それ自体が決して厳しさと相容れぬものではなく、真の善意は、まさに内的な誠実さと、道徳的に正当と認識されたものの堅持とが問題であるばあいには、同時に必ず厳しい要求をもって相手に対するのである。この善意は、人間の一般的な弱さに対する洞察によって濾過された理解、したがって同時にゆるしでもある理解の力をもっている。だが、これはよわさを意味するものではなく、相手の過ちを理解しながらも、同時に、道徳的要求を、当然なこととして静かに堅持する。善意は、ただの柔弱な親切とは異なり、このような要求を軽減しようとはしない。善意は、要求をゆるめるものではなく、むしろ、厳しい要求を課しながらも、『むずかしいのはよく解っている。しかし、こうせざるをえないのだ』という慰めの気持をもって、相手に、とりわけ年若く弱い相手に、付き添ってやるのである。こうした気持のゆえにこそ、善意は、あらゆる厳しさにもかかわらず、同時に温かく微笑みをかけることができるのである。」（同上書、一七〇～一七一ぺ）

Ｏ・Ｆ・ボルノウ博士が円熟した教育者の基本的態度として挙げてくれる、晴朗とユーモアと善意とは、たえず国語科授業者に求められていると言ってよい。ボルノウ博士の説かれる、晴朗とユーモアと善意とは、国語科授業者として実践を深めていくのに、常に念頭において、自ら身についたものとしていかなくてはならない。

二　文学を読むこと、教えること

ジョセフ・ラヴ教授（一九二九年、米国マサチューセッツ州ウースターに生まれる。上智大学文学部教授、イエズス会神父）の著された、『考えるヒント学ぶヒント』（昭和57年2月25日、新潮社刊）に次のような一節がある。

「文学には、イデオロギーや信仰が含まれていますが、それらは、読者を説得するための手段でも、イデオロギーそのものを示すための手段でもありません。そこにあるのは、体験されたイデオロギーや信仰なのです。最も大切なのは、その体験なのです。

著者やその物語の主人公の考え方にどれほど深く共感したとしても、文学を読むことは、哲学思想を学ぶことではありません。むしろそれは、光に満ちた生の分ち合いなのであって、イデオロギーというものは、そのなかで人間的な深みをもつ生命の質として表われたときにのみ価値が生れるのです。著者は、『真理』を語ります――何の躊躇もなく、概念によって体験を妨げることもなしに、観念的な論証、つまり目的性もなく、著者は自らの生のヴィジョンを直接的に表現するのです。

これに似たことは、大学での一般的な教育の理想についてもいえるのではないでしょうか。つまり、情報としての観念を教えるのではなく、方法論を教えること。学生は、明確な方法論の下で、率直に誠実に思考することで、自らの観念の発見へと導かれてゆくのです。

ですから、そのための方法論をあたえることが、既成の観念を外から押しつけることよりも、はるかに大切なのです。そこには、人間が生きる際にたえず直面する危険——誤りを犯す自由とその誤りに対する責任——が含まれています。

文学を教えるとき、そこには正しい答えというようなものは用意されていない。ただ共感と誠実さだけがあるわけで、自らの個人的な答えを見いだすまでそれを恐れずに求め、学ぶだけです。そして、その答えは、それまで自分にとって大切であったものをすべて覆してしまうかもしれません。しかし、それが、人間の条件なのではないでしょうか。」（同上書、一七六～一七七ぺ）

ジョセフ・ラヴ教授は、「授業で文学を教える唯一の真の方法は、おそらく、対話という形でしょう。」（同上書、一七四ぺ）とも述べている。

文学作品（文学教材）を扱うとき、どのようにすればよいのか。迷うことは多いが、ジョセフ・ラヴ教授の考え方には、啓発されることが多い。対話による方法については、国語科授業者として、たえず工夫を積んで、新しい地平をきり開いていくようにしたい。

（平成2年2月7日稿）

22　表現愛をはぐくむ音読・朗読の授業を

一

私は小学校四年生の折、『尋常小学国語読本』（国定第三期、大正中期から昭和前期に用いられた）巻七にあった、「加藤清正」の課を、学芸会で暗誦（唱）するように、担当だった宮田茂穂先生からすすめられ、全文暗誦を試みたことがある。

「ところが或夜大地震が起つて、人家堂塔一時に倒れ、人々の泣叫ぶ声は天地にひびきました。此の時清正は、地震と共にはね起き、家来の者二百人に梃《てこ》を持たせて、一さんに伏見の城へかけつけました。夜はまだ深うございます。」（九九～一〇〇ぺ）

これは、教材「加藤清正」の一節であった。暗誦するように指名されて、苦にもならず、当日も、つまずくこともなく、全文暗誦をすることができたのには、今から思えば、わけがあった。当時、国語科の授業では、音読が重視され、自宅での予習・復習に教材の音読をすることは、私の場合日課のようになっていた。読みにおいて、つまずくということをしないように心がけていたこと、学芸会で、すなわち、人前で全文暗誦をするという役割を与えられ、目標がはっきりしていたこと、これらが、教材「加藤清正」の全文暗誦を無事になしとげさせたと思われる。

さらに内面的には、加藤清正という人物に、読み手である私が好意を感じていたことも、全文暗誦を意欲的にしていくのに役立っていたかと思う。

小学校四年生の秋深く、私は学習（勉強）にほんとうに目ざめたのであったが、その時に、教材「加藤清正」の全文暗誦が思いどおりにできた、快さと喜びは、やはり大事な思い出となっている。

授業者としては、音読・朗読・暗誦（唱）の授業を組む場合、学習者一人ひとりに役割を見いださせ、音読・朗読に励んで、その成果を生かしていく場（たとえば、発表会）を用意していくようにしたい。

二

旧制中学校に学んでいたころ、私は『平家物語』の「福原落ち」にある、次のような文章に出会ったことがある。

「明けぬれば福原の内裏に火をかけて、主上を始め奉つて人々皆御船に召す。都を立ちし程こそなけれども、是も名残は惜しかりけり。海士《あまた》の焼く藻の夕煙、尾上の鹿の暁の声、渚々に寄する浪の音、袖に宿かる月の影、千草にすだく蟋蟀のきりぎりす、すべて目に見耳に触る事、一つとして哀れを催し、心を痛ましめずといふ事なし。昨日は東関の麓に轡《くつばみ》を並べて十万余騎、今日は西海の浪に纜《ともずな》を解いて七千余人、雲海沈々として、青天既に暮れなんとす。孤島に夕霧隔てて、月海上に浮かべり。極浦の浪を分け、塩に引かれて行く船は、半天の雲に泝《さかのぼ》る。日数歴《ふ》れば、都は既に山川程を隔てて雲井の余所《よそ》にぞ成りにける。遥々来ぬと思ふにも、唯尽きせぬものは涙なり。浪の上に白き鳥のむれゐるを見給ひては、彼ならん、在原のなにがしの隅田川にて言問ひけん、名も睦じき都鳥にやと哀也。」

これは国語教科書に載せられていたのではなく、国史の教科書に掲載されていた。歴史（国史）の教科書に参考に収載されていた、「昨日は東関の麓に轡を並べて十万余騎」以下の文章を、私は繰り返し読んで、気がついてみれば暗誦していたのである。しまいには、暗誦を重ねていくうちに、愛誦の境地に達していたと思う。愛誦は表現愛を一層はぐくんでいくように思われる。

後年、私は広島高等師範学校に学ぶようになり、昭和一七（一九四二）年六月には、附属中学校で行われる教育実習に参加した。六月二九日（月）には、四年南組、北組に、教材「福原落ち」を取り上げ、授業をすることになった。指導教官は、満窪鉄夫先生であった。かつて、中学生として愛誦していた場面が含まれている、「福原落ち」を扱うことに、私は恵まれたものを感じないではいられなかった。

古典に限らず、すぐれた文章表現に接し、それに親しみ、音読・朗読を通して、さらには暗誦体験を通して、表現を大事にし、表現のいのちに触れ、そこから多くのものを摂取していく、表現愛をはぐくんでいくようにすること、授業者として、そのことを念頭におくようにしたい。

三

もう二三年も昔のことになるが、研究室（広島大学教育学部国語科）恒例の小旅行で、出雲路をまわり、鳥取県の大《だい》山《せん》に出かけた折、一畑バスのガイド西田さんは、説明の中で、大山にゆかりのある、志賀直哉の作品『暗夜行路』のことに触れ、その一節を暗誦してくれた。

「明方の風物の変化は非常に早かった。少時して、彼が振返って見た時には、山の頂の後ろから湧上るように橙色の曙光が昇って来た。それが見る見る濃くなり、やがて又褪せはじめると、四辺は急に明るくなって来た。萱は平地のものに較べ、短く、その所々に山独活《うど》が立っていた。彼方《あっち》にも此方《こっち》にも、花をつけた山独活が一本ずつ、遠くの方まで所々に立っているのが見えた。その他、女郎花、吾亦紅、甘草、松虫草なども萱に混って咲いていた。小鳥が啼きながら、投げた石のように孤を描いてその上を飛んで、又萱の中へ潜込んだ。」（岩波文庫本『暗夜行路』〈下〉、三二三ぺ）

思いがけない暗誦だっただけに、私の耳には、ことにあざやかに響いた。いま大山に来ていて、夜見が浜の方を見下ろしつつ聴くのは、格別胸に迫ってくるものがあった。職務上の必要によって、暗誦したとはいえ、西田さんの『暗夜行路』の暗誦は、改めて暗誦というもののすばらしさに気づかせてくれた。

志賀直哉の唯一の長編小説『暗夜行路』に関する暗誦といえば、その全編暗誦を思い立って、二年がかりで、それをなしとげた方がおられるのを知った。西田さんの暗誦を聴いて感動をおぼえてから一〇年後のことである。

志賀直哉の晩年の弟子の一人である、作家直井潔氏は、戦争に出て重傷を負われ、ずっと療養をつづけながら、ついに長編『暗夜行路』の全文（全編）暗誦を思い立たれる。どのようにして、〝暗誦〟行をつづけていかれたか。直井潔氏は、その自伝的作品『一縷《る》の川』の中に、次のように述べておられる。

「果してどこまで出来るかどうか、やれるところまでやってみようと、ついに決心してその暗記に取りかかった。何分長篇で、これはよほど根気がなければと思い、岩波文庫で一日一頁を限度としてそれ以上は敢えて進まないことにした。如何にも遅々とではあるが決して無理は禁物だと思った。倦まずたゆまず、それこそ一歩一歩大地にその歩みを刻み込む思いで、それにはたとえ一日でも中断するようなことになっては途中挫折するに違いないと思い、自分の健康にも祈る思いだった。自分の全生活をその一点に集中した。今その当時を振返って不思議に思うことは、そんな徒労とも思える暗記等して、一体何になるのか、そんな打算的な考えを全然抱かなかったことだ。ただひたすらに毎日一頁ずつ暗記し、そして一旦暗記したところを忘れないように復誦することだった。朝目を醒すと先ず最初からの暗記部分の復誦にかかる。それがまだ母の寝ている未明の時間だったりして、それも声をあげていうので、ある時母は『お年寄がお経をあげているようやね』と笑ったりしたこともあり、それがやがて百頁を過ぎる頃（引用中、百頁は、文庫本一冊のほぼ1/3くらいにあたる。）は文字通り『暗夜行路』と寝食を共にしている感じだった。それこそ寝てもさめても『暗夜行路』だった。しかもその間一日も嫌気のさしたことはなかった。それどころかその文章の美しさ、きびしさが暗誦する声の響きにこだまする思いで、しらずしらず舌頭千転、時には夢の中でも一心に朗読していることもあったりして、四六時中絶えず口ずさまずにはいられない気持だった。そんな工合で自分でもその一日一日がすっかり充実し切った精神状態に浸ることが出来た。」（『一縷の川』昭和52年1月20日、新潮社刊、二二一～二二三ぺ）

このようにして、『暗夜行路』全編の暗誦をついになしとげられた折のことを、直井潔氏は、次のように述べられた。

「やがて年も改まり、温暖な南紀の冬にも時折薄雪を見る日があった。

確か二月の初め頃だった。ついに『暗夜行路』後編の最後の一頁を暗記し終った。岩波文庫で三百三十三頁で、その終りの二行が烙印されるように僕の瞼の中に焼きついた。

『助かるにしろ、助からぬにしろ、とにかく、自分はこの人を離れず、どこまでもこの人に随いて行くのだ。』

閉じた本を胸に置いて、低い部屋の天井を眺めながら、思わずひとり溢れ出る涙が頰から耳へと流れるにまかせていた。誰にも分からない自分一人だけの歓びに浸っていた。自分の体で、よく最後まで暗記出来た、そ

ういう自分をいとおしむ気持でいっぱいだった。」（同上書、四二ぺ）

ここには、直井潔氏によって、氏独自の暗誦体験が述べられている。暗誦に取り組む、態度、方法が具体的に述べられ、多くの示唆が与えられる。前掲文章中、直井潔氏が「その文章の美しさ、きびしさが暗誦する声の響きにこだまする思い」と述べておられるのに深い共感をおぼえる。

教室で、学習している物語教材について、音読・朗読を重ねながら、学級全員の暗誦を思い立ち、みごとに達成させることができたという事例（成果）を耳にする。音読・朗読への意欲が高まり、一人ひとりの取り組みが期せずして全員暗誦という共通目標へ向かうとき、全員暗誦達成というドラマが具現する。

四

昭和二四（一九四九）年、新制大学が発足して間もなく、広島大学教育学部国語科では、昭和二六（一九五一）年秋から有志による朗読研究会をスタートさせた。指導助言には、教室主任の山根安太郎先生と私（野地）が当たった。毎週木（金）曜日、午後四時から二時間をあてた。参加者は、学部四年生、三年生、二年生など、一〇名から十数名であった。

昭和二七（一九五二）年六月二〇日（この週は、金曜日に開いていた。）に、地元中国新聞社から金井記者が取材に来られ、その記事は、六月二九日（日）付の中国新聞紙上に、「目下……研究中」というシリーズの最終回として掲載された。左に掲げるのは、その記事の後半部分である。

「『（前略）アメリカでは現職教育者についてはスピーチが非常に重要視されているようすです。日本のように間になってしまう』恐るべき話し方の問題ではある。

そのままで成長すれば政治的発言の必要を感じる場合でも自分の主張を人にわからせることについて無力な人

大ぜいの前で論議したり、堂々と自分の信ずることを語れない引っこみ思案の子どもにしてしまい、子どもが

はなおさら大事なことですが、実情はアメリカの逆ということになります。生徒の方も話し方に自信がないと

五十名から六十名もの生徒をかかえていたら、これにたいしてはっきりわかる明るい話のひびきを伝えること

『読み方から話し方へ進む方が妥当だし、国語文化からいっても読み方を正しくすることが大事です。日本の古典も音声に立脚して味読しなければならないと思います。読んでみると、誤りなく読むことがいかにふたしかになっているかがわかります。いわんや気持をこめて作家の気持のうねりにのって読み進むということはなかなかの問題です』と語る野地氏の言葉もさすがに朗読会のリーダーだけあって委曲をつくす話し方とリズムの美しさがある。国語の発言については古典語では広大の土井忠生博士、現代語では同じく広大のさきに中国文化賞を受賞した藤原与一博士の影響は深いものがあるという。朗読のテキストには若い人が一致して選んだ志賀直哉の『小僧の神様』、これは昨年から一通りやったところへNHKが『私の本棚』で、この会からの希望投書をいれて五月五、六両日にわたり読んでくれ、みんなして楽しく聴き入った。その次に島木健作の『赤蛙』をいまやっている。ある篤志の一会員はこの『赤蛙』『小僧の神様』と、芥川の『みかん』『むかぷ』の四作品について、総字数、音数、句読点数、一文中の平均音数と字数、一文節中の平均音数、読点より読点までの平均字数、句点と読点の割合などと、朗読に関係する文章美学的な分析をして会の参考資料にした。NHK編集の日本語アクセント辞典（語い四万）が有力な参考書になり、会にはFKの放送劇研究会のメンバーもいて、アクセントの指導をしてくれます、との話。

『源氏物語が四十時間、枕草子が五時間、平家物語が二十数時間かかりますが、長くても通して朗読すると、

これまでの文献学的分析のクンコ（訓詁）注釈でなく文章全体の流れを審美的に鑑賞する、よい機会にもなると思います』と自信満々。

最後に広島は敗戦後たしかに話しことばが優しくなってきた。いたわりあう気持が日常のことばに出ていると思う。この秋は『朗読祭』といったものもやりたい、などと会員ははりきっている。」（「中国新聞」昭和27年6月29日〈日〉、引用にあたって、句読点を適宜補った。）

有志による朗読研究会を発足させて、お互いに朗読修行を志してから、すでに四〇年ちかい星霜を経た。思えば、若い学生諸君と一緒に、毎週朗読研究に励んだのは、音読・朗読への初心であった。やむにやまれぬ気持ちであった。

私自身は、さらに一〇年をさかのぼった、昭和一〇年代半ば、学生時代に音読・朗読に魅かれ、しっかりした、豊かな読み手になりたいと願いつづけていた。

五

子どもたちに音読・朗読への喜びをどのように見いださせるか。また、子どもたちの読みぶりについて、そのよさ、美点、長所を、的確にどのように見いだしていくか。子どもたちに音読・朗読・暗誦（唱）の効用をどのように見いださせるか。

いずれも、音読・朗読の授業を準備する際に、授業者として十分に考えていきたい問題である。授業者が子どもの音読・朗読をとがめる側にまわってしまい、読む意欲をおさえることのないように気をつけたい。

授業者による子どもたちへの読み聞かせ、子どもたちと共に読み進む読み合い、さらに子ども一人ひとりの音読・

朗読に共に聞きひたる聞き合い――これらをそれぞれに生かして、音読・朗読の授業を組み立てていくようにしたい。

音読・朗読・暗誦を丹念につづけていくことによって、子どもたちが一回読むごとに、表現に即して、新しい発見（気づき）があることを、わからせていきたい。読まされて読む場合には、仮にすらすらと淀みなく読めたとしても、自己発見を伴わないことが多い。心をこめて、くり返し読んでいけば、必ずそこに新しい発見（気づき）があることを会得させたい。そこには表現愛が見いだされる。

音読・朗読を通じて、またその積み重ねを通して現れる、暗誦を通しての新しい発見（気づき）の多いことを、子どもたちに暗誦体験を通して会得させていくようにしたい。

（平成2年11月12日稿）

23　国語科指導と人間形成

——国語科指導者への提言七つ——

（1）学習者が〝見える〟ということへの努力

学習者（子ども）の待っている教室に臨むとき、へやに入り、教卓の前に立ってはじめのあいさつをするまで、〝こわさ〟あるいは〝おそれ〟ともいうべきものを感ずることが多い。それは教職に就いているかぎり、感じつづける授業者に固有の心情の一つであるかもしれない。それはまた授業を組み立てていくむずかしさに伴う、授業という教育営為の深さ・とらえがたさから生ずる緊張感であろう。授業者に〝おそれ〟あるいは〝こわさ〟を、たえず感じさせる学習集団（学級）こそ、本格的に学習の場を形成しているともいえよう。

学習者（子ども）が〝見える〟ということ、個々の学習者がよく〝見える〟ということ、同時にまた、その見え方に応じて、授業者自らが授業（学習指導）への省察と探索を怠らないようにすること——授業を真に生きたものたらしめる基本の一つは、そこに見いだされる。授業者として、自己独自の授業（学習指導）への見通しがつかないというとき、概して既成授業の模倣者としてとどまり、それを超えて独自のものを切り拓く努力も工夫もされていないことが多い。

授業創造のむずかしさは、授業者の自己把握（ひいては自己修練）のむずかしさでもある。しかし、学習者（子ども）から目を離さず、学習者が〝見える〟ということへの努力を積めば、少しずつ手ごたえのある授業へと向かうことができる。学習者（子ども）一人ひとりの言語能力（国語学力）を、授業者として、どのように見すえていくか、学級全体の子どもたちに、さらには一人ひとりの学習者（子ども）に、授業ごとに、どういう言語能力（国語学力）を、どういう教材を媒介として、どのようにして習得させようとするのか。それは授業者が常に正面から取り組まなければならない重い課題である。

（2）学習軌道の発見と助成

学習者（子ども）が各自の学習営為を軌道に乗せていくのには、学習者各自の学習への意欲・態度・方法・努力が、しっかりした水準に達していなければならない。学習活動が軌道に乗るか、乗らないか、学習者（子ども）各自の学習活動の成果・効率は、そのことに左右されがちである。

ひとたび学習軌道を外れてしまうと、途中からの軌道修正はむずかしくなる。加速度もつかず、うっかりすると失速してしまう。一人ひとりの学習軌道を、どう見いだしていくか。また、学習集団（学級）としての軌道を、どう見通していくか。授業（学習指導）上の中心課題は、学習軌道の発見の問題に発し、また、その形成と助成の問題に帰着する。

筆者自身は、旧制中学校における外国語（英語）の学習で、軌道を見失った一人である。意識して怠けたというのではないが、軌道に乗れたという実感もないまま、時が過ぎてしまった。広島高等師範学校に入学してから、第二外国語として初めて接する中国語の習得には、かつての失敗を繰り返さぬよう、心して臨んだ。振り返って、二つの外国語（英語・中国語）の学び方を比べてみると、意欲・態度・方法・努力の面で、やはり格段の違いのあったことに気づく。中国語の勉強も、完璧を期することはできなかった。けれども、その学習軌道は見いだせた。

軌道に乗った学習活動は、意欲・熱意によって、さらに加速度が増し、学習そのものの核心へとみるみるうちに迫っていく。学習者（子ども）が学習活動に関して得る、自信とゆとりの創意工夫は、学習軌道の発見と形成、その助成によるところが大きい。

国語科授業において、学習者（子ども）一人ひとりに、聞き読む（理解）学習、話し書く（表現）学習のそれぞれの学習軌道を、どのように発見させるか。また、学習上のつまずきをどのように克服させるか。授業者として、これらのことを念頭において、国語科授業に取り組んでいくようにしたい。

（3）学習価値の発見

「君の描いた〝あざみ〟の花は、手につき刺さるごとあるね。」昭和初期、小学校三年のとき、臨時に来られた若い先生から、このようにほめられたうれしさは、四〇数年後の今日にまでずっと生きてきて、テレビの画面にふと現れる〝あざみ〟の花に接しても、心がおどるという話を、かつてT先生（広島大学教育学部附属小学校副校長）が教育実習生を迎えるオリエンテーションの席でされたことがある。この話は、英国の詩人ワーズワースが「虹みれば、わが心おどる」と歌ったのと一対をなし、くれないや紫の色どりのあざやかさまでが、目に浮かんでくるようだ。

筆者にも、旧制中学に学んでいたころ、図画の時間に描いた〝優勝旗〟が、たまたま選ばれて、美術教室の後ろの壁面にはり出された思い出がある。その旗の色彩のニュアンスまで今に覚えていて、つたない幼い描きぶりながら、あるいとおしみを感ずる。さらに、上級生になって、夏休みに生家の近くで写生した風景画が、秋季運動会と同時に催される校内美術展覧会に入選し、校内の図書館の壁面に額縁に入れて飾られた晴れがましさは、後にも先にも一回だけゆえ、わが胸底で宝石のように輝いている。

ここに取り上げたのは、図画の例であるが、国語科の授業において、学習者（子ども）一人ひとりの学習活動に、どのような価値（長所・美点・個性）を見いだし、それらをどのように認め、称揚し、励ましていくか。子どもたちの生涯を貫く、国語学習の喜びを、どのように得させ、結晶させるか。これは授業（学習指導）における重い課題の一つである。

国語科授業（学習活動）における指導者は、同時に評価者であるが、評価者としては学習者（子ども）一人ひとりの国語学習（国語学力）の診断者・発見者として臨んでほしい。国語学力の習得状況が周到に診断され、とりわけその長所・美点・個性〈独自性〉が発見され、その結果が称揚、激励、示唆として、学習者一人ひとりに還元されていくのが願わしい。診断者、とりわけ国語学習の価値（長所・美点・個性）の発見者としての授業者の姿勢は、学習者（子ども）の姿勢を前向きにし、意欲的なものにしていくにちがいない。

（4）国語教材暗誦のすすめ

筆者は、昭和戦前期、小学校四年生のとき、『尋常小学国語読本』巻七にあった教材「加藤清正」の課を、学芸会で暗誦するように担任の小泉先生からすすめられ、その全文暗誦をしたことがある。人前で暗誦をするのは初めての体験であったが、つまずくことなくなめらかに成し遂げて味わった一種の快さは、歳月を経た今日でも忘れることができない。

> 「ところが或る夜大地震が起つて、人家堂塔一時に倒れ、人々の泣叫ぶ声は天地にひびきました。此の時清正は、地震と共にはね起き、家来のもの二百人に梃《てこ》を持たせて、一さんに伏見の城へかけつけました。夜はまだ深うございます。」（九九～一〇〇ぺ）

これは、教材「加藤清正」の文章の一節である。こうした文章を繰り返し読んで、暗誦ができるように練習を積むことは、当時、少しも苦にならなかった。

かつて、神津東雄教授は、イギリスの国語教育において、小学校から大学まで、詩文の暗誦を重視していることに言及され、「東大に英文学を講じていた詩人批評家エンプソン氏は、イギリスへの帰路、中国の大学で講義を行ったが、一冊の詩集もなかったので、暗記している章句を板書しつつ、講義したという。」(「語文」第4号)と述べられた。

国語学者山田孝雄博士も、『万葉集』の大伴家持の長歌を朗々と読まれながら、古典は暗誦していなければ、いざというとき、役に立たないといわれたことがある。学生時代、たまたまその言葉に接して、筆者は深い感銘を受けた。

幼児期、少年期、青年期における、暗誦体験の持つ効用には、大きく深いものがある。学習者一人ひとりに、全文暗誦をさせることも時期、方法等を工夫することによって、予期以上の成果を上げることができるが、それにも増して重要なのは、授業者自身が取り上げる国語教材に関して、全文暗誦を努力目標としていくことである。教材研究の極致は、気がついてみれば、全文を暗誦するまでになっていたというところに見いだされる。

全文暗誦を一つの契機として、文章・作品の理解・鑑賞が生涯を通して、ふだんに深められ、言語生活を豊かにしていくのに大きい役割を果たしている事例は、少なくない。

(5) 学級づくりの醍醐味と苦心

筆者は、昭和一七(一九四二)年六月初旬、当時、広島市東千田町にあった、広島高等師範附属国民学校初等科二部二年、田上新吉先生の学級に配属され、教育実習をした。田上先生は、やがて転出されたので、私どもは先生最後の教生となった。

先生は、私ども教生が授業をしている間も、よくもの静かに教室の後ろの左隅の机に向かわれ、画用紙に水彩画を描かれた。見ていると、静物・風景など、色どりあざやかに描き上げられていった。それを、田上新吉先生(わが国の初等作文・綴方教育史上、すぐれた実績をあげられた方、『生命の綴方教授』〈大正一〇年〉という名著がある。)は、放課後、下校する子どもたちに一枚ずつ順番に、ほんの少し微笑しながら手渡された。子どもたちは、その絵をうれしそうに受け取って帰っていった。

すでに太平洋戦争下であり、折柄梅雨期に入ろうとしていて、うっとうしい日々であったが、田上先生が学級の子どもたちに手づくりの画をプレゼントされる光景は、さわやかで心なごむ思いがした。

田上先生は、もう気負った授業はされなかった。円熟の境にあられた。子どもたちへの水彩画のプレゼントも、学級づくりの円熟のなせるわざであったかと思われる。

思うに、学級づくりは、一律にはいかぬ。比較的順調に進む場合もあれば、思わぬむずかしさに突き当たり、悪戦苦闘をしなければならぬこともある。いずれにしても、油断は許されない。田上新吉先生は、子どもたち一人ひとりに水彩画を贈られ交流を図られたが、国語学習の面で、授業者手づくりの文章や言葉を贈ることも工夫されてよい。

（6）学習者（子ども）の個性の発見

久しぶりにお会いした、青木博先生（当時、広島県尾道市立長江小学校長）から、詩集『満月中天』（昭和48年10月30日刊）をいただいた。青木博先生は、『らくがき黒板』をはじめ、すぐれた実践報告、個性的な詩集を、すでに何冊もまとめておられる方である。

いただいた詩集『満月中天』を読み進むうち、「ある朝」という詩が目にとまった。

塀より　高く　／　高く　一輪　／　薔薇の　ピンクが　／　空に　咲いている　／　なめらかな　くれないの枝が　／　花の針さに　／　おもむろに　動く　／　いつも遅刻している　／　仲間のない　学童が　／どこを捕えたのか　／　手出しもできず　／　薔薇を仰いで　／　静止している　長い時間　／　ある　冬の朝の　／　風の動かない　空の　／　花の圧巻（同上詩集、八三～八四ぺ）

なんというみごとな詩だろう。一人の子どもの登校途中の姿がいみじくも的確にとらえられている。こういう、青木博先生のような、子どものとらえ方のできる眼力の持ち主、表現力の持ち主の人間的なすばらしさに接すると、筆者は自らの非力を嘆かずにはいられない。

思うに、学習者（子ども）の個性の発見とは、個癖の発見ではない。個癖は目につきやすく、嫌悪の対象になりやすい。個性は発見しにくいが、真に発見されれば、生き生きと輝いて消え去ることがない。

学習集団（学級）の中の学習者（子ども）一人ひとりの個性を、どう見いだして、育てていくか。根気のいることだが、通り一遍のことをしていて、できることではない。

（7）評価という営みを大切に

かつて筆者が受けた『平家物語』の古典講読の担当は、林実教授（広島高等師範学校）であった。流布本をテキストとして、その巻三から始められた。筆者は「有王が島下り」のある段を担当させられ、解釈することになった。

筆者が担当したのは、鬼界が島に流された俊寛僧都を弟子の有王が都からはるばる下って訪ねていく場面で、なかには、「嶺に攀ぢ、谷に下れども、白雲跡を埋んで、往来《ゆきき》の道も定かならず。晴嵐夢を破っては、其の面影も見えざりけり。」（同上テキスト、一三九ペ）という一節もあった。筆者が口語訳による発表を終えたとき、林実先生は、一言「名訳だね。」とおっしゃった。多くの不安な点を残した、たどたどしい解釈（口語訳）だったのに、林実先生から、かねて胸にあたたため、何度も事前に確かめ、張りつめて発表したのを、認めていただけたのが格別うれしかった。懸命に打ち込んでした学習（作業）に対して、予期しない、あたたかい言葉がかけられ、みるみる学習活動（作業）そのものが、力強くしっかりした充実を見せるという経験は、だれしも持っているのではなかろうか。

評価とは、学習者（子ども）と学習行為（活動）との真実（実質）を思いやりをもって見抜き、そうすることを通して、学習行為（活動）をいっそう本格的なものにしていく営みである。評価は、国語学習のいのちを注ぎ込み、それを生命感あふれたものにしていく営みであるともいえよう。

以上、七つのことをもって、国語指導と人間形成のかかわりを念頭におきながら、国語科授業生成への提言としたい。学習者（子ども）一人ひとりに、自己表現力を中核とする国語学力を習得させるには、どのように国語授業へ取り組むべきかに思いをいたし、七項目にまとめた次第である。

（平成3年5月7日稿）

24　個別指導に徹するということ

一　個別指導への初心　――未熟な覚え書――

私は一九四五（昭和二〇）年八月、太平洋戦争の敗北による終結によって、仙台陸軍飛行学校から復員し、郷里の生家で、当時の占領軍当局の指示による教職適格審査がすむまで待機していた。翌一九四六（昭和二一）年九月、念願がかない、教職に就くことができるようになるまで、生家にあって、教職に就く日に備えて、自らに多くの作業（修練）を課していた。

そのころの作業の一つに、「教室の精神――学級経営の根本問題――」と題する小稿（四〇〇字詰め原稿用紙約八枚）がある。そのなかの〝苗床と揺籃――自然と憧憬――〟と題する小節では、次のように述べている。

「一面からすれば、教室は、苗床であり揺籃である。一つは自然の育成にまつ愛情を持ち、一つは憧憬をこめた祈りである。

教室は、自然とひとつづきであるのが望ましく、夢にあふれた場でありたい。教室に、窒息するような陰影がくすぶってはならない。苗々の育成も、夢々のゆたかさも、教室がせせこましく、押しつけがましく、しばりつけるようであっては、期待できぬこと明らかである。

教室には、あこがれに満ちた規範精神を欠くことはできないが、さりとて、それは、とじられた世界になってしまうことは悲しむべく、常に開かれた世界であってほしい。

可能性を可能性として認め導き、現実態を現実態として、見すえることがたいせつである。開かれた世界としての教室は、無限の可能性に期待するとともに、現実態の凝視を怠ってはならぬ。修羅相を把握してためわぬのも、教室の現実態把握の一つであるが、一面ではなくて、教室の現実態把握は、およそ徹底したものでありたい。現実態把握があいまいであっては、教室の進展は望めない。きびしくこまやかな現実態把握をとげてこそ、教室自体の可能性への向上が薫化される。

苗床にも揺籃にも、日夜ふだんの自然と師父の愛情が欠けてはならない。しかも、その愛情は聡明な愛情でなくてはならない。

教室の苗床的性格は、技術を要求してやまぬ。同じく揺籃的性格も、やさしくくふう（心づかい）を求めてやまない。凝視と薫化とが行われるために、教育者は、教室を常にどのように把握してゆくべきかを考えつくさねばならぬ。」（後に小著『話しことばの教育』に収録、昭和27〈一九五二〉年12月、私刊）

これは教職未経験者による、未熟な覚え書であるが、必死になって望ましい教室のありようを求めていた、わが初心の一端を思い返すよすがになる。

二　感じ入った事例　——アメリカの校長先生の場合——

小金井市の主婦片山由紀子さんが、「アメリカの校長先生」と題して、わが子三人（男児）をアメリカの公立小学校（児童数約五〇〇人）に通わされた折のことを記されている。

「上の二人の子に続いて三番目も一年生として入学したその朝。上の子どもの送り迎えでよく小学校に来て勝手知ったはずの三番目なのに、どうしたわけか教室の入り口まできて突然、登校拒否ならぬ入室拒否。廊下の柱にしがみついたまま、ノーとわめきだした。いくらなだめすかしても駄目。泣き声は大きくなるばかり、他の子どもたちはすでに全員教室へ入っている。私はすっかり困り果てていた。

そこへこの校長先生（引用者注、四〇代の、もともと音楽が専門の先生。まめに学校の中を歩きまわられる）が現れ、事態をみてとるや、私に目配せをしてわめいている息子のわきにかがみこんだ。

『ねえ、マコト（息子の名）、私は君の兄さんたちもよく知っているし、君がきてくれて本当にうれしいよ』と優しく話しかけた。驚いたことに、校長先生は上の二人の子の名前ばかりか、今日入学したばかりの子どもの名前までちゃんと知っておられた。しかも聞き慣れぬ日本の名前を。

私はその校長先生の学校に子どもたちを通わせてよかった、としみじみ思った。校長いかんで学校のあり方が違ってくるというのは、洋の東西を問わずいえるようだ。」（朝日新聞テーマ談話室編『先生――一〇〇〇万人の教師像――』昭和61年7月30日、朝日ソノラマ刊、二五二～二五三ぺ）

三　もう一つの事例　――内藤寿七郎博士の場合――

私は前掲アメリカの校長先生の子どもへの接し方、対し方に感を深くし、多くの示唆を受けながら、また、日本小児科医会会長内藤寿七郎博士の幼児への接し方、対し方を想起せずにはいられなかった。

シュバイツァー人間賞を受けられた内藤寿七郎氏のことが、次のように紹介されていた。

「二十数年前、牛乳を飲みすぎて湿疹ができた二歳の男の子が来た。母親がしかっても飲むのをやめない。思わずひざまずいていた。子供と同じ目の高さ。『僕ちゃん、牛乳我慢してくれない』と語り掛けた。子供はぷいと横を向く。ひざでにじり寄っては目を合わせ、何度も頼むと、最後は下を向いてしまった。二週間後に訪れた母親が『この子は変な子で、先生との約束だけは守るんですよ』と笑顔で報告した。『医者じゃない、大人でも駄目。子供の友達にならないと心を開いてくれない。やっと扉のかぎを見つけた。』この経験が原点となっている。『二歳の子でも大人の言葉を理解し、自分をコントロールする。その能力を信頼して子供を押さえつけないのが育児の基本』が信念だ。」（「徳島新聞」平成4年5月24日、「ひと」欄掲載）

ここに述べられている、内藤寿七郎博士の〝信念〟は、長年の臨床実践による集積から導かれた、その結晶とも思える。

四　心がけたいこと

個別指導の基底にあるべき、一人ひとりの児童への接し方、対し方がしっかりしているか否か、たえずわが身に問い返してみなければならない。

目の前の子ども一人ひとりがほんとうは見えていないということに気づかずにいるのではないか。ともすれば、子どもへの接し方、対し方がどれほどむずかしいものかということを身にしみて体験することなく、過ぎてしまっているのではないか。

ことし五月、新一年生のソフトボール投げのテストの際、子どもたちをリードできず、担任として困りきっていた時、前年度担当していた子どもたち（三年生）が一年生をちゃんと並ばせ、ボール投げの方法まで教え始めた。その頼もしい助っ人ぶりを目のあたりにして、新任二年目の教師は、「驚かされました。『ありがとう』としか言えませんでした。子どもたちは日に日に成長していることがわかりました」としらせてきた。

日々、子どもを新たに発見していくこと、個別指導に取り組んでいくのにこのことは最も大切である。

（平成4年6月6日稿）

25　探究者・誘導者としての創意と工夫

一

国語を学ぶ人たち、すなわち学習者（児童・生徒）の一人ひとりのよさ、可能性を生かすために、教師（指導者・授業者）として、支援に関して、心がけていかなければならないことは、なにか。支援に関して、すぐれた指導者（授業者）となるために、どう受けとめていけばいいのか。これは重く、むずかしい問いである。

国語を学ぶ人たち、学習者（児童・生徒）一人ひとりについて、その個のよさ、可能性を生かしていくようにするには、まず指導者（授業者）に学習者一人ひとりと共に学び合うという学習者意識が根づいていなければならない。さらに言えば、学習者→探究者として指導者（授業者）自ら国語の学習にうち込んでいる、学習者即探究者としての姿勢を持ち、国語学習に自らうち込んでいくという根本姿勢がしっかりしていなければならない。国語を共に学び合うという、学習者（児童・生徒）一人ひとりの学習活動に密着する根本姿勢と自ら国語学習を深めていく探究精神とが求められる。

指導者（授業者）自ら、一人の国語学習者として、理解（聞き読む）、表現（話し書く）、言語事項を、どう学んだのか、学んでいくのか、それらの一つひとつについて、つぶさに学習した、切実な経験を持っていなければ、また学習営為を成就したという充実した経験を有していなければ、学習者（児童・生徒）への適切で周到な支援をも出てこないであろう。

指導者（授業者）が共に学び、共に学び合う、学習者として、常に学びつづける、探究者として、国語学習の場を共にすることが支援のための母胎となる。探究者としての根本姿勢を持つ指導者（授業者）は、学び求めることのむずかしさも、喜びうれしさも、十二分に味わっていて、それらはすべて学習者（児童・生徒）一人ひとりの支援に生かされていく。

二

既に述べたように、学習者（児童・生徒）への適切で周到な支援の母胎は、まず指導者（授業者）の国語学習探究者としての根本姿勢に求められるが、その根本姿勢から生み出されるのは、発見者としての力量を身につけていくことである。それは評価者としての態度と方法とを身につけていくことでもある。

学習者（児童・生徒）の一人ひとりの国語学習における進歩、向上、上達、発展、新生面が見いだされ、その確かさ豊かさを認めることのできる喜びは、指導者（授業者）にとって格別である。さらにまた、国語学習へのつまずき、学習意欲の低調さに出会うと、改めて学習（授業）を成立させ、みのりあらしめることのむずかしさにつきあたってしまう。

学習者（児童・生徒）一人ひとりの国語学習の実態（実状）を周到に見まもり見究めつつ、そこに一人ひとりの学習者らしさ、その学習者ならではの個性、さらには伸びていく可能性を見いだすことは、指導者（授業者）にとって、救いであり、深い喜びである。

指導者（授業者）として、国語学習における一人ひとりのよさ、可能性、実質を発見していく、発見者・診断者・評価者としての働きは、たえず心がけ、たえず求めつづけていかなければならない課題であるといってよい。画一的でない、無視され軽視され疎外されてしまうことのない、一人ひとりの学習者（児童・生徒）の発見は、学習者（児童・生徒）にとっては自己発見の契機となり、さらに真に自信を持つに至る有力な足場になるであろう。

三

指導者（授業者）が国語学習に関して探究者としての根本姿勢を持ち、表現（話し書く）、理解（聞き読む）いずれも熟達の境にあって、国語科の授業にうち込んでいると、規範あるいは模範としての役割をおのずと果たし、学習者（児童・生徒）たちは、話しぶりも、書きぶりも、読みぶりも、自然に感化されていくようになる。それは指導者（授業者）の言動をまねたり、模倣したりしているようにも見えるが、その内面には、おのずと感化されて、そういう習得がなされているともみられる。国語学習における探究者としての指導者（授業者）には、感化者としての役割が見いだされる。

望ましい支援をめざすという時、指導者（授業者）に求められるのは、誘導者としての役割である。学習者（児童・生徒）一人ひとりに国語を学ぶ喜びを得させ、意欲を高め、表現力、理解力を確かに伸ばしていくには、国語学力に関する精確な診断的把握と、それをふまえての的確周到な具体的で有効な助言を必要とする。そのためには、指導者（授業者）に学習者（児童・生徒）の到達目標が明確に見えていなければならない。その到達目標への方法・手段も見えていなければならない。

学習者（児童・生徒）にとって必要なのは、一人ひとりに望ましい国語学習への誘導がなされているということである。そこでは、安心して、自らの国語学習の道を歩むこと、すなわち、目標をめざし、方法を工夫し、継続していく努力を怠らず、自らの国語学習活動を着実に積み重ねていくことができるように、誘導することが求められる。

避難のための誘導ではない。無気力で消極的な態度を、また沈みがちな意欲喪失の状態を、どのようにして国語学習に主体的にうち込んでいくことができるように仕向けていくか。そこには指導者（授業者）の誘導者としての適切な働きかけが望まれる。

四

指導者（授業者）として、国語科授業を構想し、設計し、具体化していく場合、支援活動ともいうべき、学習者（児童・生徒）一人ひとりへの働きかけを事前にどう用意しておくか。また、具体的な展開過程にあって、一人ひとりをどう誘導していくのか。事前に誘導計画が綿密に用意されているのが望ましい。誘導計画が支援計画の中核をなしているといってよい。

学習者（児童・生徒）一人ひとりが国語学習に関して、習得を重ね、おのずと主体的に自立し、個性を豊かに開花させていくのに、指導者（授業者）として、どれだけ誘導を要するのか。誘導に、もうこれでいいというときはない。しかし、誘導者としての役割は、探究者・発見者・評価者としての連繋の上に見いだされる。

国語科授業にあって、探究者・誘導者として創意と工夫が十分になされる時、学習者（児童・生徒）は国語学習に確かな取り組みをしていくにちがいない。創意は、指導者（授業者）の探究者としての根本姿勢から生み出され、工夫は創意によって一層生彩のある有効なものが凝らされよう。

教師に求められる、学習者（児童・生徒）一人ひとりの個のよさ、可能性を生かす支援は、探究者・誘導者としての創意と工夫によって機能し、豊かな成果を生むものとなる。

（平成6年1月19日稿）

26 「聞き方」の技能の演練を求めて

私は「聞き方」の技能の演練について、「学習力・生活力・創造力としての聞くことの技能の演練」と題して、左のように述べたことがある。

一

どう聞くか、どのように聞いているかは、言語人格（言語主体の）を決めてしまうであろう。つまり、どういう聞解力（きちんと聞きとる力）を習得しているかは、聞くことの基礎技能であり、どう聞きわけ、どう聞き味わっているかは、聞くことの中核技能であり、どう聞き、なにを生みだしているかは、聞くことの創造として、聞くことの究極の技能ともいえよう。聞くことは、いうまでもなく、なんのために、なにを、どのように、聞きとり、聞きわけ、聞き味わい、聞くことを深めて、聞くことによる創造・産出をしていくかを目ざしている。それは言語生活の深奥へとつながっている。

基礎技能としての聞解力（きちんと聞きとる力）を育てるためには、話し手（指導者）の表現力（話表力）がしっかりしていなければならない。話し手の〝間《ま》〟のおきかたが、聞き手の静かにきちんと聞きとっていく呼吸を会得させるであろう。〝間〟は、聞解力を養う場であるといってよい。話される内容・実質が子どもの興味にはたらきかけ、その理解をたしかなものにしていくに足るものでなければならない。話しかたは聞かせかたであり、それは同時に聞かれかたである。聞かれかたとは、聞き手の聞解力の育成を念願において、みずからの話を組み立て、話しかたをくふうしていくことにほかならない。

中核技能としての聞きわけ、聞き味わう力を育てるためには、媒材がしっかりしていなくてはならない。読み聞かせ、語り聞かせをしていくのに、媒材としての文章・作品が選ばれていることは、もっともたいせつである。聞きわけるためには、問題意識が鮮烈でなければならない。聞き味わうためには、想像力・鑑賞力がゆたかでなければならない。傾聴し、聞きひたる体験をえるように、聞き味わうことの醍醐味がえられるように、聞くことの指導計画が組まれなければならない。

聞くことの技能は、国語科学習をはじめとして、多くの教科の内外の学習力の中核をなすものの一つである。学習力としての聞くことの技能は、集中と演練とによって、いっそう精練される。聞きあやまり、聞きとがめ、聞きのがしを、みずから律していくことは、やさしくはない。しかし、聞くことの技能の演練は、聞く力を学習力・生活力・創造力として習得させていくことを目ざしてなされる。（小著『話しことば学習論』、二三五〜二三六ぺ）

言語の学習では、聞解力がしっかりしていなければ、話表力の習得はむずかしいと言われる。「聞き方」の技能を確かに習得させる方法を指導者（授業者）は、たえず求めていなければならない。求めて、見いだしていなければならない。

二

私は一九六四（昭和三九）年二月二五日（火）、今から三一年も前、佐賀県伊万里市伊万里小学校で、卒業を一ヵ月後に控えた、六年生を対象に作文の授業を行ったことがある。当時、クラスで作成していた、「卒業文集」を取り上げて授業を進めたのであったが、授業が終わってから、子どもたちは、その時間の感想を記してくれた。その感想から、「聞き方」の技能にかかわっている例を取り上げると、左のようである。

(1)　長いようで、短かかった国語の時間でしたが、友だちの書いた、いろいろな作文を読んでもらったり、詩を読んでもらったり、そして友だちの書いた作文のおもしろいところや、おかしかったところなどは、みんなで笑ったりして、とても楽しい時間でした。それで、また、こんな楽しい国語の勉強が、できればいいなあと思い、先生から、もう一度習いたいなあと思いました。(伊万里小　六年　小栗慶子)

授業者から読んでもらい、聞き味わう体験を通して、聞くことの中核の技能を伸ばしていることがうかがわれる。

(2)　今日の国語の授業は、とても楽しかった。一つおどろいたことは、字の書き方が速かったことです。先生の日記や作文の話を聞いて、どんなに日記や作文が役だつか、わかりました。みんなの作文の中には、かなしいこと、うれしいこと、楽しいこと、おもしろいことが、いっぱい書いてありました。先生の話は、ひとこと、ひとこと耳にはいりました。今日のことは、一生印象に残ることだろうと思います。(同上、吉野啓子)

吉野啓子さんは、楽しんで授業に参加し、「先生の話は、ひとこと、ひとこと耳にはいりました。」と述べてくれている。授業者の「話」に耳を傾け、しっかり聞きとっていたことがうかがわれる。

(3)　先生に会ったのが初めてとは思われないほど、親しみやすかった。また、わたくしたちが、何かを書く時には、静かに音をたてないで歩いていられた。そんなところは、他の先生に、まねはできないだろう。初めて来られたとき、字がへただったので、笑いそうになったが、授業が終わり、廊下を歩く時、井出先生に聞いたら、いろいろ教えてもらい、笑ったことが失礼になると思いました。
とても声がよく、アナウンサーの資格もあるなあと思いました。(同上、杵島彰子)

杵島彰子さんは、私の板書した文字については、下手なので、笑いそうになり、発声・発音については、ほめてくれた。「とても声がよく、アナウンサーの資格もあるなあと思いました。」と述べており、私自身、限りなく励まされる思いがした。とりわけ、「わたくしたちが、何かを書く時には、静かに音をたてないで歩いていられた。」という、鋭い聞き方には感嘆させられた。

(4)　きょうの授業で読まれた作文は、みなじょうずでおもしろく、四十五分間もあっという間に過ぎましたが、作文についてのたいへんだいじなことを話されました。それで、作文のつくり方など、よくわかりました。たとえば、「あいにく」ということばは、どんな時に使うかということなども、よくわかりました。だから、きょう習ったことを、参考にして、今からは作文を書きたいと思います。(同上、徳田正孝)

「たとえば、『あいにく』ということばは、どんな時に使うかということなども、よくわかりました。だから、きょう習ったことを、参考にして、今からは作文を書きたいと思います。」など、聞くことによる学習への取り組みがうかがわれる。

限られた一時間（四五分）の作文（「卒業文集」）の授業においてさえ、子どもたちは、前掲例のように多角的に鋭く反応している。これらの「感想」に見られる、子どもたちの興味と関心とを、次の時間の学習活動（授業展開）にどう生かしていかせるかを工夫しなければならない。聞かせるにも、話をさせるにも、学習者一人ひとりを夢中にさせるような楽しい国語学習の場面がいる。それを欠如すると、教室には無力感が生じ、子どもたちの顔は浮遊してしまう。

三

学校にせよ、学年にせよ、学級にせよ、全員が受動的に聞き手となるような場面、静かに聞くことに集中させ、専念させることは至ってむずかしい。話（あるいは授業）の進行につれ、どこかで私語が発生してくる。それは少しくらいの注意ではなかなかやまない。

学習者を静かに聞かせることは、力づくで私語を外側から圧殺することではできない。学習者一人ひとりが聞き手として真に聞こうという意欲をもつようにさせることによってのみ可能となろう。このことは、すべての学習営為の成立に不可欠のことであり、すべての授業の成立にとって必要なことである。

聞くことを一方的に放棄することもできる、学習者一人ひとりに力の限り聞くようにさせること、さらに話すことについても、学習者一人ひとりがほんとうに全力を傾注して話すことができるようにさせること、それは学習者（子どもたち）の現在および未来を生き抜いていく力を育てることに、最も基本的につながっていく。

聞こうと聞くまいと一人ひとり、勝手しだいという、気ままな放縦は集団ではなく、どんなに大勢の仲間たちと一緒であっても、心をこめて聞こうとする、聞きひたろうとする学習集団をこそ育てていかなくてはならない。学習集団として、どう聞くべきかの学習規律は、どのようにして作られ、それがどのようにして守られていくのであろうか。そこからは、どのようにして価値の高い、すばらしい学習内容が創造されるのであろうか。

学習力としての聞くこと、話すこと、学習規律としての聞きかた・話しかたに緊密につながり、それらはさらに高められ、きたえられた学習方法ともなって機能する。

たえず私語の波（潮騒）が押し寄せてくる、にせの静かさでなく、ほんとうのほんものの静かさの中で、教育実践は営まれなくてはならない。ほんとうの静けさは、ほんとうの本格的な学習内容（＝授業内容）からしか生まれない。とすれば、学習力としての聞くことは、帰するところ、授業力（指導力・訓練力）としての聞かせかたの問題になってくる。

（平成7年7月13日稿）

27　すぐれた授業の源泉
――学ぶ醍醐味を――

一

私は、鳴門教育大学が出している、「学園だより」（第27号）（平成八年七月）に、「学ぶ醍醐味を――すぐれた授業の源泉――」と題する、左のような文章を寄せました。

現在刊行中の「漱石全集」第25巻（96年5月15日、岩波書店刊）には、「講演」七編、「談話」一〇一編、「応問」一五編が収録されている。漱石の創作・評論・作品（漢詩・俳句）を収めた巻々とはちがった、漱石の面目を新たに随所に見いだすことができる。

「談話」のうち、「予の愛読書」（「中央公論」、明治39年〈一九〇六〉1月）では、西洋文学では、スチブソンを挙げて、左のように述べている。

「西洋ではスチブソン（Stevenson）の文が一番好きだ。力があつて、簡潔で、クドクドしい処がない、女々しい処がない。スチブソンの文を読むとハキハキしてよい心持だ。話も余り長いのがなく、先づ短篇といふてよい。句も短い。殊に晩年の作がよいと思ふ。Master of Ballantrae などは文章が実に面白い。スチブソンは句や文章に非常に苦心をした人である。或人は単に言葉丈けに苦心をした処が後に残らんといふ。さういふ人はどういふ積りか知らぬが、スチブソンの書いた文句は活きて動いて居る。彼は一字でも気に入らぬと書かぬ。人のいふことをいふのが嫌ひで、自分が文句をこしらへて書く。だから陳腐の文句がない、其代り余り奇抜過ぎてわからぬことがある。又彼は字引を引繰り返して古い人の使はなくなつたフレーズを用いる。さうして其実際の功能がある。スコットの文章などは到底比較にならぬと思ふ。スコットは大きな結構を造るとかいふことにはうまいが、文章が贅沢な人からいへばダラダラして読まれぬ。」（同上書、一五三～一五四ページ）

こうした談話からは、夏目漱石という英文学者がスチブソンを、特にその文章表現をみごとにとらえていて、あますところがないとまで思えるほどである。漱石先生から、直接スチブソンの作品（文章）の講読・演習を受けてみたいという思いに駆られる。そこからは、学ぶ喜び・楽しみがあふれ出てくるように思われる。

漱石はまた、スチブソンについで、メレヂス（Meredith）について語ってほしいと頼まれ、左のように述べている。

「彼（メレヂス）は警句家である。警句——といふ意味は短い文章の中に非常に多くの意味を込めていふことを指したのである。エピグラムなどでは彼は一番にエライ。往々抽象的なアフオリズムが出て来る。非常に意味の多いのを引延ばして書かぬから、繫ぎ具合、承け具合がわからなくなる、のみならず其れ丈けの頭脳《あたま》のある人でなければよく解らぬ。僕等でもわからぬ所がいくらもある。メレヂスはただ寝ころんで読むべきでない、スタヂーすべきものと思ふ。必ずしも六つかしい所のみではないが到底読みよい本とはいはれぬ。」（同上書、一五四ページ）

漱石はさらに、メレヂスの独自性に触れて、「メレヂスの前にメレヂスなく、これから後も恐らくメレヂスは出まい。」「スチブソンは沢山出るかも知れぬが、メレヂスが一人しか出ないかと思ふ。」（同上書、一五四～一五五ページ）と述べている。

漱石は、作家・文章家としてのスチブソンやメレヂスを縦横に論じ、そのすべてを透視して見ぬいているかのようである。

漱石はまた、「談話」の中で、「大町桂月のこと」を取り上げ、「僕は桂月の文を見ては一向に感心しない、何でも無い事を書いているとしか思つて居なかつたし、今でも書いてる物には左程敬服しないがね、逢つて見ると感心したよ、と言ふのは桂月は珍しい善人なんだ。僕は今の世に珍しい怜悧《りこう》気《げ》の無い、誠に善い人だと思つたよ、…」(同上書、二四三ページ)と述べている。明治・大正期に活躍して文章家として聞こえていた大町桂月の文章そのものに対しては、極めてきびしい評価を与えているのである。

漱石はまた、本巻「応問」の中で、文章初心者に与えることばを、雑誌「文章倶楽部」(大正5年〈一九一六〉5月)から求められ、左のように答えている。

「(初心者にとって)一番ためになるのは他の真似をしようと力めないで出来る丈自分を表現しよう、しようと努力させる注意ではないでせうか。他から受ける感化や影響は既に自分のものですから致し方がありませんが好んで他を真似るのは文章の稽古にも何にもならないやうです。自分の発達を害する許《ばかり》だと思ひます。従つて感化と模倣の区別をよく教へてやるのも好い方法かと考へます。」(同上書、四七五ページ)

学ぶ喜び、楽しさこそ、やがてすぐれた授業の源泉になっていくと思われる。大学・大学院で営まれている、すぐれた授業の源泉には必ず学ぶ喜び・楽しみ・醍醐味が見いだされる。そこでは苦労も苦労でなくなり、努力が喜びを呼び、尽きざる楽しみを生み出してくる。学ぶ醍醐味、それはすぐれた授業の源泉であることを銘記し、学びの場を豊かなものにしていきたい。

二

私が、広島大学教育学部（広島高師を含む）に勤めましたのは、昭和二三（一九四八）年四月から昭和五九（一九八四）年三月まで、三六年間でしたが、昭和二七（一九五二）年四月に広島大学教育学部国語科（高校教員養成課程）に入学し、昭和三一（一九五六）年三月に卒業した人たちのうち、有志が、二七会《にしちかい》という読書会（毎月一回、日曜日の午後）を発足させ、夏目漱石の作品を読み合い、後には国語科教育の実践報告をもするようになりました。教官であった私にも、参加してほしいという依頼があり、喜んで参加し、助言をする役を担うことにしました。この読書会は爾来現在まで続けられ、ことし六月には、四三年目を迎えることになります。漱石の作品は、「三四郎」・「それから」・「門」と読み始め、順次「明暗」にまで読み進み、小説は全部読んで、今は二回目に入って、再び、「三四郎」・「それから」・「門」・「彼岸過ぎ迄」・「行人」に至っております。

漱石の作品に取り組み、相互に読み深め、自らの読む力・読み味わう力を精練していく営みは、深い喜びにつながります。刊行中の『漱石全集』第二五巻（岩波書店刊）に目を通し、漱石の述べている愛読書のことから、多くの啓発を受けえたのは、単なる偶然ではなく、二七会という読書会を通して、漱石の偉大さ・豊かさに触れ、たえず多くのことを摂取してきていたからだと思います。

三

自らの国語科の授業をどのように充実させていくか、授業力をどのように深めていくかは、切実な重い課題です。国語科授業を構想する力、展開していく力、学習者（児童・生徒）一人ひとりを発見し、国語科学習力をとらえていく力、それらを伸ばしていくのに、常に独自の工夫を心がけ、その営みを集積していくようにしたいと思います。

教材研究、資料収集、単元編成、授業構想、授業展開、授業評価、これら一つひとつについて、自らの独自の工夫（発見をも）ができるようになれば、授業力を高めることができ、多くの成果をもたらすことに伴って、さらに自信が深められると思います。独創への思いを抱きつづけ、清新な国語科授業を生み出していきたいと念じないではいられません。

（平成10年2月1日稿）

28　国語科授業記録を求めて

一　国語科授業記録への願望・期待

私は、昭和六二（一九八七）年一二月下旬、四日間、福岡教育大学において、集中講義で「国語科教育研究IB」を担当した。受講者は八三名、極めて熱心であった。期間中、「私の国語学習史の中から」と題して、忘れられない国語の先生を取り上げて記述する作業を課したところ、小学校課程（国語専修）のNさんからの報告には、中学校時代の国語科教官E先生について、左のように述べられていた。

「私の心に一番深くしみじみと残った先生は、中学校の国語教師E先生でした。風ぼうは、ずんぐりむっくりした体に、牛乳びんの底のような眼鏡、足は短く、その先生から連想するスポーツは柔道をおいては他には無いといった感じでした。国語教師だけれども、いつもジャージ姿で、ろう下を歩かれる時は、いつも鼻歌を歌っておられ、よく『ああ、この歌いいなあ。』とか、つぶやいていらっしゃるのを見聞きしては、友達と爆笑していました。

そんな一見、ユーモアのかたまりのような先生でしたが、眼鏡の奥でキラリと輝く二つの眼には、どこか恐い、奥深いものを感じました。授業は、E先生のその教材にかけた情熱、息吹が感じられるものでした。今思えば、教材を生徒に伝えていくとき、教師の教材に対する〝ほれこみ〟が必要だと思います。教師の教材に対する愛着が半分しかなければ、生徒には、その半分の半分くらいしか心に響かないと思うんです。E先生の教材観みたいなものがドーンと胸に押しよせてくるような感動に身が震えたこともあります。

E先生の書かれる文字は、どううまく言っても〝上手〟とは言えませんが、黒板に一字一字書かれている文字に、先生のエネルギーがほと走っているほど力強い、先生の意志みたいなものが感じとれました。先生が、〝生徒の書いた字よりも下手だ〟と指摘されたとき、『でも、こっちの字の方があったか味があって人間らしい感じでいいと思わん？』と苦笑されていたのが印象的でした。

私はこのE先生との出会いで国語のおもしろさを感じました。一人一人の解釈の違いに、先生は『ああ、いいこと言うなあ。そういう考え方もあるなあ。』と、心の底から感激したように言ってらしたのを覚えています。その時間、分からないことがあると、『今度の時間まで待って』とおっしゃって、次の時間は、その答えからはじめるといった感じで、決しておなざりにはされませんでした。私にとって一生忘れられない大好きな先生でした。」

これは京大式カードの表・裏にかかれており、すぐれた、人間味豊かなE先生が的確にとらえられ、生き生きと描かれている。

こうした、心に刻まれる、すぐれた国語の先生とのよき出会いに接するたびに、私は、E先生の国語科授業が克明に記録され、積み重ねられていてほしいと願わずにはいられない。また、E先生の国語の授業を受けた、学習者Nさんによって、国語学習記録としてまとめられていてほしいと思わずにはいられない。

校務、授業・指導（生活）等によって、多忙を極めるE先生に、毎時間の国語科授業を精細に記録していくことは、至難のこと、不可能に限りなく近いことかもしれない。しかし、忙しさを理由として、自らの精魂こめた国語科授業の記録を残さなくてもいいということにはならないのだと思う。記録のしかたを工夫し、授業者ごとに国語科授業記録がまとめられ、集積されるよう、願い、かつ期待せずにはいられない。

二　国語学習者の発見と育成

昭和五八（一九八三）年一〇月のことであった。会議参加のため、鹿児島市に出向いた折、鹿児島市在住の国語科卒業生（八名）が、一二日の夕方、囲む会を開いてくれた。

後日、一一月に入って、会の記念写真と共に、K教諭から手紙が送られてきた。それには、自らの「現代国語」の授業について、左のように述べられていた。

「先生のおことばをうかがいますと、我々がまぎれもなくことばとの関わりの中で仕事をしていること、そして、その中からともかくことばを拾いあげていくようにしなければならないこと、いわばことばを大切にすることの必要をしみじみ感じさせられます。ことばのもつ幅・厚み・広がりを、ことば一つ一つを例にしてご教示いただいたと思います。ことばをふくらませる生活を身をもってお示しいただいたみたいで、大変ぜいたくな時間を過ごし、そのぜいたくが後になるほどビシビシ身にこたえてくるほどです。

いま三年の『現代国語』で、『歴史の進歩とはなにか』（市井三郎）をやっておりますが、本来国語科の授業の中で、この三年の二学期が最も授業の充実する時です。中でも『現代国語』はその感が強いのですが、先生にお話をうかがえたことで、私の方も意気ごみが違うのでしょうか、例年にない手応えがあり、普段以上の充実感を味わっております。

先日など（一一日、金曜）昼食中に、窓ごしに呼びかけられ（考査の前は、生徒の職員室への入室が禁止されているため）、立っていくと、『今日の授業は、今までで一番迫力があった。よかった。よくわからないが感激した。』と言われ、我ながらびっくりしました。それだけを言いに来た生徒も生徒ですが、言われた当の私はときたら、しばらく食事も喉を通らないという〝ていたらくぶり〟です。授業は真剣勝負と、つくづく思いました。それ程にはできのよくないこの生徒に、今度はよくわからせる宿題作りが私に課せられたわけですが、そんな宿題は幾らでも引き受けたい、そんな思いです。

（このたびは）国語教師たるものの歩むべき道を、さらに深くお示しいただきましたこと、心から御礼申し上げます。」（昭和58年11月16日〈水〉受）


高等学校国語科に「現代国語」という科目が設けられ、当時は、すでに満二〇年を経過していた。K教諭からの手紙に述べられている、高三の第二学期の「現代国語」の授業の手ごたえは、全力傾注（真剣勝負）の授業であればこそ、一人の生徒に深い感動をもたらしたものであろう。

ここでも、私は、K教諭に、ぜひ授業記録を残してほしかったと思わずにはいられない。授業によって育っていく、伸びていく、学習者（生徒）の発見に努めること、授業者としてたえず心がけたいことである。

三　拠点・源泉としての国語科授業記録

中学校における国語学習記録の作成と活用は、大村はま先生によって、先生の受け持たれた、すべての生徒に課され、みごとに進められた。

国語学習記録の指導のしかた、その工夫については、大村はま全集第一二巻『国語学習記録の指導』(一九八四年一月初版、筑摩書房刊)に収められており、至れり尽くせりに述べられている。

大村はま先生のご指導のもと、まとめられた、生徒たちの国語学習記録の多くは、現在、鳴門教育大学附属図書館に設けられた、「大村はま文庫」に保管されている。これは大村はま先生のご厚情に拠るものであるが、国語学習記録を直接拝見し、必要に応じて調査・研究をすることもでき、数多く示唆を得ることも可能になっている。

国語科授業記録の作成、その継続と集積とは、各授業者によって熱心に意欲的になされていると思われるが、毎日、授業を準備し、授業をつづけながら、同時に、その記録を心がけ、整ったものに仕上げていくことは、至ってむずかしく、その完遂はなかなか望めそうにない。

しかし、どんなに困難であろうと、国語科教育実践者(授業者)として、自らの授業を記述し、記録していくことに思いを潜め、工夫を積んで、ぜひとも各自の国語科授業記録を実現させていくようにしたい。私自身、『国語教育――個体史研究――』(昭和31〈一九五六〉年3月、光風出版刊)を刊行したのは、もう四三年も昔のことになってしまった。自らの授業を記述し、実践史(→個体史)として形成し、集積していくこと、それは私の国語科教育の実践・研究の出発点であり、初心であった。拠点・源泉としての国語科授業記録を大切にし、さらに求めていくようにしたい。

(平成11月2月2日稿)

Ⅱ　国語科授業構築をめざして　その二

1　国語科授業創造への提言三つ

みずから納得のいく国語科授業を営み、安んじて国語科授業にいそしみ、さらに独創的個性的な国語科授業を実践的研究的に積み上げていくことができればという思いは、国語科教育（小・中・高・大）に携わる実践者にとって切実な願望であり、また、最も困難な課題であるといってよい。

みずから納得のいく国語科授業を営むためには、みずから実践する国語科教育についてその実態・実質が見えていなければならず、その拠点となっている理論や原則についても、具体的方法についても、的確な見通しを持っていなければばならない。実践者として、学習者の実態に即し、適切な指導目標を立てて、教材選定と教材研究に力を尽くし、ほぼ意図どおりに学習者の活動が組織され、授業として展開していくようになれば、納得がいったとされようか。

納得のいく国語科授業をとみずから願い求めながら、現実はみずからの営みに確信が持てず、授業が思うように進まず、自己不満・自己嫌悪に沈み苦しむことが多い。そこを超克していくのには、国語科授業者としての力量をどう深めていくかが大きい課題となる。

つぎに、安んじて国語科授業にいそしんでいくためには、国語科教育への視野がしっかりしており、自己の営む国語科授業について適正な評価を下すことができ、流行的事象にのみおし流されてしまうようないきかたをつねに戒めなければならない。とはいえ、狭い独善的な世界に閉じこもって、自己の授業流儀のみをおし通していくのにも、問題が残る。学習者との信頼関係の上に、安定した、しかも発展性に富んだ国語科授業を築き上げていくことができるようにしたいとの願いは誰にもあろう。国語科授業展開の方法・技術について知見を広げ高めていくことの必要なのはもとよりである。国語科教育の生まれてくる基盤・土台をずっしりとしたものにし、そこに指導者みずからの言語生活や国語学力（表現力・理解力）の自己修練がなされていかなければならない。

独創的個性的な国語科授業を実践的研究的に積み上げていく――国語科授業研究の土台と実質はここに求められる。自己の営む国語科授業をほんとうに大事にし、資料を確保し、記録をつづけ、みずからの授業創造に備えていくということをみずからに課し、実行しつづけている人は思いのほかに少ない。それだけ、この仕事がむずかしいということでもあるが、授業者として、このことをぜひ軌道に乗せていくようにしたい。

（昭和53年1月24日稿）

2　〝実践即研究〟から得られる識見と力量

一

つい先日（昭和五四年三月下旬）、私は一通の手紙を受け取った。それは過去三年間、広島市内にある某私立男子高校で非常勤講師を勤めた方からの実践報告であった。そこには、生徒たちへの指導を通じて、みずから発見されたことが、つぎのように述べられていた。

「たとえば、『難攻不落』という語を辞書的な意味から実際の使われ方（短文をつくらせなどして）を学ばせました。私としてはこれでわからせたつもりだったのですが、それから二三ヵ月して、ある生徒が大阪城がいかに難攻不落であったかとその外堀の様子などうつして解説したテレビをみてやっとあの言葉がわかったと報告にきました。それは私の説明やノートの上で体験なしの文章をつづった時とはまったく別人のようでした。生徒が『わかる』というのは、こういうことをいうんだなと私も逆に教えられます。とすると、一つの語でも、ものすごく具体的に形象化してやらねばわからないのだということになります。授業を通して、そういう喜びを得させるには……と、つくづく考えさせられたことです。

生徒がどのくらいわからないかを想像する力も要求されるし、そこから意味を獲得するプロセスを共有してやらねばならないわけで、あたり前のことなのでしょうか、そういうことをわかるのにも、時を要しました。

漢字なども、そのわからなさの具合をわかちもつところから、学ばせる工夫ができるのではないかと思えたことでした。イメージを定めてやるのに、漢字の語源から入ることも有効ではなかろうかと思えます。

こうしてみると、初めの頃の私のやり方は、観念の押しつけでしかなかったと思われるのです。やっとこのごろ生徒の現実に根ざしてやっていけそうで、自分でも喜びを感じております。

つぎに、古典の学習では、特に文法的な手続きなどには全く拒否反応を示す生徒たちでしたから、それに困じてやってみたことでしたが、暗誦から入らせますと、何とか内容へと導けるのです。しかも、暗誦は、どういう生徒でも不思議なほどやりとげます。シンナー中毒で土色の顔をした生徒が、指を折りながら四苦八苦して暗誦し、その時だけは生気が蘇るようなのは、感動的でした。

それは声を出すということそれ自体の快さからかもしれませんし、あるいは、ただ時間中にやるべき範囲が提示されることによって励みがつくのかもしれません。この生徒たちの暗誦する力を、どう効果的に古典の学習につなげていくべきかについても、もうすこし工夫したかったと思うのです。

――なにより、今までの一面的な自分を思いしらされました。多様な生徒への多様な対処の方法へも目がひらかれました。」（昭和54年3月20日受信）

二

右の手紙の一節には、みずからの真摯な実践をかえりみることによって発見することのできた、大事な気づきが述べられている。そこからは、国語科を担当する指導者としての授業を深めていく力量がどのようにして身につくのか、また、どのように伸びていくのかがうかがわれる。

漢字・漢語の意味を真にわからせるのにはどうすればいいのか。さらに、古文の学習において生徒たちに古文の一節を暗誦させることは、どういう意義を持ち、どういう役割を果たし、またどういう効果を挙げていくのか。こうした、指導上の工夫すべき点についても、掘り下げれば、いっそう多くの発見を重ねることができると、前掲の手紙は教えてくれる。

三

国語科教育に関する、研究発表・研究協議・シンポジウム・研究討議などが行われる場で、みずからの実践を通じて、報告・意見発表をされるのに、それがその実践者自身の個の体験を述べるにとどまらず、国語科教育のありかたに関して、新鮮で鋭い示唆を与えるような域に達しており、その場にいる人々に深い感銘をおぼえさせる方がおられる。国語科教師としての高い識見を持っておられると、私が感ずる一つは、そういうときである。

そういうばあい、その発言・所見は、だれかからの借物などではなく、その実践者独自のものとして、聴く者の胸をうつ。そこには〝実践即研究〟という境地ができているように思われる。みずからの国語科授業をだいじにし、そこからみずからのものを生み出してくるという、〝実践即研究〟を目ざし、その集積を図っていくことによって、確かに考え、鋭く見透すことができるようになる。そこに国語科教師としての識見が得られる。

四

国語科の単元計画にしても、教材研究にしても、指導方法にしても、学力評価のしかたにしても、発問・助言のしかたにしても、指導者としてつねに工夫を尽くす、最善を尽くすという態度で臨み、みずからの実践（授業）に対して、冷静な省察を加え、実践者としての自己深化を希求してやまないならば、国語科教師としての力量は、おのずと備わってくる。

戒めなければならないのは、無気力にちかい状態でその日暮らしに陥ってマンネリ化してしまうことである。みずから形づくった日常的固定的な形式（軌道）によって、みずからの国語科授業を清新さから遠いものにしてしまうことである。

きびしさとやさしさ、鋭さと深さ、学習者一人ひとりをだいじにきたえていくための眼力と具体的方策、これらをあわせもった国語科教師を目ざしたい。それは至難なことではあっても、不可能ではない。

（昭和54年3月30日稿）

3　生きた授業参観にするために

一

結果としてわが子のあらさがしになってしまう授業参観でなく、目の前の授業に参加している子どもたち・生徒たちのほとんどを、あたかもわが子であるかのように見ていくことができれば、授業参観は、どんなにかおおらかでみのりの多いものになろう。わが子の学ぶ姿を視野の中心に置きつつ、わが子と共に学んでいる級友をも同じまなざしで見ていく、ひろやかな心がほしい。

どういう授業にも、独特の活気が見られ、真剣味があふれている。そういう教室にみなぎっているもの、燃え立っているものに触れることは、人間として親としての大きいよろこびである。授業参観では、目の前のでき・ふできの現象にのみこだわるのではなく、もっと授業固有の精神的雰囲気をだいじにしていくようにしたい。

二

授業参観を通して、かりにもわが子を傷つけないようにするには、親として子どもの人格を認めて接するようにしなければならない。授業中の子どもの失敗をとがめ、叱るのではなく、学習者として努めていく姿勢ができているかどうか、学習のしかたが軌道に乗っているかどうかを、慎重に見すえていくようにしなければならない。

学ぶ姿勢は生きる姿勢である。学校と家庭における子どもの学習と生活とを理解し、学習と生活のリズムを親子ともども作り上げていこうとする努力は、なにものにもかえがたい。授業参観と懇談とは、親子にとって、そういうだいじなものを確かめあい、また育てていく場である。

三

授業参観における保護者同士の話し合いを通じて、また担任の先生との懇談を通じて、啓発を受けたり、新しい情報を得たりすることは、思いのほかに多い。それは授業参観のもたらす効用であり、たのしみでもある。

担任の先生の指導方針、授業についての抱負など、たずねて確かめたり、聴いて正しく理解しておくべきことは多い。学校行事（修学旅行をはじめとして）についての理解を深めるのも、こういう機会である。

平素からわが子の学ぶ姿勢を見まもり、わが子の家庭での生活の有様を注意深く見つめて、親としてどういう助言・はげましを用意し、またそれを実地にどう与えていけばいいか、たえず求めたり工夫したりしている親にとって、授業参観と懇談とは、大きい収穫をもたらす場となる。放任と無関心からは、むろんなに一つ生まれてはこない。

四

親子読書をはじめ、親と子どもの間で、時間と場所と学習活動を共有していくことは、双方の心がけと努力によってできる。子どもと親との相互理解をいっそう確かなものにし、ゆたかなものにしていくことによって、授業参観も生きた役割を果たすものとなろう。

すぐれた授業を参観することができれば、親としてもさわやかな充実感を抱かずにはいられない。授業参観は、学校と家庭とを結ぶだいじな共同作業の一つである。授業参観をほんとうに意義深いものとするためには、授業者と学習者と参観者との三者に、相互信頼に裏うちされた、ほんとうにわかりあう努力を必要とする。授業参観はその努力の上に実を結ぶ。

（昭和54年12月5日稿）

4　授業創造への模索と課題

四人の方から、それぞれ実践的課題を焦点化して試みられた、意欲的な取り組みの実践内容が報告された。[1]説明文教材を対象として、[2]音読の指導を地域ぐるみで進めて、また[3]「ひびき読み」について、さらに[4]中学校作文指導における形成的評価を対象として、それぞれ独自の模索がなされており、いずれも本格的な授業創造への営みとして注目された。以下に、各発表ごとに所見を記することとする。

(1) ことばの力をつける授業の解明――説明文教材の理解学習を通して――

札幌市平和通小学校　矢口龍彦

説明文教材構成表の作成は、苦心の試みになるものであるが、授業構成を考えていく時、何がここの文章の読み取りでは重要であり、それを理解させるためにはどの項目からどのような形で切りこみをしていけばよいか等のポイントが非常に明確に見えてきたという。教材構成表は、教材透視力の鍛錬に役立ち、教材分析と指導研究の結合をめざす作業である。大事なのは、教材に即して指導の内実が周密にとらえられることである。説明文教材に対する学習者の学習課題意識を的確にとらえる努力がなされ、子どもたちがことばの力を獲得していく学習過程が明確に措定されているのも心づよい。説明文教材を媒体として、どのようなことばの力を習得させるのか。重い課題である。今後の実践を通じての解明が期待される。

（2）なぜ、今「音読」か

八戸音読研究の会　蟹沢幸治

音読（↓朗読）は、戦前のわが国語科教育界では、最も大事に扱われた学習、指導事項の一つであった。国語教室には力強い読み声があふれていたのである。八戸音読研究の会では、国語学習の中心に、「音読」を位置づけ、地域ぐるみで実践面・理論面の研究にうちこんでこられた。積極的な試行であり、成果が挙げられている。しかし、国語科教育の全体像をどうとらえるか、読むことの学習指導の全領域をどうとらえるか、巨視・徴視両面からの検討と冷静な判断が望まれる。黙読の学習指導を的確に周到にかつ効果的に行うことで、音読（↓朗読）の教育の成果はいっそう有効で確かなものとなろう。音読（↓朗読）を大事にする授業は、黙読（精読をはじめ、種々の読みの技能を含む）の授業の重要さを視野に入れて行われるのがのぞましい。

（3）言語空間をつくる一つの試み——心を劈くひびき読みの実践——

川崎市立西有馬小学校　鈴木桂子

ことばの教育の新生面をきり開いていこうとする試みとして、ひびき読みがとり上げられた。ことばの音韻・リズム・ハーモニー・メロディーなど音声言語の美しさ快さを前面に据えた実践である。指導者自身に音声言語の美しさ快さをほんとうにとらえる力がないと、この実践は宙に浮いてしまう。今後の課題の一つとして、子どもに音読を嫌う傾向のみえることが挙げられている。一人ひとりのひびき読みや音読への反応、態度を的確にとらえつつ、適切な指導がのぞまれるところである。美しい生きたことばへの志向を大切にしつつ、あまりに人工的技巧的でない、自然で柔軟な言語環境づくりが望まれる。言語美の教育は国語教育の永遠の目標ともいえる。ひびき読みのいっそうの精練が期待される。

（4）形成的評価を取り入れた作文指導

奈良県當麻町立白鳳中学校　米田猛

中学校作文教育をいっそう充実したものにしていく試みの一つとして、形成的評価の問題がとり上げられている。周到な実践を通じて、形成的評価のありかた、実践上の留意点が示され、今後の課題にも言及されている。

「評価後の調節条件」を重視し、生徒同士の相互評価を形成的に生かしていくべきこと、「下書き」完成の段階で、さらに指導者による評価が必要であることが指摘されている。

指導者として、形成的評価、診断的評価、総括的評価をどのように進めていくのか。評価力は、作文指導（授業）上、中核をなしている。作文評価力をどのように高めていくか、理論的にも臨床的にも、さらに考究しなければならない。形成的評価が、生徒たち一人ひとりに書くことのよろこびと書きうる自信とをどのように見出させるのか。工夫すべきことは多い。めざされた形成的評価の具体事例の集成と研究のまとめが期待される。

（昭和57年9月20日稿）

5　国語科授業の実践的開拓への課題

小学校・中学校・高等学校を通じて、授業者がどういう授業計画を立て、どのように実践して成果あらしめるかは授業者としてたえず当面する切実な課題である。国語科授業が一人ひとりの学習者（児童・生徒）にみのりある国語学習として根づかず、浮いたものとなりやすいという悩みは深刻であって、直ぐには解決への方策もたたないほどである。国語科授業は、なにを目指して、どういう内容を組織して、どういう学習者たちに、どのように指導していくのかという、目標・内容・実態（学習者たちの）・方法を、たえず確かめて営まれなければならない。しかし、指導者即評価者として、みずからの授業そのもののありかたを問い返すことは、至ってむずかしい。評価（点検）不在というに近い授業には、後悔と嘆きばかりが残りやすいのである。

現下、国語科教育の実践と研究にかかわる情報は、単行本、講座・叢書の類、雑誌、サークル誌等を通じて、おびただしい量にのぼっている。文字化され、文章化された情報のほかに、各種の実践研究会、学会等で発表され、討議され、協議され、討論される情報を加えれば、その情報量は、さらに尨大なものになる。みずからの国語科授業を充実させ、みずからを確かな国語科授業者として自立させていくのに、実践・研究の情報を、どのようにして確保し、収集し、摂取し、活用していくようにするのか。とりわけ、ほんとうに価値ある情報を、どのようにして選びわけ、みずからの実践と研究に役立てていくのか。これらの課題についても、みずからの態度をきめ、方法をしっかりしたものとしていかなければならない。

　みずからの国語科授業のありかたをどう開拓し向上させようとしているのか。みずからの仲間との国語科授業研究をどのように進めようとしているのか。さらに他者の国語科授業とどのようにかかわっていこうとしているのか。これら三つの課題の一つひとつに思いを潜め、それぞれ独自の歩みを工夫し、豊かな成果をめざしたい。

（昭和58年4月29日稿）

6　授業者として会得する〝生きた呼吸〟

〝実践の知恵〟、それは授業者として守るべきものと聞かされる、単なる心がまえや心がけではない。また、授業を組織し展開していく、原則と方法に関する単なる知識や技術でもない。授業者として会得していく〝生きた呼吸〟である。

授業者として、思わぬ失敗を重ねながら、そのつど問題点の克服と深化のための工夫に努め、本格的な授業への開眼をもたらし、確固たる自信を植えつけてくれるものこそ〝実践の知恵〟である。それは授業者みずからが実践者として身を挺して行う修練の結晶であるといってよい。

ある日、熟達された授業者が、中学二年生の教室で初めて生徒たちに接し、自己紹介をさせられた。時間のむだがなくあざやかに事が運ばれた。この秘訣をたずねたところ、「要は教師の受けとめ方一つです。」と答えられ、私は思わずなるほどそうかと、目を開かれた。それは自己紹介の指導の極意を示唆しており、その呼吸を会得していくことで、〝実践の知恵〟は確実に身につくことと思わされた。

生涯稽古の精進の中で、自他の実践から学びつづけ、〝生きた呼吸〟をと目ざすことで、〝実践の知恵〟は実を結ぶ。

（昭和58年9月18日稿）

7　〃授業の重さ〃ということ　――私と国語教育――

昭和一六（一九四一）年ころ、国語教育への道に志し、関係文献の勉強を始めてから、もう四〇有余年を経た。昭和二〇（一九四五）年八月、太平洋戦争の敗戦による終結と同時に、当時在籍していた仙台陸軍飛行学校から復員した。翌二一年九月、愛媛県立松山城北高等女学校に国語科担当の教師として赴任し、そこで国語教育の実践を始めた。新しい時代の到来とともに、長い間の夢がかなえられた時の喜びは深かった。

しかし、松山での教職生活は満一年七か月で終わり、恩師岡本明先生から母校広島高等師範学校に帰ってくるように言われ、昭和二三（一九四八）年四月からは、広島での新しい生活が始まった。やがて私は新たに発足した広島大学教育学部で、国語科教育を担当することになった。昭和二六（一九五一）年後期からは、「国語科教育法」の授業を正式に発足させた。

実践者として中等学校の国語科教育を生涯の仕事としたいと広島の地に学んだ身であったが、中途にして国語科教育の研究者として進むことになった。すなわち、国語教育学ないし国語科教育学の樹立という新しい任務を担うことになったのである。爾来三〇有余年、歳月ばかりが過ぎていった。

国語教育の研究に従うようになってからも、昭和三〇年代からは、国語科教育研究会に実地授業を頼まれる回数もふえて、小学校一年から高校三年までの一二学年全部、二〇数年間に研究授業を合計八〇回も実施した。実地授業に当たっては、あらかじめ児童・生徒の座席順写真を送付してもらい、授業学級全員の顔と名前とを覚え、教室に臨むようにした。

こうした実地の授業経験をかさねることはしたが、しかし年間を通じて、毎月毎週国語科の授業を積み重ねていくことからは遠ざかってしまった。

高等学校の国語科研究会に招かれて、研究授業や実践報告や研究発表に対し、気づきや意見を助言として述べる場合、いつも私の胸底あるいは念頭にあったのは、毎日授業に取り組んでいる人たちの経験されている〝授業の重さ〟ということであった。

〝授業の重さ〟――それは授業者個々に感じ方がちがっているかもしれない。しかし、各自の担当する国語科の授業が当面している問題の深刻さ、むずかしさに想到すると、暗然たる思いに沈むことも少なくない。自己の所信や方針に従って授業を構想し実施するにしても、自分自身で思うように授業を運ぶことのできない身の非力や学校教育の現実の身動きのできない重苦しさにつき当たってしまう。

国語教育の研究に身を置きながら、いつも思うのは、授業者一人ひとりが常に痛切に感じられている〝授業の重さ〟をまともに受けとめ、そこから目をはなさないようにしようということである。

自分自身は息のつまるような〝授業の重さ〟は、なに一つ感じないで、国語科授業のありかたに言及してはばからぬ、助言者としての思い上がりだけは、決してすまいと、私は自分に言いきかせてきた。

国語科授業にあって、授業者と学習者（生徒）の間に心の通いあう学習活動を生み出すことは、最も望まれていることであるが、いざとなるとそれは最もむずかしい課題となる。国語科の授業のむずかしさは、授業を通じて、ことば・文学・表現への興味をどのように誘発し、それらをいかに確かな学力として身につけさせるかにある。

国語科の〝授業の重さ〟は、どこまで努めてみても、軽快になることは望めないかもしれない。しかし、国語科授業をめぐる重圧としての重さを、学習者（生徒）にとって取り組みがいのある、真の重さに高めさせることは、指導者の全力投球と指導者自身の修練によって可能であるように思われる。

私は今後とも国語教育の研究を、この〝授業の重さ〟の問題からそれないよう、心して進めたいと切に念じている。

（昭和59年11月25日稿）

8　国語科授業の創造をめざして

一

徳島駅前の古書店で、「徳島県綴方読本」高二用（今でいえば中学二年用）（昭和14年6月6日、徳島県綴方教育振興会刊、定価金二銭）一冊を見つけてもとめた。たった一冊ではあったが、これを入手することのできた喜びは大きかった。

この「徳島県綴方読本」高二用（第二号）は、生活暦（表紙裏）／文話（まことの心を書く）／文話（短歌と俳句）／短歌作品例／文話（情誼的手紙）／文例／児童作品募集／などから構成されている。菊判一八ページから成る小冊子ではあるが、その内容には充実感がある。

この「綴方読本」冒頭の文話「まことの心を書く」は、次のように述べられている。

まことの心を書く

「よい綴り方を書かう。」「よい文を作つてお友達を驚かさう。」「先生にほめていただく綴り方を書かう。」こんなことを考へて綴り方を書いたことはありませんか。その時にはきつと文を作ることに苦しみ、そして満足する文は出来なかつたでせう。こんな考へで作る時は、美しい言葉でかざることに苦心したり、他人の作つた文をまねしたりします。だからよい文は出来ないのです。

それはちようど、人に見てもらふために美しい着物を着たり、帽子だけは他人に借つて着てゐるやうなものなのです。いくら美しい着物を着てゐても、お人形はお人形です。魂がありません。それと同じ様に、文にも、いくらよい言葉を使つてあり、よい文と見せかけようとしても、自分の魂、**まことの心**のこもつてゐない文は、人の心をひきつけません。読んだ人に少しも感動を与へません。

うそごとを書いたり、ほんとに感じないことを、さも強く感じたやうに書いたり、無かつたことを有つたやうに書くほど苦しいことはないでせう。そんなに苦しい思ひをして綴り方を書くものでせうか。これは自分の心にないことを書くからです。

綴り方は、物事を見たまま、感じたままをありのままに書けばよいのです。

ほんとの事を、感じたままに書いた綴り方には作者の魂がこもつてゐます。魂のこもつた文は読む人を感動させます。作者の**まことの心**が強ければ強いだけ、読む人を強く感動させます。

「まことの心を書く。」これこそ綴り方の上手になる道です。（同上誌、一ペ）

ここには、どういう心がまえで、文章を書いていけばいいのかが説かれている。自分の心にもないことを書かない。自分の心のままに書いていく。物事を見たまま、感じたまま、ありのままに書いていけばよい。自分の魂、まことの心をこめて文章を書いていくようにする。――こうした、作文学習の最も大事な心がまえとその書き表し方を、一人ひとりの児童・生徒に確かに身につけさせることは容易なことではない。それだけ、指導者（授業者）としては、取り組みがいがあり、苦心のしがいがあり、工夫を尽くして努めていくに値するものがある。

明治三三（一九〇〇）年、わが国に国語科が成立してから数えても、戦前四五年、戦後四〇年の授業実践が積み重ねられてきた。すでに積み重ねられた、授業の実践を継承し、さらに新しい試行を加えて、一層望ましい国語科授業を創造していくのは、私どもに課せられた責務である。

二

理解領域のうち、聞くことについてみれば、どう聞くか、どのように聞いているかは、言語主体のことばの人格を決めてしまうであろう。きちんと聞きとることができるのは、聞くことの基本技能であり、聞きわけ、聞き味わうことができるのは、聞くことの中核技能である。さらに、聞きとり、聞き味わって、新しいものを生みだしていくことができるのは、聞くことの究極の技能ともいえる。

児童・生徒の聞く力、聞くことの技能を、どのように習得させ、深めていくようにするか。集中して、静かに聞くことができなくなっているとすれば、事態は深刻であり、それは学習活動を低調ならしめる。児童・生徒たちの聞く能力、聞く技能を、しっかり鍛え、伸ばして、国語科における学習をはじめ、各教科の学習活動が活発で充実したものになるよう役立たせたい。

理解領域のうち、読むことについては、文学的文章、説明的文章それぞれに、意欲的な指導が行われ、様々な試みがなされている。読むこと（読解・読書を合わせて）では、①ひとまとまりの文章表現を読み取り、読み味わうことができる、読むことの基本の技能、②読むことによって、問題・知識・情報を見いだし、思考の対象としていくことができる、読むことの中核の技能、③個性読み——深さ・鋭さ・らしさ・（その読み手らしさ）をもって、読んでいくことができる、読むことの仕上げの技能を習得させていくことが目ざされよう。読むことの喜び、楽しさを学習者（児童・生徒）一人ひとりのものにさせていく、読むことの学習指導の初心ともいうべきものを大事にしていきたい。

表現領域のうち、話すことについては、自己の考え、体験、疑問、心情を自ら大切に扱って話し表していくようにさせたい。対話力、会話力、討議力、公話(独話)力、さらには司会力、いずれも重要な能力・技能である。指導者(授業者)自身の話すことの修練が大切なのは言うまでもない。

表現領域のうち、書き表すことに関しては、前掲の文話「まことの心を書く」を紹介して、述べたところであるが、素直で自らを大切にする書き手を育てていくようにしたい。指導者(授業者)自身が文章を書くことに努め、実力を養っていくことが望ましい。

――教育実践の営みに、もうこれでいいという時はない。国語科授業の場合も同じである。児童・生徒一人ひとりに真の国語学力を修得させる授業の構築に全力を注ぎたい。

(昭和60年8月7日稿)

9　国語科授業への苦闘と沈潜を

一

日本数学教育学会算数興味調査特別委員会から報告された、「児童の算数に対する意識」（中間報告）（昭和62年3月）によると、「好きな教科、きらいな教科の順位」について、左のように述べられている。

「好きな教科の第1順位は、学年を通して体育で、全体の約51％～58％を占め、第2位は図工である。第5順位までの中には、学年を通して、体育、図工、算数が選ばれており、前回調査（引用者注、前回は昭和五一年度、今回は昭和六一年三月、一部四～五月に実施された。）の結果と同じである。

きらいな教科の第1順位は、1、2年で国語、3～5年で社会、6年で算数となっている。第5順位までの中には、学年を通して、国語、社会、算数、道徳が入っている。

前回調査と比較して、好きな教科で前回より今回の割合が5％以上増えたのは、2年で理科、音楽、体育、3年で体育、4年で図工、体育、5年で家庭、6年で家庭、体育の各教科である。反対に、きらいな教科で前回より今回の割合が5％以上増えたのは、2年で国語、算数、3年で国語、算数、道徳、4年で国語、算数、道徳、5年で国語、算数、道徳、6年で国語、社会、算数、道徳の各教科である。2年～6年を通して、前回よりも児童にきらわれる教科は、国語と算数である。」（同上「報告書」、九ぺ）

好きな教科の五位までの中には、一年から六年まで国語科は入っていない。前回調査では、二年（四位）、三年（五位）、六年（五位）と、まだ三学年には入っていたのである。きらいな教科の五位までには、一年（一位）、二年（一位）、三年（二位）、四年（三位）、五年（三位）、六年（三位）と、各学年に国語科は堂々と登場している。

こうした報告に接して、沈痛な思いに陥るのは、私ひとりではあるまい。現下の国語科授業のありよう、学習者たちの国語学習への取り組みを改めてかえりみずにはいられない。

倉澤栄吉氏は、新著『授業に学ぶ』（昭和62年2月10日、国土社刊）において、

「国語教室は眠っている。目をあいたまま眠っている。この数十年来（実は二十年来と私はみているが）児童生徒から、毒にも薬にもならない教科として見放されている。人気投票でも万年Bクラスで、下から数えて二番目かビリッカス。それでも分厚な教科書があり、時間数も多いから、しょうことなしに教えている。子どもたちもしょうことなしに学んでいる。」（同上書、一八五ぺ）

と指摘されている。

倉澤栄吉氏が、「しょうことなしに教えている。子どもたちもしょうことなしに学んでいる。」と、きびしく指摘される、その状況と実態に、多くの苦悩、迷い、焦燥があることを思わずにはいられない。同時に私自身、長い年月、国語科教育を専門研究者として求めてきたことに、自らどれだけのことを役立つようにしてきたのかと責任をおぼえずにはいられない。

二

——鳴門に来て、もう三年になる。担当している「国語科教育学演習」に参加している院生の一人が、「演習」に参加しての感想を、左のようにカードに記してくれた。

「窓越しの日差しが背中に心地よく、私の席はB—三〇二演習室の一等地でした。しかし背中の長閑さは背中だけのもの、とても心で味わう余裕はありませんでした。

丁々発止のやりとりがあるでなし、顔を上げられぬ重苦しさがあるでなし、雰囲気は柔らかく、時として笑声さえ沸き起こる中に、一言一句ゆるがせに出来ない緊張が身を貫いていました。それは、唐突でありながら、それでいて周到に配慮されて行われる先生の発問、問題提起がもたらすものでした。

発表者には誠に失礼であったとは思いますが、私の関心はその内容もさることながら後の質疑にありました。この発表の中から、先生は何をとりあげ、何を問題にされ、どう授業を展開されていくのだろうか。発言を促されるおそれを相殺して余りある期待がありました。それは、読むこと、聞くこと、話すこと、書くこと、そして理解することの自在な授業展開に触れる期待でした。

受講者の心の糸を自在に操作して（私の心の糸は緩められ締められ、いつも快く疲れました。）展開していく授業。私はその妙を何とか自分のものにと席に臨んでいました。

私はこの演習で、必ずしも先生の意図されるところではなかったのではないかと心配していますが、授業実践の範を学ばせていただきました。有難うございました。

最後の時間は、春の日を全身で味わいたいと思います。一等地に席した喜びをついに心で味わえなかったの

では不幸です。」（昭和61年3月14日〈金〉提出）

ここにもまた、授業にどう学んだかが述べられている。

三

倉澤栄吉氏は、前掲新著『授業に学ぶ』において、次のように述べておられる。

「地域や学校の目標や学習者の実態が、指導者に集約され、指導者の個性を濾過してこそ授業は成立する。指導書によって国語教室が息づいてくるわけではない。一人ひとりの教師はもっと自分を大切にすべきではないか。そうしないと生き生きとした国語教室は育たない。」（同上書、一八九ペ）

稲垣忠彦教授は述べられる、「今日の『眠っている国語教室』の覚醒をねがい、ご自分の六十年の歴史的体験を背景とした今日の実践者に対する問題提起が、この本の内容をなしている。」（同上書、一九二ペ）と。

（昭和62年4月8日稿）

10　私の〈授業研究〉への提言　授業構想力と授業文脈の研究を

個性的で独創的な精確な授業を構築することが実践者（授業者）の取り組むべき中心課題である。授業者としては、この中心課題に向かって、教職専門者にふさわしい授業力を高めるため、全力を傾注していくことが要請されている。授業力のうち、各教科ごとの授業過程、すなわち〔目標（指導事項）↓↑内容↓↑方法↓↑評価〕という展開過程を組み立てていくのが授業構想力であり、授業構想（授業計画）を具体化し効率的に推進し成就していくのが授業力である。（もっとも、広義には構想力も授業力の中に含めて考えられる。）

まず、現在一般に行われている〈授業研究〉に、積極的に取り入れてほしいのは、実地授業の公開→討議、協議→批評、助言という方式に対して、授業構想力を相互に鍛え合うという試みである。授業構想力が衰退すると、授業そのものが痩せ細ったものになってしまう。学習者（児童・生徒）の実態に応じ、個別に学力を見きわめて、教材を精選し、必要に応じて産出し、的確に周到に生かして、授業を意欲的に構築していく力を身につけるための相互研究をぜひ盛り上げていくようにしたい。自らの授業構想力への自己診断を下せる授業者は、苦悩することはあっても、退歩することはない。むしろ、授業構想力を鍛え合うことで授業者としての熟達が約束されよう。次に学習者（児童・生徒）一人ひとりの学習力（これは授業者の授業力に対して推定される）が教科ごとにどのように修得されているのか、学習者一人ひとりがどのようにして学習力（学び方を中核とした、興味関心、意欲、態度、技術、技能を含めて）を形づくっているのかを確かにおさえていくようにしたい。授業によって目ざされたものが、学習者（児童・生徒）一人ひとりにどのように根づき、生かされているか、学習力が着実に伸び、学習活動を充実したものにしているか否かは、授業者によってたえず問われなければならない。

これからの〈授業研究〉に取り入れ、本格的な取り組みをしてほしいのは、学習者の学習力、学習活動、学習生活がどのように機能し、営まれているかについて、その生態（実態）を明らかにし、それを授業そのものに生かしていくことである。一つひとつの授業（時間区分による）がほんとうに生かされていく授業（学習）文脈が形づくられているか。生涯教育につながる、授業文脈の形成についての共同（個別）研究がぜひとも必要であるかと思われる。

三つめは、〈授業研究〉の基礎作業の一つとして、授業記録（↓学習記録）の工夫をしてほしいということである。授業者として、どのように授業記録（↓学習記録）を継続させ、どのように集積していくかについては、さまざまに模索され、試行されてきたが、今後なお一層の工夫が求められている。

以上、授業構想力、学習力を中核にすえた授業文脈、授業記録（↓学習記録）など三つの課題を取り上げ、〈授業研究〉への提言とするしだいである。

（昭和62年8月19日稿）

11　授業者への指針　――偉業とともに――

昨年（平成元年）八月二五日（金）、「徳島新聞」の文化欄に、井上究一郎氏（フランス文学者）がマルセル・プルースト著『失われた時を求めて』（全一〇巻）の個人全訳を完成されたと紹介された。プルーストの『失われた時を求めて』は、A５判、平均四百数十ページで全一〇冊（『プルースト全集』全一七巻のうちに収められ、筑摩書房から刊行）にのぼる、二〇世紀最大の長編小説である。

この長編小説『失われた時を求めて』は、七編全一〇巻から構成されていた。

第一編　スワン家のほうへ（全集第一巻）／第二編　花咲く乙女たちのかげに（全集第二、三巻）／第三編　ゲルマントのほう（全集第四、五巻）／第四編　ソドムとゴモラ（全集第六、七巻）／第五編　囚われの女（全集第八巻）／第六編　逃げさる女（全集第九巻）／第七編　見出された時（全集第一〇巻）

第七編（全集第一〇巻）「見出された時」は、平成元年六月三〇日に刊行された。「朝日新聞」（平成元年九月二〇日〈水〉）の文化欄にも井上究一郎氏の快挙として、『失われた時』全訳の完結のことが取り上げられ、次のように述べられた。

「ここで記すべきは井上による『失われた時』の個人全訳完結のことだ。十八年がかりと自ら語るが、筑摩の世界文学大系で個人訳を始め、同じ筑摩の『プルースト全集』における改訳によって終止符を打った世紀の大長編は、日本で初めての個人訳なのである。かつて一九五〇年代に新潮社から当時の仏文学界総出の形で成った共訳による日本語版以来の快挙といえる。それも元来ひとりの作者の作品なのだから、個人訳が本当なのだ。」

この文章は、「究極の翻訳として、これを超えるのは容易ではあるまい。」と結ばれている。

また、全集第一〇巻の「月報」(15)には、中村真一郎氏が「井上究一郎氏のプルースト完訳」という文章を寄せられ、次のように述べられた。

「こういう古典的大作には、様々の異った言語体験の訳者が、次つぎと挑戦するのがいいのである。／ともあれ、その先鞭をつけたこの井上氏個人完訳は、わが国のプルースト受容史に、不朽の金字塔として残ることは確かである。」（同上「月報」、二～三ぺ）

――私は、井上究一郎先生が広島高等師範学校にフランス語の担当教官として勤められたころ、先生のフランス語の授業に初め一回だけ出席したことがある。昭和一〇年代半ばのこと、もう半世紀も昔のことである。その時間の初め、井上究一郎先生は、やさしい声で、「私はこの授業で、みなさんがフランス語を必ず身につけるようにしてあげます。」と言われた。そのことばは、いつまでも私の胸裡に刻まれ、授業者として生きる指針の一つになっている。

（平成元年11月18日稿）

12　清新な実践研究の集積を

私事にわたるが、四〇数年に及ぶ教職生活の中で、次々と新たな学会に加入しているうち、その数がいつか一八にものぼった。一度入会手続きをとると、ついぞ退会ということをしないで、所属をつづけてきたからである。一八もの学会の各年次大会に必ず参加するということは至ってむずかしい。心をひそかに痛めながら学会に籍のみを置いて、間接に学恩を受け続けることになる。

わが日本国語教育学会は、会長をはじめ役員のみなさんが全力投球されていて、ほんとうに涙ぐましいばかりである。二八二二名もの会員をかかえる全国規模の学会が月刊誌を継承しつつ、活動の網の目を密にして取り組まれる有様は驚嘆に値する。学会（研究会）の継続運営のむずかしさを思うと、本学会の組織力、企画力、活動力の卓越さには改めて感嘆させられる。

成人に達した学会が末永く青年期のただ中にあって、清新な実践研究をたゆみなく積み重ねていかれるよう、一人ひとりの会員を大事にされるよう期待してやまない。

（平成2年5月7日稿）

13　国語科授業の真の創造を

一

国語科の授業を真に豊かに組織し、創造していくことは難しい。国語科授業の真の創造は、国語科教育の永遠の課題である。

授業者としては、一人ひとりの学習者（児童・生徒）の国語学習（聞くこと・話すこと・読むこと・書くこと）に即して、学習者の真の国語学力、真の言語生活を観察し把握して、一人ひとりの国語学習へのエネルギーを発見し、励ましていくことが望まれる。学習者のもっている、真の国語学力、特にそのたくましいエネルギーを見いだして、それを単元ごと、教材ごとの授業に結晶させ、結実させていくことがねがわしい。的確で周到な、教材研究、学習者研究をつづけ、平板でない、個々の学習者に深くひびいていく国語科授業を求めていくようにしたい。

国語科授業は、個人差に富む学習者へのはたらきかけであり、学習者の国語学力・国語能力を結集させつつ、さらにはそれを高めていく営みである。それはやりがいのある営為である。国語科の授業は、あらゆる教育営為の根幹に位置づけられる。あらゆる教育営為の根幹に位置づけられる国語科授業が授業として成立し、かつ確立していくことがなにより大切である。

国語科教育の課題は、日本人としての生き方、人間形成そのものに深くかかわる、真実の授業の探究にあると言ってよい。それは授業者の脚下にある重い課題である。

二

ことし（平成五年）、私が受け取った、ある賀状には、

「今年は私が教職についてちょうど十年目になります。最近ついつい一時間を無難にこなすことばかり考えている自分を省みて、初心にかえって、拙くても一所懸命の授業をと思っております。

どうぞよろしくご指導お願いいたします。」

と書き添えられていた。

これは、一九八四（昭和五九年）年三月、卒業して、近畿地方のある県で高等学校に勤めている卒業生からの賀状であった。

私はこの文面から、在学中、温厚でまじめだった、その俤を思い浮かべながら、国語科授業者としての真情に触れて、わが胸を熱くした。「ついつい一時間を無難にこなすことばかり考えている」授業者から、「初心にかえって、拙くても一所懸命の授業を」と念じている、その真摯な態度に感じ入った。

「教職についてちょうど十年目になります。」と言うとき、十年間に国語科授業者として、なにをどのように結実させてきたかを自らに問いかけ、十年間に結実させた、国語科授業そのものをとらえ確かめる作業をぜひ自らに課していくようにしたい。

三

国語科授業を真に創造していくためには、授業者として授業力を伸ばしていく修練を自らに課していかなければならない。たとえば、話すことについてみれば、心がけて熟達していなければならないことは少なくない。

1　発問を周到的確にしうるか。
2　導入から終結まで、適切で懇切な助言をしていくことができるか。
3　学習のしかたについて、興味深くわかりやすく説明ができるか。
4　目的に応じて、話しわけ語り分けることができ、たえずユーモアをまじえて、児童・生徒をひきつけ、自在に話を組み立てられるか。
5　児童・生徒の発言をよく聴きとり、聴き分けることができ、その発言のしかたについて適切に助言をしていくことができるか。
6　話し合いについて指導し、自らすぐれた司会をしていけるか。
7　音読・朗読に心を潜め、自らすぐれた朗読ができるように修練を重ねているか。

国語科のすぐれた感銘深い授業は、多くの場合、前掲（1～7）の話法・話し方・聴き取り方に支えられている。

国語科授業の真の創造を目ざすには、ふだんから継続して積み上げていかなければならないことが三つある。

一つは、自らの〝国語科授業記録〟を心がけ工夫をしていくこと。

一つは、学習者（児童・生徒）一人ひとりに〝国語科授業記録〟を作成させ、それを役立たせること。

一つは、国語科授業の真の創造のため、〝努力目標〟を明確に設け、それへの到達を目指して、あらゆる努力を惜しまぬこと。忙しさを理由にして、その日暮らしにならないこと。


（平成5年3月4日稿）

14　学習指導案と授業構想力

一　ある学習指導案例

私は、昭和一七（一九四二）年六月一八日（木）、広島高等師範学校（現広島大学教育学部の前身）附属中学校での教育実習の最初の日、第二時限に、瀬群敦先生の示範授業を見せていただいた。教材は、『新制国語読本』（学習院教授、東条操編）巻一に収められている、詩二編（「海」千家元麿、「山」川路柳紅）で、対象は中学一年生であった。

この教育実習生への示範授業については、次のような学習指導案（当時は、教授案と称していた。）が用意され、教生に配付された。

第一学年南組国語科教授案

教授者　瀬　群　敦

日　時　昭和一七年六月一八日（木）　第二限

教　材　新制国語読本　巻一　一六　海と山

教材観　夏の自然は若い生命に呼びかけるものを持つてゐる。そして、それは海と山とに於て最も著しい。ここに掲げられた自由詩二編は力強い格調の中に、夏の海洋のひかりと山岳の高邁の気とをうたひ得てゐる。

発想から見れば一は描写であり一は思慕である。向暑、漸く惰気の萌さんとする候にあたつて、生徒の心をうちひらく教材と言へよう。

目　的　詩の格調にぴつたりと呼吸の合つた朗読を完成させたい。次に、日常生活に於て磨り減らされた自然へのおどろきの心を呼び覚まさせたい。

時間配当　一時間

教授過程

「海」

指名読（三回）　範読（一回）　斉読（一回）

深　究　季節・天候を明らかにし、次に表現面から直観された海の感じを整理。その感じによる表現の吟味。

整理読（一回）

「山」

指名読（三回）　範読（一回）　斉読（一回）

深　究　作者の「山への思慕の情」に眼を向けさせる。頭にひろげられる山岳図絵の展開に従つて表現の吟味をなす。

整理読

整　理

準　備　整理段階に使用する紙黒板一

二　今に生きる授業展開

前掲学習指導案（教授案）は、生徒の作文用原稿用紙（28字×23行）に、「孔子と顔回」の課の漢字練習をしたものの裏にプリントされていた。当時は太平洋戦争下のこととて、用紙を節約しなければならなかったのである。示範授業では、「海」と「山」の二つの詩を一時間（五〇分）で完全に扱われる、瀬群敦先生の英断と手際のよさに感服した。ほぼ教授過程に従って授業を進められたが、読みの段階で、「範読」は省かれたように思う。二つの詩いずれも、「深究」においては、それぞれ発問が的確であって、生徒たちは、次々に適切に答えておよそ滞るということがなかった。むだなものは一片も見られないご授業であった。

「山」の詩の「整理」の段階においては、山嶽のことを歌った短歌（山の歌）を、あらかじめ記しておいた紙黒板を掲げて、扱いをまとめられた。瀬群敦先生は、すぐれた歌人でもあられ、「詩」の取り扱いのおしまいに、「歌」を据えられたのであった。それは授業に余情（余韻）をかもすものとなった。

瀬群敦先生は、話しことば、書きことばの両面で、私の言語生活上の規範者であられた。私はこの示範授業に深い感銘を受けた。「教授案（学習指導案）」に記された、「教材観」にも、「目的」にも、簡潔で要をえたものが見られ、授業の運び方についても、一つひとつ目を開かれる思いがした。

冗長さのない、ひきしまった、それでいて伸びやかさのある授業であった。思えば、「授業」そのものが一編の詩のようであった。

瀬群敦先生のかつての示範授業「海と山」は、私にとって詩（韻文）の授業の典型ないし古典のようになっている。それは実地授業の拠るべき源泉であり、永遠の「示範」としてわが胸に生きている。

三　清新な授業構想力の発動を

授業を構想する、国語科授業構想力は、国語科授業を［目標─内容─方法─評価］という授業構造に即して組み立てていく力である。授業構想力が発動して、国語科学習指導案→国語科指導計画に結実する。授業者の持する授業仮説（到達目標をめざしつつ清新で堅固な授業を創造するため）によって、授業構想が具体化される。そこでは型にはまらない、マンネリ化には縁のない、独自の国語科授業がめざされる。学習指導案と授業構想は表裏一体ともみられ、たえず独特の工夫が求められる。

（平成6年5月2日稿）

付記　瀬群敦先生（昭和二〇年八月六日、被爆して逝去）の示範授業の記録は、『国語教育実習個体史』（野地潤家著、昭和56〈一九八一〉年9月20日、溪水社刊）（八～一一ぺ）に収録されている。

15　授業力の精練　――足元から――

毎月一回、土曜日の午後、有志が集まって国語科の授業報告を中心に話し合う、勉強会が開かれている。私も要請されて、ボランティアとして海峡を渡って参加している。毎回、十数人の参会者があり、実践事例の報告をめぐって熱心な質疑応答があり、意見も助言も活発に述べられる。

七月の例会では、今西祐行氏の「一つの花」（小学校四年生教材）の実践事例が報告された。報告者は、この勉強会に欠かさず出席している、熱心な青年教師で、物語教材を授業に取り上げるのに、なかなか納得のいく授業展開ができず悩んでいたころ（一昨年）、物語教材「一つの花」のすぐれた実践報告に接して、〝ひとり学び〟のさせかたについて具体的に目を開かれ、深い感銘とともに有効な示唆を受け、昨年（平成五年）、自分の担任学年（児童数二二人）に取り上げる機会を得て実地に取り扱い、それをまとめて今回報告したのであった。

報告者から事前に、私宛に当日の発表資料が届けられた。私は、物語教材「一つの花」の教材研究（明治図書発行『国語教材研究大事典』所収、井上一郎氏〈神戸大学〉稿）のコピーを参考資料として当日の会に持参した。

井上一郎氏によれば、児童文学者の今西祐行氏は、「一つの花」を昭和二七年に執筆し、翌昭和二八年一一月に「教育技術小二」誌に発表されたが、国語教材として採録されたのは、昭和四九年（日本書籍）であったという。

さらに井上一郎氏によれば、物語教材「一つの花」の実践事例は、全国誌・単行本で入手可能なものは二百編近いという。

物語教材「一つの花」について実践報告がなされ、およそ一時間、質疑応答、討議がなされ、おしまいに三七分、私から気づき、所見を申し述べた。各教科の授業実践研究会に臨んで、総括をかねて助言をする役割がいかに重く、かつどれほど緊張を覚えさせられるものかは、多くの方々が、体験されているとおりである。

報告された、授業者自身の求めておられるもの――授業者として授業力を伸ばしていくのに、また、授業者として精練を積み、熟達し自在さを得たいと望んでおられるのに、どこまで示唆をもたらす適切な助言をなし得るか。そのことがたえず問われている。参会者の関心の中心も、またそこに置かれている。

物語教材（→文学教材）の望ましい取り扱いをどう見出していくか。とりわけ、授業展開をどう計画し、一時間一時間の授業をどう運んでいくか、さらに一人ひとりの〝ひとり学び〟（報告された学級の場合は二三人）をどう導き、どう全体計画に織り込んでいくか。児童一人ひとりの発言に、あるいは書き込みに、授業者としてどう的確にかつ周到に対応していくか。授業力を教師自ら精練していく必要性と重要性を原理的にかつ具体的に述べながら、私は必死であった。（この場合、大学の教官も例外ではあり得ない）

（平成6年7月19日稿）

16　授業者としての自己確立

シンポジウム「新しい学力を育てる国語科教育の創造」（平成六年一〇月二一日〈金〉、第35回全国国語教育研究協議会神戸大会、神戸大学発達科学部附属住吉校体育館）を聴き終えて、夕刻、新神戸駅から「ひかり」に乗って、しばらくぶりに広島の自宅に帰ってみると、かねて発注していた本が長崎県大村市のK古書店から届けられていた。『中等作文辞典』（落合直文閲、森下松衛著、明治37年5月5日、明治書院刊）である。K書店から送られてきた古書目録に、この辞典名を見いだし、年来、手がけている中等作文教育史研究の資料として注文していたもので、売り切れにならず、入手することができたのはさいわいであった。

この『中等作文辞典』の〝例言〟には、「本書は、主として中等教育程度の学生をして、作文の際、文字を探り、章句を練るに資せしめんとの目的を以て、編纂したるものなり。」とあり、出版後二か月の間に四版を重ねている。

「学力」の語義としては、「学問の力」とだけあって、シンポジウムで白熱した学力論を聴き、深く考えさせられた身には、もとよりもの足りないが、しかし、一冊の『中等作文辞典』は、中等作文教育史研究に役立てていくことができる。そこには、深い喜びがある。

国語科を担当する授業者として自己確立を期することは、真に困難なことであるが、授業に関して、探究者として設計者として自己をきたえつづけることがたえず求められている。油断をし、歩みを鈍くしていると、忽ち取り残されてしまう。新奇さを追いかけるのではなく、授業者としての熟成を期するには、授業者自らが自らの授業への最もきびしい評価者でなくてはならない。第三者の批評を待つまでもなく、真の授業力をそこから生み出して、確固としたものにする営みが常に求められていることを銘記したい。

（平成6年10月21日稿）

17　学習者の自立へ　——自らをかえりみて——

一

いなかの小学校（四年生までは、分校で複式であった。）四年生の晩秋だった。両親はたんぼに出て稲刈りの仕事にいそしんでおり、私は家の中で八つちがいの妹を背に負うて子守をしていた。へやの中には既にもみをつめた俵が積み上げてあった。

もう日暮れがたであった。子守をしながら、立ったままの姿勢で復習をしていた。私の胸奥に、もっと本気になって勉強に励まなければという気持ちが湧き上ってきた。ほんとうに勉強（学習）しようと思い立った。——それを機として、勉強をしようという決意のもとに私は生まれかわった。

それまでも、別に意識して怠けていたというのではなかったが、ほんとうに勉強をと思い立ったのは、秋も深まっていた、生家のおもての間でのたそがれの一時であった。それからは勉強についてのスランプ・中だるみはほとんど来なかったように思う。一筋の道だった。

四年生の二学期も半ばを過ぎた、あの時期に、もしわが心が固まらなかったら、その後の自分はどうなっていただろうと思うと、名状しがたい感慨に傾いてしまう。小学校四年生の秋深く、ひとりの少年に訪れた学習への決意、それは今に生きつづけている。

二

私は四国の山村に生まれ育って、地元の尋常小学校に通った。昭和初期のことである。四年までは分教場で複式学級に学び、高学年、五年生になると、本校に移った。本校へはかなりの道のりを通い、卒業時には六ヵ年精勤賞を受けた。六年間を通して三日以内の欠席だったはずだ。この精勤賞は、私よりも私の母が受けとるべきものであった。

私の生まれたのは、山ふところの小さい集落だった。高学年になると、自分ひとりだけの単独の自宅学習のみではもの足らず、近隣の子どもたちに呼びかけ、勉強（学習）会を持つようになった。近所の武田家の繁喜君という級友のうちの物置の二階を借りて、石油ランプを灯したり、ろうそくを灯したりして、数名の者が勉強会をつづけた。

勉強会は、文字どおり、どんぐりの集まりだったが、その自主的な集まりのなんと伸びやかで楽しかったことか。学習効率はどれほども上らなかったにせよ、勉強会に臨む一人ひとりの胸底はあたたかかった。

まことに素朴な学習集団だった。血のかよいあう、気心の知れた集まりだった。吹き入ってくる風に灯が揺らぎ、その揺らぐ灯に横顔を浮かび上らせる子どもたち。歳月を経て、学習（＝教育）のことそれ自体を自らの研究課題の一つとするようになろうとは、少しも思わない時を無心に過ごした。

かつての素朴そのもののわが学習集団に郷愁の情を覚えつつ、集団を育てる力は何であろうかと思う。それにつけて、学び合っていくことの意義の深さを思わずにはいられない。しかし、集団の荒廃はその育成のむずかしさに比べ、思いのほかに早く来てしまう。

三

子どもたちが自らの学習営為を軌道に乗せていくのには、自立していくのには、子どもたちの学習への意欲・態度・方法・努力がしっかりした水準に達していなければならない。学習活動が軌道に乗るか、乗らないか。子どもたちの学習の成果・効率は、そのことに左右されがちである。

ひとたび学習軌道をはずれてしまうと、中途からの軌道修正はむずかしくなる。加速度もつかず、うっかりすると失速してしまう。子どもたち一人ひとりの学習軌道を、どう見い出していくか。また、学習集団としての軌道を、どう見とおしていくか。学習者自立論の中心課題は、学習軌道の問題に発し、またそこに帰着していく。

私は、昭和戦前期、旧制中学校での英語の学習で、その軌道を見失ったひとりである。意識して怠けたというのではないのに、軌道に乗ったという実感・手ごたえもないまま、過ぎてしまった。広島高等師範学校に入学してから、第二外国語として初めて学ぶ中国語の習得には、失敗を繰り返さぬよう、心して臨んだ。振り返って、二つの外国語（英語・中国語）の学び方を比べてみると、意欲・態度・方法・努力の面で、やはり格段のちがいのあったことに気づく。中国語の勉強も、むろん完璧を期することはできなかった。それでも、その学習軌道は見い出せた。

軌道に乗った学習は、意欲・熱意の加速度がつき、学習の核心へとみるみるうちに迫っていく。学習上の自信とゆとりと創意工夫は、学習軌道の発見とそこからの精励によるところが大きい。

（平成7年10月31日稿）

18　学習者のことばの行為への対応
――その工夫と精練と――

一

当時、小学校（私が校長を務めていた広島大学教育学部附属校）六年生のH（女児）は、校内での通りすがりにも、実に生き生きと輝くような表情で会釈をした。朝礼で、校長からファンタジー物語の紹介を受けると、たちまちその物語を自ら探し出して、読み通し、ごく自然に過ごしているような子どもであった。学習する態度も、意欲もすばらしい。このH児の完璧とも思える会釈に対して、私自身きちんと会釈を返していたかというと、そうはいえない。微笑をもって、H児の会釈（えまい）にこたえつつ、こちらからも会釈を返そうとするものの、もう一つ腹の底から晴れやかなものにならない。自ら納得のいく会釈にならなかった。

私の場合、このことは、ひとりH児に対する場合だけでなかった。子どもたち（生徒たち）のことばの行為（表現・理解）に対して、本気で真剣に対応しているかを自らに問うと、たえず不十分で不徹底な面を残していた。心底から子どもたち（生徒たち）への話しかけ・語りかけ・会釈ができていたか。時処位に応じて営まれる、ことばの行為に対応していく心がまえと修練がなされていたか。自らふり返ってみれば、指導者（授業者）として、十分な対応はできていなかった。

子どもたち（生徒たち）のことばの行為（実態）に即して、指導者として真剣に対応することに努め、教室における国語科学習の形骸化・観念化から脱皮しようとすれば、そこには国語学習の実の場が見い出されるはずである。

学習者のことばの行為への指導者の対応のし方に、子どもたち（生徒たち）がことばの使い方に関する、呼吸・方法・態度・品位そのものを見い出していくこともできよう。

二

蒲池美鶴ちゃんは、小学校六年間、日記をつづけ、折に触れて作文を書き、それらは八〇〇編にものぼった。六年間の作文・日記から約七七編を選んで編まれた文集『わたしは小学生』（初版、昭和39年9月、くろしお出版刊、新版、昭和53年6月、青葉図書刊）には、この文集を編まれた、美鶴ちゃんの父親蒲池文雄氏（当時、愛媛大学教授、近代文学専攻）が、「あとがき」に代えて書かれた文章の中で、美鶴ちゃんが小学校六年間に指導していただいた三人の先生方について、左のように述べられておられる。

「娘は、学力のある先生方に教えていただきましたが、それとともにありがたく思うのは、先生方から、娘が、人間としての生き方を学ばせていただいたことです。すなわち、娘が最初にお世話になった古代《こしろ》（現姓、光田）恭子先生からは、やさしい心づかいの中に秘められた、まっすぐなものの考え方を、附属小学校（愛媛大）に転校してすぐにお世話になった西岡豊先生からは、いつも、なぜ、と問いを発して事物の本質に迫るものの考え方と、綿密でゆきとどいた物事の処理の仕方を、また、最後の米田恵先生からは、てらわず、媚びず、おそれず、まっすぐにわが道をゆく人間、絶えず努めてうまない人間の尊さを教えられました。そして、先生方が、お忙しい中で、こどもの作文帖に赤ペンを走らせて下さったことが、こどもの思考力、文章表現力をのばすとともに、こどもにとって、どんなに大きい励ましになったかは、申すまでもありません。」（同上『文集』、二四八ぺ）

　ここでは、父親蒲池文雄教授によって、先生方からわが子が人間としての生き方をどう学んだかが鋭く述べられている。ことばの行為と人間形成とのかかわりをたえず求めつつ、指導者（授業者）として、学習者（児童・生徒）のことばの行為にどう対応していくべきかが問われているのである。そこに「生きる力」を育てる国語実践の重い課題が見い出される。

（平成9年5月13日稿）

19　授業・授業者を真に支えるもの
――研修・研究による実践的指導の精練を――

一　あるドキュメント番組から　――真の研修とは――

ＮＨＫテレビ番組「ドキュメント『いやなら辞めてもええんやで』新入社員研修一カ月」を、去る五月九日(金)夜、(私はちょうど東京で開かれた会議に出席し、当日一九時過ぎ帰宅したところだったが)、視聴した。お笑い総合商社に今年入社した二〇名の社員を対象に、一か月間、どういう研修が行われたかが取り上げられていた。新入社員二〇名は、百倍もの難関を越えて採用されたという。私は、番組を通して、ときに笑いを誘われるようなこともあろうかと思って画面を見ていたが、そういう性格のものではなかった。

新入社員は、総合商社のお笑いタレントの一流マネージャー、あるいは一流プロデューサーになることを期待されている人たちであった。新入社員二〇名の研修を担当するのは、五〇歳代の常務取締役をはじめ、実績を上げている幹部クラスの人たちで、役割分担がなされていた。どの研修担当者(指導講師)も、二〇名の新入社員に、率直に熱心に語りかけ、一人ひとりの新入社員にとって、今後の指針となり、励ましになるようなことが述べられた。

ある講師からは、「笑い」というものが本当に好きでなければ、ここでは仕事ができない、とはっきり言われた。どういう苦労も苦労でなく、楽しみ・喜びになっていく源泉は、この新入社員たちには、「笑い」を本当に大事にし、それを一人ひとり、自分のものとしていくことにある。お笑いタレントを育て、縦横に活躍してもらうようにするためには、マネージャーとして、プロデューサーとして、何をどうしなければならないか、を専門職として会得していかなければならない。

「笑い」が本当に好きでなければ、この道、この世界で仕事ができない、生きてはいけない、と語りかけられる場面に接して、私は「笑い」を「教えること」「学ぶこと」「授業」に置き換えながら、胸にこみ上げてくるものがあった。このドキュメント番組「いやなら辞めてもええんやで」を視聴しながら、私は涙があふれてくるのを止めることができなかった。

私は新任教職者への「初任者研修」のことを振り返らずにいられなかった。「初任者研修」は、真剣に行われ、新任教職者に真に自信を抱かせるものとなっているか。生涯を通して、自らの進む道を見いだし、その歩みを本格的なものにしていくよう導き、成果を上げ得ているか。

このドキュメント番組は、五月一八日（日）にも、午前一一時五分から再放送された。再びこの番組を視聴しながら、新任教職者への「初任者研修」を、さらにいっそう充実させなければならないと思わずにはいられなかった。

二　授業・授業者を真に支えるもの

私自身のことになるのをお許しいただきたい。かつて、私は、広島大学教育学部に三六年間勤め、停年によって退官するとき、卒業生が在学中、私から受けた指導を取り上げて述べた二二二名の文章を収録した、文集『野地潤家先生に学びて』（昭和59〈一九八四〉年8月、退官記念事業会刊）を刊行してもらった。

昭和三〇（一九五五）年三月、卒業したS君には、前掲の文集に、「おくのほそ道」と題して、左のような文章を寄せてもらった。

「先生との最初の邂逅は、三十数年前にさかのぼる。高校生（広大附高）の時、わずか一年間だが、『おくのほそ道』を教えていただいた。まだ戦後間もない荒廃と虚脱の中で、先生の、みずみずしく、さわやかなお姿と、静かな、澄んだ涼しいお声とは、今も鮮やかに脳裏に刻み付けられている。

『月日は百代の過客にして、行きかふ年も又旅人なり。』と、淡々と読み進んでいかれる先生のお声に、うっとりと耳を傾けているうちに、すばらしい音楽のように、『おくのほそ道』が心にしみており、いつしか自分のものになっていたような気がする。当時、ひどい落ちこぼれで、学習意欲をほとんど失い、暗い毎日を送っていた私だが、先生の授業だけは不思議に楽しみで、待ち遠しいぐらいであった。

古典や、芭蕉や、俳句への目を開いていただき、学ぶ喜びを与えていただき、ひいては国語教師の道に志す機縁にもなって下さった野地先生の『おくのほそ道』は、今もなお、一度ぜひ、芭蕉行脚の跡を辿って片雲漂泊の旅に出てみたい憧れとなって、私の中に、懐かしく生き続けて下さっている。

その後、私は一浪の後、広大に入学したが、怠惰で不勉強な四年間で、したがって野地先生も少しけむたくて、あまり近づかなかった。」

昭和二三（一九四八）年四月、母校広島高等師範学校へ帰った私は、翌昭和二四年、附属高校（新制）へ国語科の授業の手伝いに行き、S君（当時はまだ、男子生徒のみ）のクラスで、「おくのほそ道」を教材として授業をした。S君がかつての私の「ほそ道」の授業を心に留めてくれていることに対し、真摯な学び手としてのS君に授業者として感謝の念を覚えずにはいられない。

――当時、私は、「おくのほそ道」の全文暗誦をしていた。学生時代から繰り返し読み、それを重ねていくうち、あるとき、気がついてみると、「ほそ道」の全文がすらすらと暗誦できるようになっていたのだった。それは芭蕉の文章が推敲に推敲を重ね、完成されていたことを証するものであった。

すべて授業を支え、授業者を支えるものが、授業と授業者のバックボーンを形づくっていくとき、初めて授業は本格的なものになり、学習活動を真に充実させる。授業を支えるものをどのように見いだし、それをどのように伸ばし、確かなものにしていくか。いつもこのことを銘記し、地道に取り組んでいくようにしたい。

（平成9年5月19日稿）

20　国語学習活動の成立と展開
――〝言語活動例〟を軸として――

新国語科の強調点をどう理解するか、この問い（課題）について、考えをめぐらしていると、教育課程審議会の「答申」の一節が思い浮かんでくる。それは左のような論述である。

「まず、学校は子どもたちにとって伸び伸びと過ごせる楽しい場でなければならない。子どもたちが自分の興味・関心のあることにじっくり取り組めるゆとりがなければならない。また、分かりやすい授業が展開され、分からないことが自然に分からないと言え、学習につまずいたり、試行錯誤したりすることが当然のこととして受け入れられる学校でなければならない。さらに、そのためには、その基盤として、子どもたちの好ましい人間関係や子どもたちと教師との信頼関係が確立し、学級の雰囲気も温かく、子どもたちが安心して、自分の力を発揮できるような場でなければならない。

このような教育環境の中で、教科の授業だけでなく、学校でのすべての生活を通して、子どもたちが友達や教師と共に学び合い活動する中で、自分がかけがえのない一人の人間として大切にされ、頼りにされていることを実感でき、存在感と自己表現の喜びを味わうことができることが大切であると考える。

また、子どもたちの学校生活は、登校してから下校するまでの様々な活動で成り立っている。各教科等の授業を中心に、例えば、始業前の時間、休み時間、また、授業終了後の放課後に、友達同士の自由な遊びがあり、部活動があり、また、読書など一人一人思い思いの過ごし方をする時間がある。こうした子どもたちの主体的な活動は、子どもたちの成長にとって極めて大きな意義をもっている。各学校は子どもたちが伸び伸びとこうした活動で過ごせるよう様々な工夫を凝らしてほしい。」（「教育課程の基準の改善について」、教育課程審議会、平成10年7月29日、「答申」、二～三ぺ）

ここには、これからの学校教育（生活）の望ましい在りかたが的確に述べられている。

新国語科は、当然のことながら、右に述べられたような望ましい学校教育（生活）の中で、基礎教科としての使命と役割と責任を担っていかなければならない。

また、新国語科として、新しい世紀に向けて、国語科が出発するに当たっては、国語科授業担当者として、基礎教科としての国語科についての認識を確固としたものにしておかなければならない。

その一つは、国語（言語）の習得が人間形成の中核をなしていることである。国語の習得によって思考力が深まり、心情が豊かになり、コミュニケーションが可能となる。母国語の習得によって、民族としての、あるいは国民としての社会生活の営為が組織される。

その二つは、国語（言語）の習得が、基礎学力の中核をなしていることである。表現力・理解力の習得と伸長とによって、それぞれの教科の学習を可能にし、あるいは助長していく。学習の基本を形づくるものとして、国語（言語）の果たす役割は大きい。

その三つは、国語（言語）の習得によって、文学・科学・文化の形成と創造とを可能にしていくことである。広く言語文化と呼ばれているものの創造はもとより、他の諸科学領域においても、国語（言語）の果たす役割は大きい。

このように国語科が人間形成の中核をなし、基礎学力の中枢をなし、さらに文学・科学・文化の形成・創造に資することを思えば、国語科の領域（話すこと・聞くこと、書くこと、読むこと）を中心に授業を準備し、構想し、展開するに先立って、国語科そのものへの認識を深めるようにしなければならない。

新国語科では、小学校も中学校も、「学習指導要領」に、「話すこと・聞くこと」、「書くこと」、「読むこと」いずれにも、指導事項に即して、「言語活動例」が求められている。

学級全体に、あるいはグループに、さらに各学習者に、どういう〝言語活動例〟を用意し、工夫していくのか。そこで、各授業者（指導者）は、どういう事前準備をし、事中指導をし、事後指導をしていくのか。

望ましい「言語活動例」は、国語教材の産出・収集・選択と深くかかわり、学習者の人間形成に深くかかわっていく。どういう言語活動を創出し、機能させるか。新国語科にかかわる大事な課題として受けとめていくようにしたい。

（平成11年1月14日稿）

21　実践・研究者としての境涯を大切に

国語教師が学習者（児童・生徒）に言語生活者・表現探究者として身をもって示しうる〝規範〟を大切にしたい。その〝規範〟は、内部から醸されたものでなければ機能しないであろう。みずからの内部に、どれだけ集積されているか、集積への努力がどのように積まれているか。国語教師として、どんなにつらくても、このように問いかけ、実践・研究者としての境涯を確かで豊かなものにしていくように努めたい。

学習者（児童・生徒）一人ひとりをほんとうに見つめて、国語科授業を構想し、独自の発見・工夫を織り込んで授業を構築し展開しうる力量の習得と向上をめざしたい。そういう境涯を求めるひとは、実践・研究者として強い。空疎でない。ものまねをせず、自らの授業（実践）のありのままを語ることができ、ことばを飾らないですむ。実践・研究者としての境涯を大切にして、それを豊かなものにしていく喜びを得るようにしていきたい。

実践・研究者として求め、高めていくべき国語科授業力は、授業構想力、（教師の）話述力、国語教材把握（透視）力、国語学力把握力、国語学習深化力を内包するものとして、それぞれの力量の精練をめざし、その体得に心を潜め、全力を注ぐようにしたい。

すぐれたスポーツ選手、研究者をはじめ、各界で活躍し、卓越した実績を挙げた方たちがそれぞれの専門分野で、どのように力量を高められたのか。私は年来その態度・方法・工夫について深い関心を持ちつづけた。国語教師としての力量を高めていくのに、自己省察・自己評価だけでは十分でない。隣接領域はもちろん、学際領域でも、活躍している方々の独創的行為と成果から、啓発を受けつつ、学びとりたいと願いつづけてきた、一時間、一時間、自らの授業に必ず独自の工夫を織りこもうと自分に言いきかせながら。

（平成11年12月22日稿）

Ⅲ　国語科授業研究の集積と課題

1　国語科授業研究の総括と研究課題　その一

一

昭和五一（一九七六）年五月、青木幹勇氏の著作集『青木幹勇授業技術集成』全五巻のうち、三巻[1]『問題をもちながら読む』・[2]『書きながら読む』・[3]『考えながら読む』が明治図書から刊行された。つづいて、八月には、残りの二巻[4]『話しことば・作文』・[5]『発問・板書・展開』が刊行された。戦前・戦後、昭和期の初等国語教育界にあって、卓越した国語科教育実践者として、ひたむきに歩まれた、青木幹勇氏の満四〇年にも及ぶ実績の集成・総括として、この『授業技術集成』全五巻は、正しく偉業というべきであり、国語科教育の実践者・研究者から注目され、高く評価された。

戦後の初等国語教育界にあって、求められ、試され、考えぬかれ、きたえぬかれた、国語授業の軌跡と成果とが、青木幹勇氏の手によって、全五巻にまとめられた、その意義は、国語科授業研究史上、まことに大きく深い。外来理論の借用でもなければ、移入でもなく、模倣でもない、わが国語科教育の実践そのものを生みだし、それを実践に即してまとめられた功績は大であって、日々みずからの国語科授業を求めて、探索し、燃焼している人々に与える示唆と啓発とは、はかりしれないほどである。

戦後わが国の国語科教育が六・三・三制の学校教育の新しい発足と共に歩みを始めてから、すでに三〇年を経過した。その三〇年間の国語科授業探究の集大成がなされたことは、やはり画期的な壮挙といってよい。

いま、『青木幹勇授業技術集成』第五巻『発問・板書・展開』の構成を見ると、つぎのとおりである。

第一部　国語科授業論　㈠

Ⅰこれからの国語の授業／Ⅱ初心者のための国語科の研究授業／Ⅲこれからの研究授業――わたしの研究授業観／Ⅳ公開授業論／Ⅴわたしの小さな授業論／Ⅵ国語の授業の組織化／Ⅶ国語の授業と教材／Ⅷ教材の解釈を深くするには／Ⅸ研究授業指導案の作り方／Ⅹこんな指導案をすすめる

第二部　国語科授業論　㈡

Ⅰなぜ平板な授業になるか／Ⅱ子どもの情緒と国語の授業／Ⅲ授業を記録する／Ⅳ子どもが笑った授業――読みの深さについて／Ⅴ授業のきびしさと楽しさ／Ⅵ研究授業と教師の成長／Ⅶ授業者と学習者とがともに育つ授業――わたしの国語科授業観

第三部　指導技術

Ⅰ発問の技術／Ⅱ学習指導／Ⅲ板書のしかた八か条／Ⅳ指導と評価

これら一つひとつの論考に、青木幹勇氏のさまざまな授業経験が織りこまれており、授業についての知恵と工夫とがちりばめられている。国語科授業の組織・構築に関し、新しく教えられること、考えさせられることが多く、国語科授業への意欲を高められることばかりである。

青木幹勇氏は、その論考「授業者と学習者とがともに育つ授業――わたしの国語科授業観」の中で、つぎのように述べておられる。

「国語科の授業は、子どもを育てるいとなみです。子どもを育てるためには、教師自身が、子どもとともに育っているということが、絶対の条件だと思います。授業の中で、子どもと教師が育ち合う、これがわたしの国語科授業観の軸になる考えです。

授業を通し、授業の中で育とうとする教師の意欲と自覚とがない教師の前には、わたしの考える授業はないと思うのです。」(同上書、一五六ぺ)

「わたしはかねがね、国語の授業を何とか楽しいものにしたいと考えてきました。

これが、わたしのねらう、いい授業の基本線だといってもいいでしょう。もちろん、その楽しさは、学ぶことの楽しさです。聞くこと、話すこと、読むこと、書くことの中に、楽しさがあるという授業です。

わたしたち、年輩の教師のもつ学習観の中には、まだ、勉強はつらいもの、がまんをし、しんぼう強くがんばらなければならないものだというような意識が、かなり強くはたらいているように思います。

学習や授業の中には、確かに右のような、きびしさの一面があると思います。わたしもいちがいに、それを否定しようとは思いません。

しかし、わたしは長年の経験の中で、学習者を叱咤激励しながらすすめていく授業のつまらなさを、さんざんに味わってきました。

といっても、学ぶことの楽しさを開いていくような授業は、わたしの手にはなかなかはいりませんでした。ともすると、叱咤激励型の授業にあともどりして、ほんとうの授業の手ごたえはこれだ、この授業でなければ、指導の効果はあがらないのだと考えのぐらつくこともしばしばでした。

快心の授業というのは、まだまだなかなかできませんが、わたしにも、学ぶことの楽しさを実感させるような授業がぽつぽつできだしました。たとえ授業者が前面に立って、学習者を引き回すような授業であっても、学習そのものは積極的です。学習が楽しい、授業がおもしろいとなれば、学ぶことへの意欲が高まってきます。そこから、自主的・自発的な学習も展開してくるのです。

授業をおもしろくするためには、指導技術のくふう、教材の研究、資料の準備などへの配慮も必要ですが、授業のおもしろさは、資料のあれこれや、指導のテクニックではありません。

いま、学習の対象となっている文章をどう読むか、それが正しく読めた、豊かに読めた、さらにその上に授業者によって、あるいは共同の学習によって未知の世界を開くことができた、というような学習の本質に即した楽しさでなければならないと思います。」（同上書、一六〇～一六一ぺ）

「授業能力には、級位も、番付もありません。客観的な授業力評価はできにくいものですから、そこに、どっかと腰をすえて、十年一日の授業をしていたり、あるいは、かなりやれるとうぬぼれて、過大評価の錯覚に陥っていることなどがよくあると思います。いつでも、どこでも、どんな教材でもという、コンスタントな授業能力を持ち続けるには、よほどの努力がいるのではないかと思います。

授業はやはり生涯をかける仕事だと思います。」（同上書、一六三ぺ）

右の論考そのものは、昭和四九（一九七四）年七月に「教育科学国語教育」誌（明治図書）に発表されたものであるが、その国語科授業観はすこしも色あせてはいない。

青木幹勇氏は、「授業の中で、子どもと講師が育ち合う」ことを求められる。「授業を通し、授業の中で育とうとする教師の意欲と自覚とが授業の原動力だ」と考えられる。「師弟共流」という国語科授業観は、芦田恵之助氏によって、すでに大正末期にうち立てられているが、青木幹勇氏の「授業者と学習者とがともに育つ授業」を求められる考え方は、芦田恵之助氏の国語科授業観につながり、それを発展させようとしたものである。

青木幹勇氏は、また、国語科授業を楽しいものにしたいと努められた。氏は、「快心の授業というのは、まだまだなかなかできませんが、わたしにも、学ぶことの楽しさを実感させるような授業がぽつぽつできだしました。」（同上書、一六一ペ）と述懐された。それは青木幹勇氏にとって、快心の述懐にちがいない。

「授業者と学習者とがともに育つ、国語科授業のありかた」、さらには、「楽しさを実感させうる、本格的な国語科授業のありかた」これらは、今後さらに求めつづけていかなければならぬ、国語科授業研究の根本的課題である。

なお、青木幹勇氏の授業理論については、広瀬節夫氏に、「国語科授業実践理論の研究――青木幹勇氏の読解指導を中心として――」（「広島大学大学院教育学研究科博士課程論文集」第二巻、昭和51年9月刊）と題する論考がある。

二

昭和五一（一九七六）年六月、私は小著『国語科授業論』（共文社刊）をまとめて世に送ることができた。

本書は年来発表し報告してきたものの集成であるが、全体は、Ⅰ国語科授業への基底と志向、Ⅱ国語科授業過程の考究、Ⅲ国語科授業の精練と創成の三部から成っており、ⅠⅡⅢ計二九編の論考が収められている。

国語科授業基底論・国語科授業過程論・国語科授業精練論・国語科授業創成論――これらは、それぞれ国語科授業研究のだいじな領域をなしている。これらの領域にかかわる考察・論考二九編をもって、『国語科授業論』を構築しえたよろこびは大きい。未熟な点は多いが、国語科授業に関して、基底論・過程論・精練論・創成論を、今後とも展開させ、その充実を期したい。

本書において、私は、つぎのように述べている。

「国語科教育のもっとも重要な課題として、国語愛・人間愛に根ざし、国語そのものをだいじにし、人間そのもの（学習者たち）をだいじにしていく国語科授業の創造をとりあげた。

その問題をさらに考えていくなら、授業者としては、ひとりひとりの学習者の国語学習（聞くこと・話すこと・読むこと・書くこと）に即して、学習者の真の国語学力、真の言語生活を観察し把握して、ひとりひとりの国語学習へのエネルギーを発見し、さらにはげましていくことである。学習者のもっている真の国語学力、とくにそのたくましいエネルギーを見いだして、それを単元ごと（あるいは教材ごと）の授業に結晶させ、結実させていくことがねがわしい。国語教材の研究が熱心になされるわりには、国語学習者の研究がまだおろそかにされているのである。」（同上書、一五ぺ）

国語科授業研究における核心の課題は、ここに見いだされよう。国語科授業における、学習者研究・学習法研究は、さらに精細なしっかりしたものにしていかなければならない。

三

昭和五一（一九七六）年八月、前野昭人氏（徳島大学教育学部附属中学校教諭）著『授業でどう考えさせたか』（明治図書刊）が国語科授業選書第四巻として刊行された。本書は中学校国語科教育における文芸の授業のありかたを探究した、注目すべき授業研究記録である。文芸研理論に拠りつつ、中学生に文芸教材の虚構性・表象性・典型性を、どのように読みとらせ、考え深めさせるかを中心課題とした、意欲的な授業事例が数多く収録されている。

著者前野昭人氏は、満二〇年に及ぶ国語科教育実践歴を重ねられ、小説・詩・短歌・俳句・古典・民話劇など、文芸教材を各形態にわたってゆたかにとり上げ、作品（教材）の文芸的特質を見きわめつつ、適切周到な教材分析、学習課題、発問（とりわけ真剣に考えさせる思考発問）を用意し、のびのびとした文芸授業を展開された。

「たしかめよみ」・「まとめよみ」・「つづけよみ」・「くらべよみ」――文芸教材への学習者の読み味わい考え深めることの訓練がなされ、その要所・要点が事例として報告されている。本書は西郷竹彦氏を指導者とする文芸研理論をふまえた、中学校国語科の文芸の授業研究として、新しい分野をきりひらいたものとして、高く評価される。

なお、こうした文芸の授業の全面記録をどう記述し、分析し、考察していくべきか、さらに検討が望まれる。

これより先、昭和五一（一九七六）年四月、阿部真人氏（前広島大学教育学部東雲分校教官、現新居浜高等工業専門学校講師）著『古典教材の学習指導』（文化評論出版）が刊行された。前掲前野昭人氏著『授業でどう考えさせたか』にも、「平家物語」の教材化とその授業に、新しい試みが導入されていたが、阿部真人氏の本書には、中学校国語科における古典教材の学習指導が正面からとり上げられ、「万葉集」・「平家物語」・「徒然草」の授業事例とその丹念な考察が収められている。

本書には、諸家の古典教育論の考察のほか、古典の学習指導上の問題点や方法がとり上げられ、古典学習にみられる授業像の考究も収められ、中学校国語科授業研究に、重厚で手がたい成果がもたらされている。阿部真人氏もまた、前野昭人氏同様、中学校国語科教育の実践・研究に満二〇年に及ぶ経験を重ねている、篤学の士である。こうして、戦後発足した新制中学校における国語科授業研究が、つぎつぎに大きくゆたかな結実をとげていくのは、まことに意義深い。

このように、中学校国語科授業研究として、単行本にりっぱにまとめられたもののほか、全国各地の中学校において、すぐれた国語科授業の実践・研究がなされているのを忘れることはできない。

四

昭和五一（一九七六）年一〇月二二日（金）、大村はま先生（東京都大田区石川台中学校）の国語科実践研究発表会が開かれた。授業三つ、「古典への門」（「枕草子」をよむ）（二年A組）、「各国に生きる現代の子どもたちの姿」（二年E組）、「私たちの作ったことばあそび」（二年C組）が公開された。

これら三つの授業を通して、大村はま先生が提案されたのは、つぎのとおりである。

授業一　「古典への門」（「枕草子」をよむ）　二年A組

①　なぜ古典を学ぶのか、自覚させるくふう。
②　古典入門のための適切な古典と、その古典の扱いのありかた。
③　古典の文章をそのまま、みんなのものにするくふう。
④　中学生に与えるための古典のテキストのくふう。
⑤　古典の扱いのくふう。
⑥　日本語をみつめさせるくふう。
⑦　ことばの移り変わりに気づかせ、ことばの年輪を感じさせるくふう。

授業二　「各国に生きる現代の子どもたちの姿」　二年E組

⑧　力づよいよみ手をつくるための、きくこと・話すことは、どうあったらいいか。／よんでわかったこと、考えたことを発表しあうことで一区切り終わるのでなく、次のよみに意欲的に進んでいくような、よみの活動としての聞くこと、話すことは、どうあったらよいか。／よみの結着としての話すこと、きくことでなく、さら

に単なる発展でもない、連続して伸びていくよみであるような、話すこと、きくことはどうあったらよいか。／よんだ結果の発表しあいでなく、よむ―話す―よむ―話す―よむ―かく―よむ―話しあいというように、結着なく、問題が問題を生み、そのたびに本に、「よむ」に行くような、本を使って生きる読書人を育てるくふう。

⑨　この本にはこういう問題が出ている、ということにとどまらず、ああいう問題が出ているから、この本をよもうというような方向に向けていくくふう。

⑩　生徒のよみを正したり、ほめたり、説明したり、批判したりするのでなく、いっしょによみつつ、ともに過程をたどる、一日の長の位置で、ともに歩むというようなよみの指導のくふう。

⑪　この作品には、どういう人間のすがたが出ているかというような、考えていいことではあるが、おとな用、専門家用のといかけでなく、そこへ、ついにはつながる、少年用の問いかけをして、本に対して気がるな人にしていくくふう。／わかってもことばで表現しにくい、「どういう気持ちがあらわれているか」というような問いかけでなく、気持ちを考えさせることになる問いかけのくふう。

授業三　「私たちの作ったことばあそび」　二年C組

⑫　教室に、積極的で明るい、主体的なあそびの雰囲気をつくるくふう。

⑬　優も劣も気にならない、優劣のかなたの世界につれていくくふう。

⑭　明快な、いきいきしたはぎれのよい話し方を育てるくふう。たのしい気分を作る話し方を育てるくふう。

⑮　くふうし、つくり出そうとする熱意、意欲をもたせるくふう。

⑯　話すことでも書くことでも、人にわからせようとむきにならせるくふう。

⑰　ことばあそびにし組んで効果のあがる学習のくふう。

⑱　本気になっても、指導者のほうが負けることのあるような学習のくふう。
（以上、大村はま先生稿「国語科実践研究発表会――あらましと提案――」から）

三つの実地授業を通して、計一八にのぼる国語授業への提案がなされているのである。これらの提案は、ほとんど、国語科授業のありかたを求めての、くふうとなっている。「くふう」こそ、国語科授業をマンネリ化・形骸化から救う知恵である。

大村はま先生が中学校二年生の生徒たちを対象に構想し展開させ、結実せしめられる、国語科単元学習は、国語科授業の新しい地平をひらくものといってよい。大村はま先生のばあい、これらの「提案」は、すなわち、国語科授業研究の課題である。

大村はま先生が第一回（昭和四七年）から第五回（昭和五一年）までの国語科実践研究発表会で提案されたのは、合計一六二頁にものぼっている。そのすべてが国語科授業を通してなされており、その一つひとつが国語科授業のありかたに示唆するところ大であった。

昭和五一（一九七六）年四月二日（金）、大村はま先生の授業を中心にしたドキュメンタリー番組「教える」がNHK総合テレビで放送された（再放送は、八月七日〈土〉であった）。この番組「教える」に対する視聴者からの反響は大きかった。この番組の企画と制作は、授業研究史の面から見ても、画期的な試みであった。

前掲提案⑧⑨⑩⑪には、既成の国語科授業の型ないし方法では、律しきれない問題が登場している。国語科授業過程の柔構造を志向し、その成立と展開をはかろうとするには、どうすればよいか。大村はま先生の国語科授業のありかたへの提案は、つねに新しく独創性にかかわるものとしてなされている。

五

昭和五一（一九七六）年三月、「研究紀要」第二一号（広島大学教育学部附属高等学校刊）に、足立悦男教諭の実践報告「現代詩の授業」が収録されている。高校二年生を対象に、現代詩の多様な世界にふれ、そのイメージの分析を試みることを目標として、六時間扱いで行われた高校国語科現代詩授業の報告である。ここには、現代詩の授業事例のほか、高校生の「現代詩」論・「現代詩」観も紹介され、それらについての分析・考察もなされている。

足立悦男教諭は、高校生に対する現代詩授業に意欲的にとり組み、つぎつぎに実践報告をまとめている。一連の現代詩授業の実践報告は、高校国語科授業における詩教育のありかたを開拓した、経過ならびに考察から成り、改めて高校国語科教育の可能性を考えさせられる。

昭和五一（一九七六）年四月から、高等学校の教育実践充実に関する研究を、とくに国語科・数学科・英語科を中心に推進してきた広島県教育委員会事務局は、去る五二年三月、第一年次報告をまとめた。

国語科の実践研究は、広島県立安古市高校・高宮分校（広島県立吉田高校分校）の国語科担当者によって進められた。この研究グループでは、つぎの三つを中心課題として設け、それぞれ実地の授業を通して、その解決をはかろうとした。

(1)　学習意欲を高める学習指導内容と指導方法（主体的な学習のしかたを身につけさせる）

(2)　生徒の多様な実態に即応できる学習指導内容と指導方法（すべての生徒に基礎的な学力を身につけさせると共に、意欲と余力とをもつ生徒は、その基礎の上に立って自由に学力をのばさせる）

(3)　学習目標の達成度を学力の形成過程として生徒に自覚させる評価の方法（定期試験など総合的評価との相関性）

安古市高校・高宮分校の国語科で授業を通してまとめられた事例・報告はつぎのようであった。

1　主体的課題学習指導の構造――新古今和歌集の場合――（安古市高校　山碕雄一）
2　「平家物語」の教材化――「一の谷の合戦の場」をとりあげて――（安古市高校　世羅博昭）
3　「古文」におけるテーマ学習の試み――学習意欲を喚起するために――（安古市高校　中谷雅彦）
4　「平家物語」の学習指導――「あはれ」の心情理解を中心に――（安古市高校　田尻　寔）
5　演習形式による小説の学習指導（安古市高校　竹本純雄）
6　分校における一年「現代国語」――読解指導の試み――（高宮分校　津村秀荘）

国語科全員が協力して課題にとり組み、それぞれ独自の成果が挙げられている。高校国語科における授業研究のありかたを示すものとして、安古市高校の実践・研究の体制は注目に値する。

高等学校国語科の授業を、学力の高くない、学習意欲のじゅうぶんに燃えていない生徒たちに、どのように組んでいくのか。どのようにして全員が国語科学習に参加し、みずからそれぞれ国語学力を習得していくのか。当面する高校国語科授業の課題は多く、しかも困難をきわめる。

ここに挙げえたのは、ごく身近に見聞し、あるいは読みえた実践事例に限られたが、全国各地の高等学校においても、国語科授業をどう組織し、また、どのように改善・改造をはかっていくかは、切実な課題となっている。

六

昭和五一（一九七六）年、国語科教育・授業に関する研究団体は、夏期研究集会を開き、研究・研修の実を挙げた。いま、その研究団体名を示すと、つぎのとおりである。

①国語教育科学研究会、②児童言語研究会、③全国構造学習研究会、④全国大学国語教育学会、⑤日本国語教育学会作文部会、⑥文学教育研究者集団、⑦日本文学教育連盟、⑧全日本中学校国語教育研究協議会、⑨日本ローマ

字教育協議会、⑩文芸教育研究協議会、⑪全国創造性を伸ばす国語教育研究会、⑫日本子どもの本研究会、⑬日本文学協会国語教育部会、⑭全国国語教育研究者集会、⑮日本作文の会、⑯話しことばの会（以上は、「教育科学国語教育」〈一一月号、明治図書刊〉に寄せられた報告に拠る）

こうした、全国的なひろがりを持った研究集会のほか、各都道府県ごと、あるいは各郡市ごと、あるいはさまざまのサークルごとに、数多くの国語科授業研究が積み重ねられた。その具体的な把握は、非力の身のよくしうるところではないが、これらの国語科授業研究が実践報告・研究論稿としてまとめられたものを加えれば、小学校・中学校・高等学校にわたる国語科授業研究は、質量ともに相当の深まりや広がりを持っていると推察される。

ここに総括の一端としてとり上げたのは、小学校・中学校・高等学校ともに、いずれも代表的事例の一部であって、多くのすぐれた実践事例を見のがしている。代表的な事例によって、国語科授業研究の到達水準をさぐり、さらにその課題をとり出そうとしたのである。意のあるところを諒とされたい。

七

国語科授業研究は、その基底に、Ⅰ国語科教材研究／Ⅱ国語学習者研究／Ⅲ国語学力研究がすえられる。昭和五一（一九七六）年も、たえず、これらの課題に対する積極的なとり組みがみられた。

さらに、国語科授業研究は、その中核に、Ⅰ国語科授業構想論／Ⅱ国語科授業過程論／Ⅲ国語科授業方法論を中心課題としてすえている。

ことばを育て、人間性を育てる国語科授業を、小学校・中学校・高等学校それぞれに目ざしていくとき、国語科授業研究の課題は、おのずと重いものになる。一人ひとり国語学習に真剣にうちこみ、みずから国語学力を習得し、国語学力をじゅうぶんに生かして、学習・生活・創造をいっそうゆたかにしていくようにさせるのには、どうすればいいか。学習者・授業者ともに育てていくような国語科授業が望まれる。国語科授業研究は、授業者自身の生きかた・学びかた・教えかたと、つねに深くかかわりあっている。そこから切実な研究課題が見いだされる。

（昭和52年4月7日稿）

2　国語科授業研究の総括と研究課題　その二

一

「月刊国語教育研究」第一一巻第69集（昭和53年2月15日、日本国語教育学会刊）は、国語科授業の創造を主題として特集し、つぎのように提言を行っている。

「みずから納得のいく国語科授業を営み、安んじて国語科授業にいそしみ、さらに独創的個性的な国語科授業を実践的研究的に積み上げていくことができればという思いは、国語科教育（小・中・高・大）に携わる実践者にとって切実な願望であり、また、最も困難な課題であるといってよい。

みずから納得のいく国語科授業を営むためには、みずから実践する国語科教育についてその実態・実質が見えていなければならず、その拠点となっている理論や原則についても、具体的方法についても、的確な見通しを持っていなければならない。実践者として、学習者の実態に即し、適切な指導目標を立てて、教材選定と教材研究に力を尽くし、ほぼ意図どおりに学習者の活動が組織され、授業として展開していくようになれば、納得がいったとされようか。

納得のいく国語科授業をとみずから願い求めながら、現実はみずからの営みに確信が持てず、授業が思うように進まず、自己不満・自己嫌悪に沈み苦しむことが多い。そこを超克していくのには、国語科授業者としての力量をどう深めていくかが大きい課題となる。

つぎに、安んじて国語科授業にいそしんでいくためには、国語科教育への視野がしっかりしており、自己の営む国語科授業について適正な評価を下すことができ、流行的事象にのみおし流されてしまうようないきかたをつねに戒めなければならない。とはいえ、狭い独善的な世界に閉じこもって、自己の授業流儀のみをおし通していくのにも、問題が残る。学習者との信頼関係の上に、安定した、しかも発展性に富んだ国語科授業を築き上げていくことができるようにしたいとの願いはだれにもあろう。国語科授業展開の方法・技術について知見を広げ高めていくことの必要なのはもとよりである。国語科教育の生まれてくる基盤・土台をずっしりとしたものにし、そこに指導者みずからの言語生活や国語学力（表現力・理解力）の自己修練がなされていかなければならない。

独創的個性的な国語科授業を実践的研究的に積み上げていく――国語科授業研究の土台と実質はここに求められる。自己の営む国語科授業をほんとうに大事にし、資料を確保し、記録をつづけ、みずからの授業創造に備えていくということをみずからに課し、実行しつづけている人は、思いのほかに少ない。それだけ、この仕事がむずかしいということでもあるが、授業者として、このことをぜひ軌道に乗せていくようにしたい。」（同上誌、一ぺ）

ここでは、みずから納得のいく国語科授業、安んじていそしんでいける国語科授業を創造していくのに、授業者はどうしなければならないかが問われている。

前出「月刊国語教育研究」第69集には、それぞれの授業創造をめざして営まれた、小・中・高・大計八編の実践報告が収録されている。

1　連文教育の読み——動詞の意義が関係する連文法則を認識させる指導——（岡山大　長田久男）
2　表現力の育成に生きる読み書き関連学習の試み（愛媛県内子小　菊地司郎）
3　ことばを豊かに——麦との生活——（広島県呉市上山田小　向井茉莉子）
4　教材づくりの試みと実践——古典入門教材のあり方を求めて——（佐賀大　白石寿文）
5　認識力を育てる作文教育（福岡教育大附属小倉中　加留部謹一）
6　国語学力を高めるために（広島市瀬戸内高　井上　一）
7　戦後詩の授業（広島県立安古市高　山碕雄一）
8　大学の作文教育——個人文集の製作を中心に——（鳥取大　中洌正堯）

小学校（1～3）、中学校（4～5）、高等学校（6～7）、大学（8）と、それぞれに国語科授業の新生面が開拓されている。小学校・中学校・高等学校・大学ごとに、新しく求められる国語科授業への積極的な取り組みがなされているのである。

二

まず、国語科授業史研究の分野では、芦田恵之助氏の授業に関する研究・実践資料の復刊されたのが注目される。

一つは、『綴方教授細目私案』（昭和53年1月15日、文化評論出版刊）の刊行である。これは芦田恵之助氏が大正四（一九一五）年雑誌「文章研究録」（第二巻第一号～第一二号）に連載した「綴り方教授細目私案」をこのたび初めて単行本にまとめたものである。綴り方教授細目には反対であった、芦田恵之助氏みずから細目私案としてまとめたもので、芦田恵之助氏の綴り方授業を考究していくのに欠くことのできない資料となっている。

二つは、『芦田恵之助先生鈴木佑治先生教壇記録と講話』（昭和53年7月25日、いずみ会刊）の刊行である。これには、芦田恵之助氏の昭和一二（一九三七）年六月仙台市木町通小学校で行われた授業「三日月の影」の記録をはじめ、教壇記録四編のほか、講話・講演の記録が収められている。また、芦田教式の最も忠実な継承者であった鈴木佑治氏の教壇記録小学校一年から六年まで、また、中学校二・三年と計八編のほか、講話「国語科指導の学級形態」が収められている。これらの鈴木佑治氏の実践は、昭和三三（一九五八）年から昭和四二（一九六七）年にかけて講じられたものである。戦後の国語教育界にあって、芦田教式をふまえて行われた国語科授業の実際は、鈴木佑治氏の実践（授業）記録によって、これを知ることができる。

なお、野地潤家（広島大）は、全国大学国語教育学会（昭和五三年八月一六日、東京私学会館）において、芦田恵之助氏の授業「釈迦」について研究発表をした。「釈迦」についての授業は、芦田恵之助の国語科授業史の中でも最も代表的なものであり、戦前の初等国語科授業史上も注目すべきものの一つである。

芦田恵之助氏の国語科授業記録（いわゆる判取帳に毛筆で書かれた、芦田教式にもとづく授業案、記録、メモなど）は、現在七〇冊（昭和五〈一九三〇〉年～昭和二〇年〈戦後を含む〉）残されていて、貴重な実践研究資料となっている。

さらに、野地潤家（広島大）は、全国大学国語教育学会（昭和五三年一〇月一九日、山梨大学）において、「旧制中学校の国語科授業――大正期を中心に――」と題する研究発表をした。旧制中等学校における国語科授業報告二八例をとり上げて考察を加えたものである。

初等・中等いずれも、地方国語教育史研究が進められ、その中に国語科研究がとり上げられてきているのは心づよいことである。

さて、昭和五三（一九七八）年二月、青木幹勇著『わたしの授業、戦前・戦中編』（明治図書刊）が刊行された。これは著者青木幹勇氏が大正一五（一九二六）年九月、最初の授業を行われてから、昭和二一（一九四六）年三月、東京高等師範学校附属国民学校の学童集団疎開が終了するまでの二〇年間の授業の歩みをまとめられたものである。

国語科授業個体史として、生きた国語科実践史として、その結実は高く評価される。本書は青木幹勇氏の実践研究の集大成された、『青木幹勇授業技術集成』全五巻（昭和51年、明治図書刊）の源泉がどこにあったかを語ってくれる。

三

小学校・中学校・高等学校ともに、国語科授業の実践成果がまとめられた。この面の収穫の多い年であったといってよい。

まず、小学校のばあいをみると、つぎのような成果が刊行された。

1『人間を考える国語指導』　野田　弘著　昭和53年1月10日　国土社刊
2『表現と理解の学習指導』　渡辺郁子著　昭和53年6月5日　国土社刊
3『国語教室の開拓』　伊藤みつ子著　昭和53年9月　明治図書刊
4『複数教材による授業改善』　森久保安美著　昭和53年10月20日　国土社刊
5『国語力の伸長を期して』　佐々井秀緒・倉光浄晃・大塩卓編　昭和53年11月25日　米子、今井書店刊

これらのうち、1『人間を考える国語指導』は、香国研（香川県国語教育研究会）の中心的指導者・実践者である著者野田弘氏の過去四〇年にも及ぶ国語教育実践歴の中から授業探究の成果を報告されたものである。説明的文章・伝記文・文学教材・詩教材を媒材とした授業（学習指導）のありかた、方向・方法が示されている。

2『表現と理解の学習指導』は、島根県松江市にあって、戦後三〇年にも及ぶ年月、国語科授業にうちこんできた著者渡辺郁子氏によってまとめられたものである。著者は「ここには、立派な先導的な理論があるわけではありません。ただ、なんとかして、子どもたちに、もっとたしかな国語の力をつけてやりたいという強いねがいのもとに、ひたすら苦悩して歩んできたあとがあるにとどまる」（同上書、三〜四ぺ）と述べている。本書には、物語教材「お

じいさんのランプ」・物語教材「野ばら」の読みの授業、「イソップ物語」による読書の授業、説明文を書かせる授業の実践研究記録が収められている。各授業記録とも、1この授業をとりあげる理由、2授業の展開、3今後の課題および問題点のように構成されている。

3『国語教室の開拓』は、著者伊藤みつ子氏が子ども（学習者）を主体とする国語教室の開拓をめざして、主として読みとりを中心に扱ったものをまとめられた実践報告である。著者は「授業は、ひとりひとりの子に感動の火をつけることである。教室を実感のともなった燃える授業に変容させ、その中で学ぶことの喜びを子どもたちに味わわせるのがわれわれの使命であろう。」（同上書、二ぺ）と述べている。各種文学教材に関し、場面・性格・発問・心情・情景・関係・心・生き方・思想を読みとっていく授業展開を工夫し、さらに、説明的文章の読み方に及び、文学作品を中心とする単元学習の展開の試みがなされている。

4『複数教材による授業改善』は、著者森久保安美氏の学習活動中心の授業実践記録である。本書には、「友だちのスケッチ」（作文の練習単元）・「きょうだいについて考えよう」（重ね読みの方法）・「テレビを見て——感想を話す」（独話の指導）・「ことばの研究」（言語学習の単元）など、四編の授業実践研究記録が収められている。「国語の授業は、子どもの生活に立脚し、他教科や他領域と常に手を携え、また、補助教材や視聴覚的方法をとり入れることが必要だと考え」（同上書、一ぺ）る著者は、常に柔軟で新鮮な授業構想をうち出し、ともすれば形骸化しやすい国語科授業に新風を吹きこみ、その内実を豊かなものにしてきた。

5『国語力の伸長を期して』は、一一名の実践報告から成る。「望ましい読書指導」（二編）、「読解の基本姿勢に立って」（五編）、「作文をみんなのものに」（五編）計一二編が収められている。鳥取県下の初等国語科教育に携わっている人々（一一名）の授業実践をまとめたものとして、その熱心なとり組みが読む者に迫ってくる。

つぎに、中学校のばあいをみると、つぎのような成果が刊行された。

6　『中学校　国語の指導　表現編』　森本正一・四橋民雄編　昭和53年4月30日　三省堂刊

7　『遅れがちな生徒の指導・国語科』　前野昭人著　昭和53年9月　明治図書刊

前者6『中学校　国語の指導　表現編』には、Ⅰ「作文学習の計画と基礎学習をどう考えるか」(五編)、Ⅱ「ひとりひとりの書く意欲をどう高めるか」(四編)、Ⅲ「文種別作文の指導はどうしたらよいか」(四編)など、計一三編の個人またはサークルの実践報告が収められている。

後者7『遅れがちな生徒の指導・国語科』は、国語科学習における遅れがちな生徒の救済法について、多角的に考究してまとめられたものである。たとえば、「遅れがちな生徒をなくすための教材構成と授業展開――文芸の授業における国語科学習の動機付け――」の章においては、オセーエワ作「だからわるい」(中学一年)、ツルゲーネフ作「すずめ」(中学一年)、三好達治作「雲」(中学二年)、啄木短歌の鑑賞学習(中学二年)など、四編の授業報告が収められている。ほかに、遅れがちな生徒に対する、古典の指導(三編)、作文指導(五節)、治療指導(四節)など、また遅れがちな生徒をなくすための学習形態、個を生かす話し合い学習の問題にも言及されている。

つぎに、高等学校のばあいをみると、つぎのような成果が刊行された。

8　『高等学校における表現指導の理論と実践』　大矢武師・瀬戸　仁編　昭和53年10月20日　明治書院刊

9　『中学高校現代詩の授業』　足立悦男著　昭和53年11月10日　文化評論出版刊

これらのうち、前者8『高等学校における表現指導の理論と実践』には、その実践編に高校における表現指導(作文・話し方)に関し、計二一編の実践報告が収められている。戦後三〇年の実践を積み重ねてきた新制高校の国語科授業が表現指導に関しどのような到達水準にあるかを示すものとして注目させられる。

後者の『中学高校現代詩の授業』には、中学校・高等学校(たまたま、著者のばあい、中・高は一体運営がなされていた学校であった)における現代詩の授業報告八編が収められている。取扱いがむずかしい現代詩を教材化して、中学生・

高校生に現代詩の学習を導入し、成功した実践として、みごとな成果を挙げている。

前掲小・中・高の授業研究報告（1～9）のほかに、国語科授業研究に関し、言及しておかなければならないのは、左の二書である。

10　『戦後文学教育方法論史』　浜本純逸著　昭和53年9月　明治図書刊

11　『国語・文学の教育』　日本教職員組合編・自主編成研究講座　昭和53年11月14日　一ッ橋書房刊

前者10『戦後文学教育方法論史』は、戦後二五年間のわが国の文学教育の理論・実践の生成過程とその達成状況を、国語科教育との関連を見きわめながらまとめたものである。本書の考察において、著者は、「文学の指導過程はどのように定式化されてきたか」を観点の一つとしており、文学の授業とも深くかかわる面が考究されている。

後者11『国語・文学の教育』は、「新『学習指導要領』のめざす言語（日本語）による技能訓練、形式的な『読み・書き』能力を高めるのではなく、『子供たちをすぐれた日本語のにない手にし、日本語をもちいてする認識・伝達・表現・創造などの活動に熟達させること』（『教育課程改革試案』）をめざして構想され、編集され」（同上書、二ぺ）たものである。第一階梯（小学校一・二・三年）での自主編成と実践、第二階梯（小学校四・五・六年）での自主編成と実践、第三階梯（中学校）での自主編成と実践の三つにわけ、それぞれの階梯において、一、言語教育、二、読み方教育・文学教育、三、つづり方・作文教育の内容・方法が説かれている。10・11の両書ともに、これからの国語科授業研究に資するところ大きく、国語科授業の構想・展開に多くの示唆を与えるであろう。

戦後三〇年を経た国語科教育は、授業研究の面でも、それぞれの分野でその成果を集成する時期に達し、具体的に授業実践がまとめられるようになった。前掲1～9の実践報告は、国語科授業史上、それぞれに新しい試みを導入しようとしたものとして受けとめ、それぞれのよさを今後に生かしていくようにしたい。

四

つぎに、月刊・隔月刊・季刊等の国語教育誌には、年間を通じて、毎号のように、国語科授業についての実践・研究の報告が掲載された。

まず、「教育科学国語教育」誌（明治図書刊）・「実践国語研究」誌（明治図書刊、隔月刊）は、それぞれに国語科教育の新しいありかたを目ざして、研究主題を設けつつ、特集を組み、必要な授業実践事例を収録し提供した。

「教育科学国語教育」誌では、「表現力を高める読みとり指導」（二月号）・「『表現』『理解』関連指導の事例研究」（三月号）・「言語事項」（四月号）・「言語感覚」（五月号）・「語句の何をとり立てて指導するか」（六月号）・「短作文の指導」（七月号）・「文学作品の読みと言語の基礎能力」（八月号）・「説明文教材による関連指導法の開拓」（九月号）・「『読めない子』の指導をどうするか」（一〇月号）・「『書けない子』の指導をどうするか」（一一月号）・「個を生かす形成的評価」（一二月号）などが特集された。ここには新しい国語科授業づくりへの提案・事例などが分節的になされている。

なお、「教育科学国語教育」誌は、授業技術研究を連載した。たとえば、そこでは、「全員を集中させる板書事項」（一月号）・「学習ノート点検の方法」（三月号）・「範読の効果的方法」（四月号）・「短作文指導の方法」（五月号）・「視写の効果的方法」（六月号）・「説明文の朗読指導」（七月号）・「夏休みの家庭学習の与え方」（八月号）・「効果的な書きとり練習法」（九月号）・「『学習作文』の効果的書かせ方」（一二月号）などがとり上げられた。

また、「実践国語教育」誌（隔月刊）では、「読解学習を生かす作文指導」（一二〜一月号）・「言語力を伸ばす音読・朗読の指導」（二〜三月号）・「言語力を伸ばす文学教材の指導」（四〜五月号）・「言語力を伸ばす説明文教材の指導」（六〜七月号）・「子どもの感動を深める文学教材の指導」（八〜九月号）・「子どもの思考力を高める説明文教材の指導」（一〇～一一月号）が特集され、特集への提言がなされ、実践事例が示された。ほかに、誌上授業研究が助言を添えて掲載され、林四郎教授（筑波大）の「国語授業のための文法入門」（五～一〇月号）が連載された。

つぎに、「月刊国語教育研究」誌（日本国語教育学会刊）では、「効果的な作文指導」第68号（一月号）・「国語科授業の創造」第69集（二月号、前出）・「語句・語彙の指導」第70集（三月号）・「入門期の指導」第71集（四月号）・「創意ある作文指導」第72集（五月号）・「文法の学習指導」第73集（六月号）・「低学力の克服をめざして」第74集（七月号）・「話しことば指導の問題と実践」第75集（八月号）・「作文指導の多様な展開」第76集（九月号）・「国語科の実践的課題」第77集（一〇月号）・「文学指導の諸問題」第78集（一一月号）・「説明文の読書指導」第79集（一二月号）などの特集がなされた。これら特集主題に関連して、五五の実践研究・実践報告が収載された。年間を通じてみれば、作文指導を中心に、各分野にわたって実践的課題がとり上げられている。

五

作文の授業研究については、「作文と教育」誌（日本作文の会編、百合出版刊）に積極的にとり上げられた。「推考指導の授業」（小学校中学年〈四年二編〉、同高学年〈六年一編〉、中学校〈二編〉）（一月号）、「鑑賞・批評の授業Ⅰ」（小学校低学年〈一年一編、二年二編〉、同中学年〈四年二編〉、中学校〈一編〉）（二月号）、「鑑賞・批評の授業Ⅱ」（小学校高学年〈五年一編〉、中学校〈一編〉）（三月号）、「表現意欲喚起の授業」（小学校低学年・中学年・高学年〈各一編〉、中学校低学年・高学年〈各一編〉）（四月号）、「前月と同じ指導題目による深化・拡充を意図とする授業」（小学校低学年・中学年・高学年〈各一編〉、中学校低学年・高学年〈各一編〉、前月号と授業者は同じ）（五月号）、「取材・題材化の授業」（小学校低学年・中学年・高学年〈各一編〉、中学校低学年・高学年〈各一編〉）（六月号）、「題材化から主題化へ」（小学校低学年・中学年・高学年〈各一編〉、中学校低学年・高学年〈各一編〉、授業者は前月号と同じ）（七月号）、「構成・構想の授業」（小学校低学年・中学年・高学年〈各一編〉、中学校低学年・高学年〈各一編〉〉（八月号）、「どうとらえ、どう書き表わすか」（小学校低学年・中学年・高学年〈各一編〉、中学校低学年・高学年〈各一編〉、授業者は前月号と同じ）（九月号）、「さまざまな叙述・記述の授業」（小学校低学年・中学年・高学年〈各一編〉、中学校低学年・高学年〈各一編〉）（一〇月号）、「一つの指導題目のなかでのさまざまな授業の展開」（小学校低学年・中学年・高学年〈各一編〉、中学校低学年・中学年〈各一編〉、授業者は前月号と同じ）（一一月号）、「五つの推考指導・その授業の展開」（小学校低学年・中学年・高学年〈各一編〉、中学校低学年・高学年〈各一編〉）（一二月号）

これらの作文の授業研究は、初め（前掲一月〜三月号）は、日本作文の会・授業研究特別部会で担当し、後には、四月号以降、〝作文の授業研究〟（授業案例）と〝作文の時間〟を結ぶようになり、「作文の授業研究」「作文の時間」編集委員会が担当することとなった。

これらの「作文の授業研究」・「作文の時間」の連載のほか、「作文と教育」誌には、毎号のように、「実践の記録」が載せられており、それらは、年間を通じて、一七編を数える。

「作文と教育」誌の「作文の授業研究」「作文の時間」の連結による、作文の授業へのとり組みは、授業案例、具体的な資料の提示によって、授業への示唆を数多く含んでいる。

六

つぎに、「国語の授業」誌（児童言語研究会編、一光社刊、隔月刊）には、授業研究の特集が左のようになされた。「説明文の授業研究」（船津幹雄氏の説明文の授業報告を中心に）（二月号）、「漢字指導の実践」・「一読総合法授業びらき」（以上、四月号）、「教科書教材文学の授業研究」（授業記録四編）（六月号）、「説明文の授業の具体的計画と実践」（七編）（八月号）、「話す力・聞く力を育てる授業」（八編）（一〇月号）、「教科書教材説明文の授業研究」（五編）（一二月号）

さらに、「季刊文芸教育」誌（西郷竹彦編、明治図書刊）第22集（一月刊）・第23集（五月刊）・第24集（八月刊）においても、文芸の授業の報告が計九編、説明文・論説文の授業（各一編）が収録されている。

また、「季刊文学教育」誌（日本文学教育連盟編、鳩の森書房刊）第13集（一月刊）・第14集（七月刊）・第15集（一一月刊）には、実践記録・授業研究・実践的授業論など、一〇数編が収載されている。なお、同誌第13集には、文学教材自主編成試案として、「文学の授業・詩の授業・読書指導年間計画表――小学校編・一九七七年試案――」（日本文学者教育連盟教材編成部編）が収められている。

さらに、「教育　国語」誌（教育科学研究会編・国語部会編）52（三月刊）・53（六月刊）・54（九月刊）・55（一二月刊）には、『にっぽんご』に即した、授業記録と授業の検討などが、収められている。

七

このように、各研究団体等の研究・実践誌上に報告された、数多くの国語科授業記録とその研究は、前掲のとおり、相当の数にのぼる。

これらに、小・中・高・大の研究会・学会・合宿研究会等でとり上げられた授業研究を数えれば、全体としてはおびただしい量になろう。

各都道府県の教育センター・教育研究所でとり上げられている国語科授業研究もまた、全体としては、現職教育の一環として、きわめて熱心にとり組まれている。

なかには、広島県教委によって三年間継続された、「高等学校の教育実践充実に関する研究」のように、国語科授業の報告が合計二一例にのぼっているものもある。

昭和五三（一九七八）年における国語科授業研究の盛況ぶりは、既にみてきたとおりであるが、これらをどう総括していくかは、多角的で多様であるだけいいたってむずかしい。

今後の研究課題としては、

1　授業記録・授業報告のありかた、まとめかた、その記述のしかた、分析のしかたを、さらに検討していくこと。

2　国語科授業の構想と展開と考察を、各分野各発達段階に応じていっそう精確に、かつ有効なものにしていくこと。

3　全体的展開（単元的展開）と分節的展開をさらに工夫し、それぞれの実践的研究を深め確かなものにしていくこと。

などが挙げられる。いまは基本的課題の提示にとどまっていることを諒とせられたい。

（昭和54年4月15日稿）

3　国語科授業研究の動向と課題

一

年ごとの授業研究の動向や総括、そこから導かれる研究課題については、雑誌「授業研究」の臨時増刊「現代授業研究年鑑」（教育情報センター編、明治図書刊）に周密に収録され、授業実践者・授業研究者に豊富な情報と示唆とが提供されている。たとえば、「年鑑」'82年版（二三七号、一九八二年六月号臨時増刊）は、つぎのように四部（Ⅰ～Ⅳ）から構成され、計三〇編の論稿・報告を収載している。（Ⅰ、1などの数字は、便宜上引用者が付したものである。）

Ⅰ小特集　よい授業からすぐれた授業へ

1学習方式を脱してすぐれた授業へ（広岡亮蔵）／2「すぐれた授業」を求めて（木原健太郎）／3「よい」授業から「すぐれた」授業へ（吉本均）／4よい授業へのオリエンテーション（柴田義松）／5見えないものをつかむための教材づくりへ（小田切正）／6自在さのにじむ迫力のある授業（庄司和晃）／7二度とつくれない作品である授業を（東井義雄）／8すぐれた授業の条件を考える（氷上正）

Ⅱ現代授業研究の総括と研究課題

9授業設計・指導案研究の総括と研究課題（水越敏行）／10教材精選・分析研究の総括と研究課題（竹中輝夫）／11発問・説明・助言・指示研究の総括と研究課題（豊田久亀）／12板書・ノート指導研究の総括と研究課題（山崎林平）／13合科・総合学習研究の総括と研究課題（吉田貞介）／14一斉授業の改善研究の総括と研究課題（佐伯正一）／15

学習の個別化研究の総括と研究課題（安彦忠彦）／16小集団学習研究の総括と研究課題（市川千秋）／17学習集団研究の総括と研究課題（折出健二）／18学び方学習研究の総括と研究課題（近藤国一）／19視聴覚・機器活用研究の総括と研究課題（中嶽治磨）／20学習評価研究の総括と研究課題（梶田叡一）／21学習意欲・態度研究の総括と研究課題（中村亨）

Ⅲ教科別授業研究の総括と研究課題

22国語科授業研究の総括と研究課題（渡辺富美雄）／23社会科授業研究の総括と研究課題（谷川彰英）／24算数・数学科授業研究の総括と研究課題（村岡武彦）／25理科授業研究の総括と研究課題（森一夫）／26図工・美術科授業研究の総括と研究課題（村内哲二）／27体育科授業研究の総括と研究課題（高田典衛）

Ⅳ'81年度授業研究にどんなテーマが取り上げられたか

28民間教育研究団体の研究テーマを探る（有園格）／29教育研究所・センターの研究テーマを探る（加藤幸次）／30国立大学附属小・中学校の研究テーマを探る（佐々木勲）

ここには授業研究に関する関係分野と重要な項目とが多角的に取り上げられ、適任者による総括がなされ、重要な研究課題が提示されている。

しかし、これら三〇編にのぼる論稿・報告のすべてに目を通して、自己の授業実践・授業研究に必要な情報や知見や研究課題を見いだして役立てていくことは容易でない。容易ではないが、授業研究に関して、こういう内容を収めた「年鑑」が刊行されるのは、授業研究の動向をとらえ、問題・課題の所在を確かめ、授業研究をどのように高め、積み重ねていくかについて、啓発を受けることが多い。授業研究の「年鑑」への総括と「年鑑」による集積とは、授業研究の到達水準と問題点・課題の所在と状況とをとらえていくうえで利便が多く、授業研究への視野を確保するのに欠くことができない。

二

前掲「現代授業研究年鑑」にみられる、「国語科授業研究の総括と研究課題」の執筆は、ここ四年間は、つぎのようになされている。

1　'79年版「年鑑」所収　国語科授業研究の総括と研究課題　野地潤家稿
2　'80年版「年鑑」所収　国語科授業研究の総括と研究課題　飛田多喜雄稿
3　'81年版「年鑑」所収　国語科授業研究の総括と研究課題　飛田多喜雄稿
4　'82年版「年鑑」所収　国語科授業研究の総括と研究課題　渡辺富美雄稿

これらのうち、たとえば、2　'80年版「年鑑」における飛田多喜雄氏による「総括と研究課題」によると、前半に全国規模の研究会における授業研究の動向がとり上げられている。すなわち、左のように二〇に近い研究会が挙げられている。

[1]文部省昭和五四・五五年小学校教育課程研究指定校（国語科は三校）／[2]文部省昭和五四・五五年中学校教育課程研究指定校（国語科は一八校）／[3]第10回全国国語教育研究者集会神奈川大会／[4]第19回国語教育科学研究大会／[5]第28回作文教育研究大会／[6]第19回国語教育実践理論の会研究集会／[7]第23回日本読書学会研究大会／[8]文学教育研究者集団第28回全国集会／[9]日本文学教育連盟第22回文学教育研究全国集会／[10]第14回文芸教育研究協議会全国研究集会／[11]日本文学協会全国国語教育部会第31回夏期研究集会／[12]日本国語教育学会第42回国語教育全国大会／[13]第57回全国大学国語教育学会／[14]第7回全国小学校国語教育研究大会／[15]第8回全日本中学校国語教育研究協議会奈良大会／[16]全国高等学校国語教育研究連合会第12回研究大会／[17]福岡県及び福岡市教育委員会研究指定校／[18]東京学芸大学附属小金井小学校教育課程研究発表会／[19]第3回全国国語教育実践研修会

これらのうち、17、18のような、各都道府県単位、あるいは各郡市単位の国語科教育研究会は、相当多数にのぼり、また、各学校単位、各サークル単位の国語科教育活動に至っては、さらにその数を増してくる。

こうした全国規模、都道府県規模、郡市規模、学校・サークル規模の各種各様の国語科授業研究を、どのように透視し、把握し、総括をしていくのか。実際に精確にまとめていく作業は容易ではない。望まれるのは、各研究会、各学校、各サークルごとに、年度ごとの国語科授業研究の資料・記録を確保するとともに、そのまとめ（総括）をしっかりとしていくことである。

さらに、前掲2　'80年版「年鑑」では、総括者飛田多喜雄氏によって、「雑誌、研究誌、単行本等にみる授業研究」がとり上げられている。雑誌としては、「教育科学国語教育」（明治図書）、「実践国語研究」（明治図書、隔月刊）、「作文と教育」（百合出版）、「月刊国語教育研究」（日本国語教育学会）、「国語の授業」（児童言語研究会）、「国語教育の近代化」（国語教育近代化のための研究会）、「国語教育科学」（国語教育科学研究会）、「文芸教育」（文芸教育研究会、明治図書、季刊）などが挙げられている。

これらに加えて、年間刊行される、国語教育関係の単行本も、かなりの数にのぼる。それらにも国語科授業にかかわるものの収録が少なくない。

年度ごとの国語科授業研究を単独に総括していくことは至ってむずかしく、国語科授業研究の総括のありかた、しかた自体をどうするかが重要な課題となってくる。

三

前掲1　'79年版「年鑑」所収の「国語科授業研究の総括と研究課題」において、私は研究課題を三つ挙げた。左のとおりである。

1　授業記録・授業報告のありかた、まとめかた、その記述のしかた、分析のしかたを、さらに検討していくこと。
2　国語科授業の構想と展開と考察を、各分野各発達段階に応じていっそう精確に、かつ有効なものにしていくこと。
3　全体的展開（単元的展開）と分節的展開をさらにくふうし、それぞれの実践的研究を深め確かなものにしていくこと。（同上誌、二二〇ぺ）

これらはいずれも国語科授業研究のための基本的課題といってよい。

私は国語科授業研究のしかたに関し、つぎのように四つの場合を挙げて述べたことがある。

Ⅰ　国語科授業力の習得とその深化向上をめざしての授業研究

すぐれた授業実践者になり、授業力を演練し、熟達して、授業運びが自在にできるようになりたいとの希求は、教育実践にたずさわる者だれもがもっている。その日暮らしに堕し、授業への熱意を喪失してしまった場合は別として、経験の豊かな実践者といえども、授業力の深化向上を願ってやまないものである。

国語科授業力の習得とその深化向上をめざすこと、それは授業実践者の行う個別的内発的な授業研究ともいえる。自己の授業水準あるいは授業のよしあしは、授業者自身には見えにくいものである。先行理論から謙虚に学びつつ、また実地に観察しうる他の実践者の授業そのものから啓発を受けつつ、みずからの国語科授業力を育てていかなければならない。
1　授業の準備のしかた（教材研究・学習者研究・授業計画のたてかた）→2　授業の組織・展開のしかた（単元研

究・指導過程研究・展開法研究）→3　授業の診断・評価のしかた（学力評価・授業力評価・学習者診断）――こうした国語科授業構築の全過程に即して、授業者自身の当面する切実な課題・問題点を見いだし、その克服・解決・達成をはかっていくべきである。国語科授業力の習得・演練をめざす場合、授業展開法の生きた呼吸を自得していくことは、最も大事な目標となろう。

Ⅱ　努力目標（あるいは全体的基本的目標）をめざしての国語科授業研究

自主性・創造性・個別性・集団性など、学校・学年などの教育営為上の努力目標を、国語科授業にどうとり入れ、生かし、反映させていくかが優先的に扱われがちになる授業研究である。掲げられた努力目標と各自が行う実地の授業との間に深い溝が生じたり、違和感が生起したりすると、国語科授業研究はつまずきを見せることも、ひずみをもってしまうこともある。努力目標についての共通理解や授業研究の進めかたについての合意と支持、協力が得られず、研究推進者が苦しい立場に置かれたり、学校・学年の共同研究の歯車がうまく嚙み合わぬ結果を招いたりすることもある。要は、国語科授業研究としての具体目標をしっかりおさえ、研究のための努力目標（全体的基本的目標）との有機的関連をはかっていくことである。国語科授業研究が空転しないためにも、このことは肝要である。

Ⅲ　一定の授業理論あるいは一定の指導過程・指導法を検証し、その効率性を高めていくための国語科授業研究

すぐれた発想による、またすぐれた理論的構築による、読むこと（文学教材・説明文教材など）、書くこと（作文）、聞くこと・話すことの学習指導過程、あるいは有効性の高い学習指導法などにもとづいて、多くの国語科授業がなされている。国語科授業への理論的ないし試論的構築（提案をふくむ）に対する実践的検証や試行としての授業研究である。こうした授業研究は、実地に役立つ国語科授業理論の成立に寄与するところ大である。

反面では、国語科授業への視野・視点を、固定させたり、一方的なものにしてしまうおそれも生じてくる。
この授業研究方式は、実践者の士気を鼓舞し、問題点に向かって鋭い切り込みをしていくことができ、共同思考・討議（による問題解決）を可能にしていく。同時に、実践者一人ひとりの国語科授業の真の主体性・個性をどう確保していくかが、十分に考えられなければならない。

Ⅳ　研究仮説にもとづく実験的試行的な国語科授業研究

前掲Ⅱ・Ⅲにおける努力目標や理論的構築（提案）も、研究仮説の一つとみることができる。しかし、それらは授業研究としては、包括的に多くのものをかかえこんでおり、問題点をしぼり、集中的にとり組むことの容易でない場合が多い。国語科授業成立上、あるいは展開上の重要な問題群を手がたくしかも根本的に解決していくため、問題の所在を明らかにし、その解決への見通しをたてつつ、研究仮説を設け、それにもとづく国語科授業研究を用意し、仮説の確かめ、検討を進めていくのである。この研究方式は、国語科授業を確かにし豊かに充実させていく根本的な土台づくりの作業である。したがって、単なる思いつきに発する工夫のやや誇張をともなった提案とは異なるのである。（以上、「授業研究年鑑」'75年版〈明治図書刊〉所収「国語科授業研究の主題と方法」に拠る。のち『国語科授業論』〈昭和51年6月1日、共文社刊〉に収録した。）

これらのうち、個々の授業者にとっては、Ⅰ　国語科授業力の習得とその深化向上をめざしての授業研究が最も深い関心事である。個々の授業者はまた、全校の共同研究やサークルの共同研究に参加し、Ⅱ　努力目標（あるいは全体的基本的目標）をめざしての国語科授業研究にとり組む場合も多い。さらに個々の授業者が、Ⅲ　一定の授業理論、指導過程、指導法に拠る研究団体やグループに所属し、理論や方法を検証し、その効率性を高めていくための国語科授業研究にとり組む場合も少なくない。これらに加えて、研究所・研究センター・実験校・研究室等にあっては、Ⅳ　研究仮説にもとづく実験的試行的な国語科授業研究にとり組むことが多い。

四

仮に類別した国語科授業研究Ⅰ、Ⅱ、Ⅲ、Ⅳ（前掲）を、それぞれ授業研究として、確かなものにしていこうとすれば、たえず授業理論の動向に目をくばり、教授学の進展にも留意しなければならない。国語科授業研究をひとりよがりの狭く浅いものにしてはならないからである。

国語科授業にとり組む者として、教授学・学力論・学習者論にも広く視野を保って、みずからの国語科授業論を精確なものにしていきたいと願わずにはいられない。しかし、専攻教科としての国語科内の授業研究に終始してしまうおそれなしとしない。

たとえば、授業の実践・研究に関して、現代教授学の動向と水準と範囲を知ろうとすれば、『講座現代教授学』三巻（吉本均編、昭和55年5月、明治図書刊）は有力な手がかりを与えてくれる。『講座現代教授学』三巻は、つぎのように構成されている。

第一巻　授業成立の教授学

Ⅰ　授業成立の基本条件

一　「学校」理念の成立とその課題／二　人間＝子どもにおける学習の特質と授業の本質／三　授業の成立とその条件〈1学級集団の質的発展過程／2教授行為の技術体系〉

Ⅱ　学級教授組織の系譜とその今日的意義

一　コメニウスにおける「学級教授組織」原則の成立／二　「新教育」における「学級教授組織」解体論の問

Ⅲ　国語科授業研究の集積と課題

題点／三　学級教授組織の今日的意義

Ⅲ　学校教育における授業の役割

一　学校教育の構造／二　授業の主たる任務としての陶冶／三　教科内容の指導／四　教材を教えるすじ道と手法の選択〈1問題を提示する段階／2答えを求めさせる段階／3かけ算の意味と式の書き方・読み方をわからせる段階／4練習させる段階〉／五　手法の使用と授業のうけ方の指導

Ⅳ　自治的集団と学習集団の指導

一　学習集団の概念／二　自治的集団と授業指導／三　授業における自治的性格／四　集団への教師の評価活動／五　「学級」と学習集団

Ⅴ　教科内容の編成と教材の配列

一　教科内容とは何か／二　教科内容の選択・配列〈1科学と教科内容の選択／2科学と教科の系統性／3直線的配列と同心円的配列〉／三　教科構成における目標と内容の統一〈1教科の構造化／2教科間の共働化〉／四　教科内容の訓育性

Ⅵ　学習集団の今日的段階

一　学習と集団の結合への教育学的接近〈1学習と生活の結合／2学習集団概念の登場〉／二　学習集団論の展開——六〇年代学習集団論の特質——〈1問題の所在／2日本の学級と学習集団の思想／3学習の集団的性格／4学習集団の独自な任務〉／三　学習集団の指導過程〈1班の性格と指導的評価／2学習リーダーの問題〉

Ⅶ　学習集団指導における統一と分化

一　問題設定〈1統一と分化の概念／2授業指導における統一と分化〉／二　学力発達と授業組織〈1「学級」

318

3　国語科授業研究の動向と課題

Ⅷ　能動的学習の成立条件

一　能動的学習と授業方法〈1授業における能動性の本質／2授業における能動的学習活動の展開〉／二　能動的学習と学習集団の形式〈1能動的学習とは何か／2能動的学習をひきおこす発問／3発問づくりの原則とその実践〉

四　学習集団指導における統一と分化〈1授業の組織形態における統一と分化／2授業内容における統一と分化／3授業方法における統一と分化〉

の教授学的構造／2学級解体論の諸形式／3学級解体論の原理的批判〉／三　学習の個人差と授業の指導〈1学習の個人差がもつ授業指導上の意味／2学習の個人差と教授学的分化の処置〉／

第二巻　授業における発達の教授学

Ⅰ　子どもの発達と授業の課題

一　問題の所在／二　人間の全面的発達の思想／三　クループスカヤの遺産／四　授業における発達の契機／五　発達段階をどうとらえるか

Ⅱ　授業における陶冶と訓育

Ⅲ　授業における訓育の独自性

一　授業と人格発達／二　授業の訓育力／三　集団思考と認識過程／四　授業と集団

一　授業と人格発達〈1発達に結びつかない授業／2人格の歪みと授業の課題〉／二　人格発達と集団〈1子どもの発達要求と集団／2教師の教育要求と集団／3教育実践と集団の力〉／三　学力、人格の統一的形成と学習集団〈1学力と人格の統一的形成と学習集団／2授業と学習集団の形成／3集団思考と学習集団〉

Ⅲ　国語科授業研究の集積と課題

Ⅳ　授業の指導と人格発達
　一　人格発達の疎外〈1人格とは／2人格発達疎外の現状〉／二　人格発達と授業集団〈1組織する教師の指導性／2授業改造と教師の指導的役割〉／三　授業の組織化と教師の指導性〈1組織する教師の指導性／2授業改造と教師の指導的役割〉

Ⅴ　授業の指導と知的発達
　一　知的発達の特質と条件〈1知的発達とは／2知的活動の組織化〉／二　授業における知的発達〈1教材と知的発達／2知的活動の組織化〉／三　授業における教師の指導〈1対象への指さし／2集団への指さし〉

Ⅵ　授業の指導と学習意欲
　一　学校教育と能力発達〈1ブルーナーの実証的研究／2学校教育と言語〉／二　授業指導の課題〈1変換・翻訳／2学校で思考をどうはげますか／3認識の主体化／4自覚的な反省的思考態度〉／三　学習とはなにか〈1学習の重層構造／2学習されるもの／3学習のあり方〉／四　内発的動機づけ論〈1知的好奇心／2上達意欲／3同一化／4相互作用〉／五　学習意欲回復のためのブルーナー提案〈1実践的カリキュラム／2学習共同体〉

Ⅶ　「つまずき」の教授学的意義
　一　「つまずき」の起る授業の「つまずき」〈1狭義の教材解釈／2発問を構想する教材解釈／3授業のなかでの教材解釈〉／二　「円周率」の授業の「つまずき」＝授業のなかの矛盾との出会い／三　「つまずき」＝指導の対象〈1学習内容に関する「つまずき」／2学習方法に関する「つまずき」／3学習規律に関する「つまずき」〉

Ⅷ　能力発達と集団思考の組織化

320

3　国語科授業研究の動向と課題

一　知的習得と能力発達〈1習得と人格発達／2能力の本質と構造／3能力発達と授業構成〉／二　集団思考の本質とその教授学的意義〈1能動的学習とその授業方法の基本形態／2集団思考の成立とその教授学的意義／3集団思考における内的能動性の形成〉

第三巻　授業展開の教授学
　　　　教師の指導と子どもの自己活動
Ⅰ　教育の不在／二　子どもの自己活動／三　授業過程の原動力／四　教材の研究／五　学びかたの指導
Ⅱ　学習規律の指導と評価活動
一　「学級教授組織」と「集団」育成の必然性〈1授業と「学級教授組織」／2授業における集団育成の必然性〉／二　学級内基礎集団と自主・共同の学習規律の指導と評価〈1学級内基礎集団（班）の存在意義／2班活動による自主・共同の学習規律の指導と評価〉
Ⅲ　教材、教材解釈、発問の本質
一　教材の機能、条件〈1教材観の検討／2教材の条件〉／二　教材解釈の本質／三　発問の本質
Ⅳ　子どもの教材解釈＝習得と学習主体形成
一　「子どもの教材解釈」とは〈1「教材」とは何か／2「教材解釈」とは何か／3「子どもの教材解釈」とは何か〉／二　「子どもの教材解釈」＝習得と学習主体形成〈1吉本氏における「子どもの教材解釈」／2学習主体形成〉
Ⅴ　表現過程＝集団思考の指導
一　授業過程における表現活動の特質〈1集団思考としての表現過程／2「科学的思考」と集団思考〉／二

『講座現代教授学』三巻では、右に掲げたように、「授業成立の教授学」、「授業における発達の教授学」、「授業展開の教授学」として、授業成立の基本条件をはじめ、学級教授組織、学習集団、能動的学習の問題がとり上げられ、授業における陶冶的課題と訓育的課題を統一的に達成していく問題、集団思考組織化の問題、子どもの能力発達と授業とのかかわりの問題がとり上げられるとともに、授業展開における、教師の指導、子どもの自己活動、学習規律、発問等の問題が論述されている。そこには戦後における教育方法学、教授学、授業研究の分野における研究のめざましい進展と深化とがうかがわれる。

国語科授業研究を、根底の確かな、視野の広い、省察のゆきとどいたものにしていくには、授業の成立や組織や展開に関する教授学関係の到達水準を見すえ、その成果をわがものとしていく努力が必要である。

国語科授業実践者として、また国語科授業研究者として、現代教授学における授業理論の研究状況をつぶさに把握し、精通していくことは容易ではないが、可能なかぎり努めていくようにしたい。みずからの国語科授業の実践や研究に当たって、多くの示唆や啓発を受けることは、少なくないはずである。

五

国語科授業研究に関する成果・業績は、さまざまなかたちで数多く報告されている。それらのうち、ここ両三年の間に刊行されたものの中から、管見に入ったものを掲げると、つぎのとおりである。

1　『説明的文章の授業研究論』　渋谷　孝編著　昭和56年7月　明治図書刊
2　『国語科授業の課題と創造』　小田迪夫・足立悦男編著　昭和57年7月30日　第一法規刊
3　『現代国語教育への視角』　田近洵一著　昭和57年8月10日　教育出版刊
4　『達成目標を明確にした国語科授業改造入門』　大槻和夫編著　昭和57年10月　明治図書刊
5　『大村はま国語教室1　国語単元学習の生成と深化』　井上敏夫・倉澤栄吉・野地潤家編　昭和57年11月30日　筑摩書房刊
6　『国語の授業方法論――発問・評価・文章分析の基礎――』　井上尚美著　昭和58年2月15日　一光社刊
7　『高校古典教育の探究』　伊東武雄著　昭和58年3月1日　溪水社刊
8　『国語科授業の発想と展開』　降旗重徳著　昭和58年3月10日　国土社刊
9　『文学教材の実践・研究文献目録（一九七六年一〇月～一九八一年九月）』　浜本純逸・浜本宏子編　昭和57年10月20日　溪水社刊

10　『教育実践記録論』　坂元忠芳著　昭和55年7月20日　あゆみ出版刊

これらのうち、1『説明的文章の授業研究論』（渋谷孝編著）には、Ⅰ「しっぽのやくめ」（一年）の授業研究、Ⅱ「さけが大きくなるまで」（二年）の授業研究、Ⅲ「ありの行列」（三年）の授業研究、Ⅳ「動物のへんそう」（四年）の授業研究、Ⅴ「魚の感覚」（五年）の授業研究、Ⅵ「波にたわむれる貝」（六年）の授業研究など、相馬けい・伊藤源太郎・清野哲男・中村浩一・相馬毅・白石嘉弘の六氏（いずれも教職歴一〇年以上の方々）の授業記録（納得のいく教材を使って、綿密な指導案をつくり、全部の時間の記録をつくる）とそれらに対して渋谷孝教授が考察を加えられたものとが収められている。

渋谷孝教授は、授業研究についてのみずからの立場に関して、つぎのように述べられた。

「六人の授業者の授業記録に対して、それぞれに私は問題点を考察してきた。したがってこれは各授業者との共同討議による授業の反省でもないし、私の講評でもない。また、授業記録について、注釈を加えるような考察になるのを避けたかった。私の立場は、この授業記録を授業研究の一つの資料として扱う場合、すぐれた授業をつくっていくために、どの程度、どのような徴標（要素）を抽出できるかという観点から考察することにある。すぐれた徴標（その考え方や方法は利用または応用できると思われるもの）と不足だと判断されるところと納得できないところについて考察した。そこでは説明的文章教材による読解の授業をすぐれたものにするための一般的に転用できる要素を抽出したいという志向をつねにもっていたが、ただしそれを性急に求めることはしなかった。」（同上書、三三一ぺ）

渋谷孝教授はまた、つぎのように述べておられる。

「一年から六年まですべて理科に関する事柄や問題を取り扱った文章を扱ったのは、それを国語科の『理解』領域の読解教材として選ぶことによって、問題点が露になると考えたからである。国語科の読解の授業と理科の授業とはどのように違うのか。ここに説明的文章教材による授業の主要な問題があると言っても過言ではない。この問題については渋谷孝著『説明的文章の教材研究論』（昭和55年、明治図書刊）においてくわしく考察したが、本書はそれを実践的に検証する意味をもっている。また私には、社会科に関する問題を扱った説明的文章教材についての授業研究を別にしているので、このたびは、社会科に関する教材は除いた。」（同上書、三二七ぺ）

渋谷孝教授は、指導過程論・教材研究論・授業研究論を視野に収めつつ、説明的文章を教材とした授業研究を、考察の観点・ねらいを明確にして進められ、独自の問題提起をされた。説明文指導領域における本格的な国語科授業論として、示唆される点が多い。

2『国語科授業の課題と創造』（小田迪夫・足立悦男編著）は、国語科授業実践入門ともいうべき性格を有し、第一章では国語科授業構築に関して基本的な問題が述べられ、第二章には、国語科教材研究の方法が説述され、第三章には、小学校各学年にわたって、各種教材を選んでなされた、九つの授業実践例が収録されており、第四章には、三つの中学校国語科授業実践例が収められている。

第一章には、一国語科授業創造の基本的課題、二国語科指導過程と授業形態、三国語科授業と発問の研究、四国語科教材研究と学習者研究などがとり上げられ、巻末には、「国語科授業研究文献解題」として、1『青木幹勇授業技術集成2　書きながら読む』（青木幹勇著、昭和51年、明治図書刊）をはじめ、2『国語教室の機微と創造』（古田拡著、昭和45年、明治図書刊）、[3]『国語科授業論』（野地潤家著、昭和51年、共文社刊）、[4]『楽しい作文教室』（柳瀬真子著、昭和55年、第一法規刊）、[5]『国語教室の実際』（大村はま著、昭和54年、共文社刊）、[6]『東井義雄著作集5　国語授業の探究他』（東井義雄著、昭和47年、明治図書刊）、[7]『国語授業と集団の指導』（大西忠治著、昭和45年、明治図書刊）、[8]『国語の授業組織論』（小松善之助著、昭和51年、一光社刊）、[9]『読み方指導・その指導過程をめぐって』（宮崎典男著、昭和50年、むぎ書房刊）、[10]『真の授業者をめざして』（武田常夫著、昭和46年、国土社刊）など、昭和四五年以降の刊行書の中から一〇冊がとり上げられ、広滝道代・市川真文両氏によって要を得た紹介がなされている。

3『現代国語教育への視角』（田近洵一著）には、第二章に、国語教育の実践理論（教材論・授業論・評価論）が収められている。国語科授業論の中で、田近洵一氏は、「国語の授業が成立するということは、児童・生徒が、読む・書く・話す・聞くの活動を通して、他者とのかかわりを深め、自己を確立していっているということである。すなわち、そこで、児童・生徒は、授業という形の生きた言語生活を営んでいるのである。その意味で、国語科においては、授業を成立させること自体が教育だと言えよう。」（同上書、六三ぺ）と述べ、「国語教育においては、教室を、活力のある言語活動・言語生活の場とすることが、学習としての授業を成り立たせる第一の条件である。そのために、教師は、自分の思う壺に、児童・生徒をはめ込もうとしてはならない。教師の思い通りに児童・生徒をひっぱっていった授業がいい授業ではないのだ。そこに、ダイナミックな言語活動・言語生活を組織することが、国語科の授業の特質でもあり、要諦でもある。」（同上書、六五ぺ）と述べられている。また、「大事なことは、そこに、児童・生徒が活動の主体者であることによって、授業に参加しているか否かということである。児童・生徒の参加する授業、そして、一つの活動が次の活動を生み、たえず生成発展する授業、つまりは、児童・生徒の内発的・自律的な活動の展開のある授業の創造こそ、国語教師に課せられた実践上の課題である。」（同上書、六七ぺ）と述べ、「教師は、児童・生徒の全員を視野に入れ、その視線をぴたりと受けとめてやらなければならない。どんな授業形態をとろうと、教師にとってそれが授業の出発点だ。」（同上書、六八ぺ）、「私は一貫して、学習者である児童・生徒の、言語行動者としての主体を重視すべきこと、そこにこそ、『国語』の授業成立の可能性のあることを述べてきた。しかし、児童・生徒の内発的な活動をひき出し、それを組織して、学習を成立せしめるのは教師である。特に、ことばの学習においては、教師の占める位置が重要であることを忘れてはならない。」（同上書、六九ぺ）とも述べられている。

田近洵一氏はまた、同じく第二章の中で、「国語科の授業研究――その観点と方法――」に言及し、授業記録の観点と方法、授業分析の観点と方法についても、試案を提示されている。

本書『現代国語教育への視角』は、全体としてことばの学び手、読み手、書き手を育てる国語科教育をめざし、言語指導や文学教育の実践的課題への論及がなされ、国語教育実践理論、国語科授業のありかたが求められている。

4　『達成目標を明確にした国語科授業改造入門』（大槻和夫編著）は、達成目標明確化に拠る国語科授業改造の問題を意欲的にかつ慎重にとり上げている。本書は、Ⅰ達成目標明確化の意義を解明するとともに、国語科授業改造への見通しをつけ、Ⅱ達成目標の設定から授業設計の問題に及び、さらに、Ⅲ達成目標明確化による授業過程の改造の問題が論究され、Ⅳ達成目標明確化による授業改造の実際（低学年、中学年、高学年計七事例を収録）が示され、おしまいに、Ⅴ達成目標を明確化した授業の評価について述べられており、計五章から構成されている。

論述の中で、編著者は、「『達成目標の明確化』は、授業前の診断的評価、授業過程の中での形成的評価、授業後の総括的評価を可能にし、その評価を授業改善に役立てることを可能にする。」（同上書、一四ぺ）と述べ、また「『達成目標の明確化』は、多くの点で授業改造の可能性をきりひらく。しかし、一歩誤れば授業の改悪にもなりかねない危険性もひそんでいるように思われる。こうした点について、私たちはさらに自覚的でなければならないであろう。」（同上書、二一ぺ）とも述べている。執筆者の一人森田信義氏は、「すべての児童・生徒に、国語科という教科の本質に照らして必須の国語学力を身につけさせるためには、私たち自らが、教科の本質を究明し、それをひとつひとつの授業の目標、学習課題に具体化していく段階をふみ、さまざまなレベルの目標を相互関連的に把握していくのでなくてはならないであろう。達成目標を明確にしていくという仕事は、このような課題への取り組みであるともいえる。」（同上書、五八ペ）と述べている。

5『大村はま国語教室1　国語単元学習の生成と深化』（筑摩書房刊）は、全集一五巻別巻一のうちの、第一巻である。戦後における中学校国語科授業を文字どおり開拓し、国語単元学習の生成と成熟、深化がはかられた、大村国語教室の軌跡が明らかにされ、生成期（昭和二〇年代から三〇年代前にかけて）における授業実践例としては、「単元　クラス雑誌」、「単元　研究発表」、「単元　伝記」が収められ、深化期（昭和四〇年代後半から）における授業実践例としては、「単元　新一年生に石川台中学校を紹介する」、「単元　私たちの生まれた一年間」が収められている。第Ⅲ章には、「単元学習の歩み」として、「私の研究授業一覧」が収められている。昭和二三年（一九四八）六月から昭和五五年（一九八〇）二月までの三二年間に、二〇三にのぼる研究授業が行われており、ほかに他校での研究授業一覧（二二）が収められている。

大村国語教室の単元学習は、すべて実践即研究としての成果・結実にほかならないが、『大村はま国語教室』全一六巻（別巻一を含む）は、国語科授業研究の対象としても、資料としても、他に類例を見いだしがたい価値を蔵している。

6『国語の授業方法論――発問・評価・文章分析の基礎――』（井上尚美著）――書名は、小松善之助氏著『国語の授業組織論』（昭和51年、一光社刊）にあやかってつけられたという。本書は、第Ⅰ章国語科の構図／第Ⅱ章表現・理解過程の言語心理／第Ⅲ章読みの授業における発問／第Ⅳ章目標⇅評価と指導計画／第Ⅴ章教材研究の基礎としての文章分析／第Ⅵ章自己学習能力とスキル指導／終章国語教育学と哲学、計七章から構成されている。本書の底を流れている、著者井上尚美氏の考えとしては、つぎの三つが挙げられている。

1　心理学・言語学その他関連諸科学の目を通して国語科教育の内容・方法を見直すこと。

2　国語科教育の歴史は内容主義と形式主義（技術主義）対立の歴史と見ることもできるが、内容を正確に・深く把握するための基礎としてのスキルの重要性を認識する、ということ。

3　子どもの自己学習能力の開発を考えること。（同上書、六ぺ）

本書は、「国語の授業の（具体的）方法」を説いたものではなく、国語の授業の「方法論」をとり上げて考察が進められている。指導技術という観点から、事前の教材研究、授業中の発問、評価の三つをとり上げ、実践の基礎理論を構築していくことがめざされている。国語科授業からの研究に対して、国語科授業についての研究、国語科授業に至る基礎的研究がまとめられている。

7『高校古典教育の探究』（伊東武雄著）、8『国語科授業の発想と展開』（降旗重徳著）の両著は、高等学校における古典教育の実践研究記録、小学校における国語科授業に関する考察・報告等をそれぞれまとめたものである。

前者7『高校古典教育の探究』は、第一章素材読みとその深化の方法、第二章徒然草学習指導の実際、第三章更級日記学習指導の実際、第四章蜻蛉日記指導の実際、第五章源氏物語指導の実際――亨受面の実態を中心に――、第六章古典学習指導の試み――堀辰雄「曠野」と今昔物語の原話との比較読み――、第七章文法指導の実際――伝聞・指定の「なり」の指導法――、第八章古典語い指導についての試案、第九章国語学習指導の問題点――国語学習意識の実態から――など、九章から構成されている。著者伊東武雄氏（現広島県立高陽東高校教諭）は、二六年もの実践経験を有し、その間藤原与一博士の提唱になる、読み〈解釈〉の三段階法――素材読み、文法読み、表現読みを実践への拠点とも指標ともして、みずからの古典学習指導に生かして多くの授業実践を重ね、それをみずからの手でまとめた。周到な授業準備と計画、丹念な授業記録、学習者の反応の把握、授業者としての自己評価など、克明にかつ意欲的になされており、授業実践者としての生きかたとその成果に深い感銘を受ける。

後者8『国語科授業の発想と展開』（降旗重徳著）は、Ⅰ国語科教育のすすめかた、Ⅱ表現の指導、Ⅲ理解の指導、Ⅳ授業研究、Ⅴ教材研究〈鳥取砂丘／じがばちの観察〉、Ⅵ授業記録、Ⅶ授業研究ノート〈その一～その六〉など、七章から構成されている。倉澤栄吉教授が本書に寄せられた、「国語教室の可能性」と題する序文は、「没後に発見された『Ⅶ授業研究ノート』は、ここに収められただけでも、珠玉の思いがする数篇である。降旗実践の精髄を凝縮したもので、正にここから全集が出発するだろうと想像された、未完成交響楽的掌篇なのである。その意味で読み返してみると、この実践的な書物が訴えているものは限りなく深く、限りなく重い。」（同上書、三ぺ）と結ばれている。著者と親交があり、研究上の仲間・同志でもあった青木幹勇氏は、本書に寄せられた、解題をかねた跋文に、つぎのように述べておられる。

「降旗さんは、国語科の授業に対し特別の熱意をもっていました。すぐれた授業のできる授業者への強いあこがれを抱いていました。／本書の大部分が、彼の授業論といってもよいと思います。／よき授業、すぐれた授業者への憧憬は、当然教材研究への強い関心となって表れるはずです。たった一時間の授業をするために、仕事のやりくりをして、現地へとんでいき、足の裏に砂山の感触を経験し、会うべき人に会い、調べたいことを調べてきたという、あの熱烈な教材研究『鳥取砂丘』は、生涯をかけて、授業に取組もうとする、降旗さんの国語科教育を、象徴しているといえるでしょう。／指導主事になった降旗さんは、常々、授業のできないことを嘆いていました。授業ができない降旗さんにも、授業を観る機会はたくさんありました。授業を観ること、それはそのまま、授業研究でもあるのです。しかも降旗さんの場合は、それが指導活動でもあったのです。降旗さんは、授業参観のメモをたくさんのこしていますが、その記録の克明なことには驚かされます。」（同上書、二二六ぺ、文中／は、原文改行のしるし。）

本書第Ⅳ章授業研究には、「授業研究の今後は何を考えるか」と題する論考が収められている。この論考は、力のこもったもので、一　授業研究の現状、二　授業研究と授業の質、三　授業研究の視点、四　授業研究を役立てるためになど、四節から成っている。著者は、その中で、つぎのように述べている。

「よく研究授業と授業研究をごっちゃにして考えるむきがあるが、明らかに違うのである。研究授業は、ある研究主題が設けられていて、学校全体とかサークルとかが仮説にもとづく実験的手法による検証性をもつものといえる。いわば研究主題解明に重点をおく授業をいうのである。授業研究は、それと同じものであってよいか。そうであってはならないのである。本来、授業は実験に値するものではないし、それは不可能なことである。授業研究の意味は、一途に自己の授業の質を高めるためにのみ存在するのであって、決して他の目的のためにではないのである。」（同上書、一二四ぺ）

降旗重徳氏は、前掲授業研究の四類別でいえば、Ⅰ　国語科授業力の習得とその深化向上をめざしての授業を、「一途に自己の授業の質を高めるためにのみ存在する」ものとして考えられ、いわゆる「研究授業」とは、目的・方法等の面で区別して考えられたようである。

また、降旗重徳氏は、授業研究にあたっては、「授業を組織するうえから、全般にわたり、授業の事前・事中・

事後を万端整えて授業に臨む態勢が必要である。」（同上書、一二五ぺ）として、留意すべき事項が、つぎのように述べられている。

○教材研究の視点と方法に熱意をもち、教材研究を徹底的に究明して授業に臨む必要がある。
○授業の記録を工夫し、授業の全体を把握するだけでなく、一人一人の学習状況の把握が必要である。
○授業後における検討は、客観的資料に基づき、学習評価はもちろん人間育成の努力を考慮する必要がある。

（同上書、一二五ぺ）

授業研究を本格的なものにしていくため、心がけ、努力していくべき事項が提示されているのである。

六

つぎに、9『文学教材の実践研究文献目録（一九七六年一〇月～一九八一年九月）』（浜本純逸・浜本宏子編）には、教材としてとり上げられた文学作品を対象とした、作品分析・教材研究・実践記録等の目録が収められている。一九七六（昭和五一）年一〇月から一九八一（昭和五六）年九月までの五年間に発表された単行本（計二三五冊）・雑誌（一九種）などから、編者が直接調べることのできたものを、〈近代・現代〉、〈古典〉それぞれ各形態ごとに、作品別・五十音順に配列している。すなわち、

第一部　近・現代の作品を教材とした実践・研究
　〈童話・物語・小説・随筆〉→〈詩〉→〈短歌〉→〈俳句〉
第二部　古典を教材とした実践・研究

古文　〈物語・随筆〉→〈歌謡〉→〈短歌〉→〈俳句〉→〈川柳〉
漢詩文〈漢文〉→〈漢詩〉
のように編成・配列されている。

こうした文学教材に関する実践研究の文献目録の作成・整備によって、授業研究のための基礎作業の一つは固められつつあるといってよい。

一方、説明的文章教材の実践・研究文献目録も、森田信義氏らの手によって編成されつつある。

これらの基礎作業の成果としての文献目録は、授業研究を中核とする国語科教育実践史研究にも寄与するところ大なるものがある。

つぎに、10『教育実践記録論』（坂本忠芳著）は、序章実践記録とはなにか／第一章実践記録分析の基本的視点／第二章実践記録のドラマ性／第三章教育調査と実践記録／第四章指導の構造と実践記録／第五章実践記録の時代性と環境性／終章実践記録の記述と分析の方法など、計七章から構成されている。終章はさらに、一実践記録を書くことの意味、二実践記録の方法、三記録の焦点化と構造化、四実践記録の表現、五実践記録の批評、六内面的テキストの創造など、六節から成っている。

著者は、「本書は、現場の先生方と共同して行なった一つの教育実践記録検討論である。」（同上書、五ぺ）とし、「それは、今日の教育研究運動と結びついたささやかな試みである。本書が実践記録の研究に今後いくぶんでも役立つならば、筆者の喜びは大きい。」（同上書、五ぺ）と述べられている。

国語科授業研究における、授業記録のありかた、その研究のしかたに関しても、学びとって考えていかなければならない点が多い。

七

国語科授業研究は、昭和三〇年代以降、時々に当面する課題群へのとり組みを通して、実績を積み重ねてきた。それらを克明に整理し、総括して、授業研究の進展と深化に資するためには、さらに意図的計画的な調査研究を継続していかなければならない。

国語科授業研究を、さらにみのり多いものとしていくため、努めたいことをまとめてみると、左のようである。

Ⅰ　個別的内発的な国語科授業研究の向上

国語科授業構築の全過程（1授業の準備のしかた〈教材研究・学習者研究・授業計画〉→2授業の組織・展開のしかた〈単元研究・指導過程研究・展開法研究〉→3授業の診断・評価のしかた〈学力評価・授業力評価・学習者診断〉）に即して、授業者各自の当面する切実な課題・問題を見いだし、その克服・解決・達成をはかっていく研究である。授業者一人ひとりが日常的継続的にみずからの国語科授業研究をどのように進めていくか、身についたものにしていくかが課題である。どのような方法によって研究を進めるかも切実な問題となる。

Ⅱ　領域別主題別の国語科授業研究の推進

文学教材の授業研究、説明文教材の授業研究、作文の授業研究、話すことの授業研究など、国語科教育の各領域別に、問題・主題を明確にして進めていく場合である。学校単位、サークル単位、研究団体、研究所、研究会単位で、領域別主題別に授業研究が組まれることが多い。しかし、この場合も、その推進・担当は、Ⅰの個別的内発的な授業研究によってなされる。

Ⅲ　全体的関連的な国語科授業研究の集積

国語科授業研究の年次ごとの全体的な総括をどのようにしていくか。また、教授学・方法学領域における、数多くの授業研究の成果や提言を、どのように受けとめ、摂取し、国語科授業研究に生かしていくようにするか。このことに関して、たえず視野を広くし、実践・研究の情報を確保するように心がけなければならない。

——小学校・中学校・高等学校を通じて、国語科担当者がどういう授業力（授業構想力・国語教材把握力・国語学力把握力・国語学習深化力・話述力〈説明力・発問力・助言力・司会力〉など）を身につけ、どういう国語科授業を実践しているかがきびしく問われている今日、国語科授業研究の果たすべき役割は、ますます重さを加えている。

（昭和58年4月17日稿）

4　説明的教材で行う授業研究の視点と方法

一

国語科授業研究は、戦後、とりわけ昭和三〇年代以降、時々に当面する課題群への取り組みを通して、実績を積み重ねてきました。それらを克明に整理し、総括して、授業研究の進展と深化に資するためには、更に意図的計画的な調査研究を継続していかなければなりません。

国語科授業研究を、実践・研究のうえで、みのり多いものとしていくため、努めたいことを挙げてみますと、つぎのようになります。

Ⅰ　個別的内発的な国語科授業研究の向上

これは、国語科授業構築の全過程（1、授業の準備のしかた〈教材研究・学習者研究・授業計画〉→2、授業の組織・展開のしかた〈単元研究・指導過程研究・展開法研究〉→3、授業の診断・評価のしかた〈学力評価・授業力評価・学習者診断〉）に即して、授業者各自の当面する切実な課題・問題を見いだし、その克服・解決・達成をはかっていく研究です。授業者一人ひとりが日常的継続的にみずからの国語科授業研究をどのように進めていくか、またどのように身についたものにしていくかが課題です。どのような方法によって研究を進めていくかも切実な課題となります。

Ⅱ　領域別主題別の国語科授業研究の推進

これは、文学教材の授業研究、説明文教材の授業研究、作文の授業研究、話すことの授業研究など、国語科教育の各領域別に、問題・主題を明確にして進めていく場合です。学校単位、サークル単位、研究団体、研究所、研究会単位で、領域別主題別に授業研究が組まれます。しかし、この場合も、その推進・担当は、前掲Iの個別的内発的な授業研究によってなされます。

III　全体的関連的な国語科授業研究の集積

これは、国語科授業研究の年次ごとの全体的な総括をどのようにしていくかの問題です。また、教授学・方法学領域における、数多くの授業研究の成果や提言を、どのように受けとめ、摂取し、国語科授業研究に生かしていくようにするかも問題となります。これらのことに関して、たえず視野を広くし、実践・研究の情報を確保するように心がけなければなりません。（以上、小稿「国語科授業研究の動向と課題」〈「国語科教育学研究8」、昭和58年6月25日、明治図書刊〉、二二一～二二三ぺによる。）

説明的教材で行う授業研究の視点と方法の問題も、前掲I・IIにかかわり、とりわけI個別的内発的な国語科授業研究として位置づけられます。説明的教材を対象として授業研究を行う場合、授業者としては、国語科授業構築の全過程（1、授業の準備のしかた→2、授業の組織・展開のしかた→3、授業の診断・評価のしかた）を視野に収め、それぞれの段階における問題点を把握していなければなりません。国語科授業の構築にあたって、1、教材研究を通じて見いだされた問題点、2、学習者研究（実態、説明的教材への興味・関心、学習意欲、知識・経験など）を通じて見いだされた問題点、3、授業計画のありかた、4、授業の組織・展開のしかた（指導過程・展開法など）を通じて見いだされた問題点、5、授業の診断・評価のしかた（学力評価・授業力評価・学習者診断など）を通じて見いだされた問題点を、授業者みずから把握して、授業研究に臨むことが、授業研究の形骸化を救います。他者の行った実地の授業（あるいは授業計画・授業記録）を対象にした授業研究に臨む場合も、可能なかぎり授業構築の全過程を視野において、授業上の問題点を把握して、授業者ともども、説明的教材の授業の望ましいありかたを求め合うことになります。

二

説明的教材を読ませていく指導をするにあたって、授業者としてたえずみずからに問い、文章に問いたいことは、取り上げている説明的文章の説明の真実性・妥当性・充実感です。説明的教材の内容・表現に即して問うことはいうまでもありません。教材としての説明的文章の説明ということについては、1なんのために、2なにを、3どのように、4どんな視点から、5どのような人が、説明しているのかを、たえず吟味し、その真実性・妥当性・充実感を問うていくようにしたいと思います。

説明的教材を扱う場合の留意点は、その意図・要点を正確にとらえ、必要に応じて、細部をも自己の目的に即して、活用することができるように読み取っていく力を養うことにあります。そういう読解の技能を確実に習得させるためには、技能を習得する読みそのものが、本格的であり真剣でなくてはならないと思います。それには、対象としての説明的教材の説明を中心機能とする文章表現そのものが、それを充たしていくだけの可能性・価値性を蔵していなくてはなりません。

三

渋谷孝教授は、その論考「説明文の授業研究の課題と方法」（前出「国語科教育学研究8」〈昭和58年6月25日、明治図書刊〉掲載）において、授業研究の価値を「よい授業を行っていくための諸契機を検討して、よい授業が成立するための条件を整えることである。」とされ、「『しっぽのやくめ』（光村一年）なり、『動物のへんそう』（学図四年）なり、

『波にたわむれる貝』（東書六年）なりの教材で授業をする場合、教材解釈上の、また児童が誤りやすい箇所について、多くの授業研究資料によって解釈を求め、適切な指導の手順を求め、客観的とも言うべき事柄を明らかにしたいのである。」と述べておられます。更に、「国語科読解指導上の問題は、教材解釈と指導案だけでは、どうしても本質的な問題点には到達できない。授業の記録によって、授業の研究をする必要がある。」「当該教材の授業の全時間の記録を取り、それを分析して、すぐれた授業を行っていくための徴標（要素）を抽出できるようにしたい。すぐれたところと不十分なまたは誤ったところを明らかにしたい。そういう作業を数多く積み重ねることによって、説明的文章教材による読解指導をすぐれたものにするための一般的に転用できる要素を抽出できるのである。」（同上誌、四〇ぺ）と述べておられます。

このような授業研究の考え方にもとづいてまとめられたのが、渋谷孝教授の編著にかかる、『説明的文章の授業研究論』（昭和56年7月、明治図書刊）であります。本書には、六名の実践者による六編の授業記録（教材本文・授業計画・教材研究を生かした指導案を含む。）とそれに対する編著者渋谷孝教授の考察とが収められています。

第Ⅴ章「魚の感覚」の授業研究は、相馬毅教諭の授業記録と渋谷孝教授の「魚の感覚」の授業の問題——授業研究上の一つの課題——から成っています。

この「考察」では、つぎのように三つの問題（項目）がとり上げられています。

1　重要語句と難語句の違いについて
2　「構造だけでは、そのはたらきは、よくわかりません」の箇所をどう教えるか
3　小段落（形式段落）ごとの読み取りが終わってから大段落（意味段落）のわけ方へ

これらのうち、1については、「例えば、『魚の感覚』には、『円すい体』『紫外線』という難語句、音の高低強弱の違いなどの難語句が出てくるが、少なくとも『円すい体』と『紫外線』はこの教材（引用者注、五年生用）では重要語句ではない。相馬氏は、難語句と重要語句を区別しているが、これは非常に大事なことである。」「重要語句というのは、その語を含む教材としての文章の中心的思想に直接深く関わっている語を言う。単語としてのむずかしい意味をもつものや、学術上の専門語を言うのではない。その点、管見による限り、一般的には、まだまだ混同されているようである。」（同上書、二六六ぺ）と指摘しておられます。

また、2については、教材「魚の感覚」の形式段落2に出てくる、

いったい、魚には、色がわかるのでしょうか。魚の中には、ある種の深海魚のように目のないのもありますが、ふつうは、頭の左右に、一対の目をもっています。これをよく調べてみると、目に必要な部分はそろっているし、色に感じる円すい体という部分もあるので、ものを見る感覚はあると思われます。しかし、構造だけでは、そのはたらきは、よくわかりません。実際に物を見わけ、色に感じることができるかどうかを調べるために、学者たちは、次のような実験をしました。（傍線は引用者）

渋谷孝教授は、前掲傍線部「構造だけでは、そのはたらきは、よくわかりません」について、相馬教諭の指導を紹介されつつ、「（相馬教諭は）何とか乗り切ったが、私もこれにまさる適切な指導法は思いつかない。こういう肝心なところについての授業の事例がほしい。」「どのように教えたらよいか、多くの人から切実に聞きたいと思う。」と述べられ、「〃自分はこのように教えた〃という事例を持ち寄って検討してこそ適切な授業の手順が少しは、確かなものとして把握できるかもしれない。これこそが授業研究の主要な課題なのである。」（同上書、二六八ぺ）と指摘

しておられます。

3については、渋谷孝教授の説明的文章の構成のとらえかた、段落の扱い方についての基本的な見解が、「魚の感覚」の授業の進め方に即して確かめられております。

『説明的文章の授業研究論』には、「魚の感覚」（五年）のほか、五編（一年～四年、六年）の授業記録についても、渋谷孝教授によってそれぞれ考察がなされ、授業研究上の問題が五編で計二一項目も挙げられています。

渋谷孝教授は、説明文の授業研究のありかたに関して、「個別的具体的な問題提示による臨床的な検討が必要だと考える。それのみがすぐれた授業をつくる途につながっていくであろう。」（前出「説明文の授業研究の課題と方法」「国語科教育学研究8」〈昭和58年6月25日、明治図書刊〉、四二ぺ）と述べられました。

四

「魚の感覚」といえば、この説明的教材について、昭和四五年の時点で、一〇数回もの指導経験をもたれる青木幹勇氏が、教材解釈をどう深めていかれたかについて、つぎのように述べておられます。

1　古いむかしのことは、忘れましたが、初めのころ、わたしは、この教材は、魚には、視・聴・嗅・味の感覚がある。しかもその感覚には、かなりの鋭さがあるのだといった程度に読んで、それを指導したのではなかったかと思います。

2　その後、魚の感覚の存在や、感度が主として実験によって証明されていく過程をていねいに読んでいく指導をしました。

3　魚の感覚の存在、感度の証明は、実験だけでなく、視覚においては、解剖、聴覚においては、実験に加えて、素人の経験、学者による長期の実験、さらに、感覚の存在だけでなく、感覚を量的に計測していることをとりあげなければならないことがわかってきました。

4　この教材について小松善之助氏の『説明文読解指導の構想』（「現代の授業5」明治図書刊）には、教えられることがたくさんありました。ことに、氏が、この教材を指導している授業記録には、驚嘆させられ、この教材の解釈、教材価値についても大きな示唆を受けました。（引用者注、小松善之助氏の「魚の感覚」の授業記録は、後に、『楽しく力のつく説明文の指導』〈昭和56年7月、明治図書刊〉に収められています。討論も含めますと、A5判九四ページ分にも及んでいます。）

5　実験（経験）の共通点―条件反射の方法、さらに、文章の前半が、実験による、感覚存在の証明。後半では存在の有無だけでなく感度の計測という、より科学的な方向へ筆をむけ、筆者が、読み手の子どもに、科学的な証明のしかたを示しているのだというような指導もしてきました。

6　ところが、後半に書かれている嗅覚と味覚に関するところは、その感覚の存立が他の感覚のように、実験によって証明されるのではなく、ある条件によって、類推されるという形で書かれていることを、最近の授業によって、確かに読みとることができました。はずかしいことです。（『青木幹勇授業技術集成5』、昭和51年8月、明治図書刊、七九～八〇ぺ）

教材「魚の感覚」を取り上げて、研究授業を重ねられるたびに、青木幹勇氏の教材解釈が深められていった、その軌跡が語られています。それは授業者青木幹勇氏の成長を示しています。氏の場合、教材解釈、教材把握が深まれば、それに応じて、「魚の感覚」の授業の構築と展開についても、工夫が重ねられていったと思われます。

五

説明的教材による授業研究のありかたについて、先行研究を紹介してきましたが、授業研究の視点（方法）として、

1　説明的教材の説明機能を中心にした、文章表現の構成と展開の方法は、教材研究と授業を通じて、十分にとらえられたか。（段落把握を中心に、教材研究、授業記録、授業観察〈メモなど〉を通じて検討していく。）

2　説明的教材の内容、筆者の意図、要点要旨は的確にとらえられたか。学習者に理解させ、まとめさせるのに、困難な点はなかったか。

3　説明的教材の語句についての理解は十分になされたか。また、指導上、困難点はなかったか。（重要語句、難語句に着目し、混同しないように指導をしていく。）

4　授業計画・授業記録によって、個別的具体的な問題点を発見し、それを取り上げていく。（臨床的に検討するとともに、つぎの授業研究に、仮説として役立て、生かしていくようにする。）

5　説明的教材の取り扱いに関し、仮説（問題点）を視点として用意し、授業研究の足場としていく。

などを設定することができます。

同一教材による授業事例を持ち寄って、授業研究をみのりあるものにしていく共同研究方式も考えられます。

（昭和58年9月4日稿）

5　国語科授業研究を求めて

一　国語科授業力を高めるために

私が国語教育の実践・研究に取り組もうと志を立てたのは、学生時代、昭和一六（一九四一）年四月ころからである。爾来、今日まで五七年間、半世紀をこえる年月を重ねてきたことになる。その間、五一年七カ月は、ずっと教職（愛媛県立松山城北高等女学校一年七カ月、広島高等師範学校・広島大学教育学部三六年、鳴門教育大学一四年、計五一年七カ月）にあって、主として国語教育の実践・研究に取り組むことができた。

国語教育の実践・研究に取り組んだ、長い年月の中で、私は昭和四九（一九七四）年八月一日、「国語科授業研究のために」という一文を執筆し、国語科授業力を高め、充実した授業を創造していくのに、心がけておくべきことを、左のように述べている。

1　授業のしかたを固定したものとして、形骸化させないように、たえずいきいきとした意欲的な授業を構想する力（国語科授業構想力）を養っていくように努めること。

2　国語科教材の研究について、とくに教材化について、さらには典型的な生きた教材の発見・発掘について、心をひそめていくこと。新聞・雑誌・単行本を読むときも、図書室で児童読物を手にとるときも、たえずすぐれた教材発見への気持ちをゆるめることなく、求めていくこと。

3　学習者についての理解を深め、国語学力を確かめ、着実で収穫の多い授業が展開していくよう、一人ひとりの子どもたちに対し目をはなさないこと。与えられた教科書教材からばかり出発するのではなく、学級の子どもたちの興味・関心・意欲・課題・学力から出発して、授業を組織していくようにすること。

4　真に学習しうる者のみが真に教え導くことができるとすれば、授業者は、すぐれた言語生活者であり、すぐれた聞き手・話し手・読み手・書き手であることがのぞまれる。みずから苦労して身につけたことだけが、学習者への指導力として役立っていく。

5　自他の国語科の授業を省察して、その授業営為にはたらいている条理を見いだし、問題点をとりあげ、それを克服していく方法を求めるようにしていくこと。学習者・教材が、そして授業の展開が、しっかり見えていること。これは、個性的な授業の創造に欠くことができない。

6　みずから工夫して、学習指導（授業）記録を継続していくように努めること。発問法のことも、丹念に準備し、実践し、省察し、それらを記録にとどめていくことにより、一層深められていく。授業記録こそは、最も大事な教育文化財であり、明日の授業の源泉である。

7　国語科に関する授業研究の文献資料（単行本・雑誌論文・実践報告など）にあたって、たえず多くの示唆をえ、実地の授業に生かしていくように努めること。（小著『国語科授業論』〈昭和51年6月1日、共文社刊〉、七三～七四ペ）

これらは、小学校教師になろうとする若い方たちへの〝ことば〟として述べたものであるが、同時に、私自身への〝ことば〟であった。ここに述べたこと（前掲1～7）は、私が国語教育の実践・研究に志を立ててから、ちょうど三三年の経験を重ねた時点のものであった。

心がけていても、また努めていても、自らの国語科授業力を精練し向上させるていくことは容易ではない。

二　国語科授業研究への姿勢

私は昭和三八（一九六三）年三月、「国語科における授業研究の方法」と題する論稿を執筆した。その中で、私は授業研究のありかたに関し、左のように述べている。

「授業研究の醍醐味はどこにあろうか。周到かつ意欲的な清新な授業に接しつつ、観察に集中し、その授業過程に即して、分析・分節を加えて、その授業を成り立たせている実践様式をとらえ、その実践の核心に触れて、その実践主体の態度と人柄と技術とに迫りいくとき、ひとしお深い喜びを覚える。

それは一個の文学作品を、その核心においてつかみえた時の喜びに似ている。ただ違うのは、目前の授業はたえず流動しているので、つねに緊張してとらえていかなくてはならないことである。また学習者の集団的個別的性格とその行動とを観察して、そこに現れる学習過程の諸反応をも見抜くことは、やさしくはない。そこでは、観察・把握・省察のための、また解釈・批判のための修業と熟達とが要請されている。

授業把握のための根本視点は、その授業の成立を、1教材、2学習者、3指導者の三極の作用からとらえ、さらにその授業の構造を、1目的、2目標、3内容、4方法、5評価という、ひとまとまりのものとしてとらえていくことにあろう。とりわけ、その授業の目標を明確にとらえ、かつ鋭く判断することが大切である。目標の提示が羅列目標・形式目標から焦点目標・実質目標へと焦点づけられ、自覚的に設定されていく傾向は、今日ますます強い。

学習内容、学習指導の方法についても、授業者はたえず『これでいいのか。』という不安にさらされてきた。既成固定化した観念的形式的方法に安住するか、でなければ、手さぐりしつつ動揺するか。新奇を追うもろさ、あせりは、国語教育界にも見られる。どう自己確立をはかるか。実地の授業を通して、実践者がそれぞれ自己確立をはかり、不動の国語教育を目ざして進む――そこに、授業研究の最も大きい目標がある。

授業研究は、共同してその典型的な研究方法を求めると共に、また各自各個に多彩な研究方法を試みてみるべきである。話すこと・聞くこと・読むこと・書くこと――どの領域の実践も、実践値の高い営為として形象化し、概念化し、定着させていくために、実践精神の新しい燃焼を切に期待したい。」（同上小著『国語科授業論』、五九～六〇ぺ）

この論稿の執筆は、国語教育の実践・研究に志を立て、二二年間の積み重ねをした時点でなされた。国語科授業研究に臨む心構え、見通しを持つようになっていたかと思われる。

三　国語科授業研究の視点と方法

その後、一二年を経て、私は、昭和五〇（一九七五）年四月に、「国語科授業研究の主題と方法」と題する論考を執筆した（これは、「授業研究年鑑」〈一九七五年版〉明治図書刊に収録された）。

この論考で、私は、国語科授業研究を四類（Ⅰ～Ⅳ）に分けることを試みた。

Ⅰ　国語科授業力の習得とその深化向上を目ざしての国語科授業研究

Ⅱ　努力目標（あるいは全体的基本的目標）を目ざしての国語科授業研究
Ⅲ　検証性・効率性を目ざしての国語科授業研究
Ⅳ　研究仮説にもとづく実験的試行的な国語科授業研究

これらの国語科授業研究を進めるに当たって留意すべきことについては、左のように述べている。

「いずれのばあいも、国語科授業研究（前掲Ⅰ～Ⅳ）のねらいとするところを明確にし、かつ焦点化して、とりかかるようにしなければならない。研究目的・目標があいまいで、ぼやけている場合、国語科授業研究に臨む授業者も討議者も、低迷しやすい。

国語科授業研究に、方法上、たえず求められるのは、授業者としての省察力であり、記録力であり、討議者としての観察力であり、記録力であり、両者に求められるのは、授業透視力である。すなわち、理論、実践の両面に即して、洞察し、生きた呼吸をとらえ、本質・実体そのものを見抜くことのできる透視力である。それが国語教材・学習者を的確にかつ周到に透視し把握する力と相俟《ま》つものであることは、改めていうまでもない。」（同上小著『国語科授業論』、七〇ぺ）

ここで国語科授業透視力という語を用いているが、それは本格的な実践研究を目ざす者にとって、悲願ともいうべきものであり、謙虚でしかも不屈不撓の求道者として精励を重ねなければならないことを自らに言い聞かせてのことであった。

（平成10年5月13日稿）

6　児童が意欲的に学ぶ授業を求めて
――個性溢れる実践報告九編――

一　国語科授業の構築を求めて　その一

自らの国語科授業を本格的なものとし、自律的なものとしていくこと、自らの授業を個性的な生き生きとしたものにしていくこと――これは、実践者（授業者）の願ってやまないところである。単なる模倣ではない、自らの力で生みだし、構築していく授業こそ、個性的な授業の名に値する。

実践者（授業者）として、どのようにして〝国語科授業力〟を習得し、その修練をどのように積み重ねていくか。国語科教育へと志し、国語科教育の道を歩んでいこうとする時、たえず目ざすべきは、〝国語科授業力〟をしっかりと身につけ、精確で活力に富む国語科授業（さらには、その理論）を構築していくことである。

個性的で独創的な精確で活力に富む国語科授業の構築が、学校教育現場における実践研究の最も中核をなす課題であるとすれば、その中心課題を堅持して、全力を傾注していくことが要請される。すなわち、〝国語科授業力〟をどう習得し修練していくか。〝国語科授業力〟を駆使して、国語科授業の創造をどう進めていくか。すべて国語科教育の研究・実践は、〝国語科授業力〟の習得・実践ということに帰するであろう。また、国語科教育の研究・実践のすべては、国語科授業の創造に役立てられ、それに資していくであろう。

しかし、柔軟で生き生きと縦横に働く〝国語科授業力〟の習得は、容易なことではない。周到綿密な配慮を要する。国語科授業者として、常に国語科教材への洞察力・透視力を働かせ、学習者（児童・生徒）把握（理解）力を鍛え、一単元・一教材に即しての自在な授業構想力（展開力）を豊かに持っていなければならない。

思えば、個性的で独創的な精確で活力に富む国語科授業の構築こそは、国語科教育実践者の永遠の課題である。それは〝国語科授業力〟のみごとな結晶作用によって具現される。

二　国語科授業の構築を求めて　その二

〝国語科授業力〟が真に発動し、生き生きと働くためには、国語科授業において目ざすべき目標（指導事項）が的確に捉えられていなくてはならない。目標の措定（設定）が仮初めになされ、浮動したり形式化したりしていると、授業内容は忽ち散漫になり希薄になる。目標（指導事項）の真の発見は、国語科授業構築のため、最も根幹の位置を占める。

目標（指導事項）に向かって、国語科授業の内容（学習活動を含む）をどう組織していくか。国語科教材への解釈力・洞察力・透視力、さらには国語科教材産出力、学習者把握（理解）力（国語学習力の問題を含ませる）が大きく係わるのは、ここにおいてである。

目標（指導事項）に向かって、授業内容をどう構成し組織して、どのように展開させていくか。そこに学習指導の過程と方法の問題が登場してくる。方法は模倣されやすく、それだけ形骸化しやすい。個性的な方法の発見は、すぐれた実践者のたえず求めつづけているところである。適切で的確な方法の工夫は、国語科教育の理論、豊富な実践体験から導かれ、授業者の愛情に育てられ、授業を充実したものとする。

〔目標（指導事項）⇅内容⇅方法〕という国語科授業過程は、その展開過程及びその結果・到達状況がたえず評価され、検証される。学習者一人ひとりに即して、また授業者自らの指導過程に応じて、省察・考究を中軸とする評価が行われる。

国語科授業過程、つまり〔目標（指導事項）⇅内容⇅方法⇅評価〕の展開過程をどのように組み立てていくかが、〝国語科授業構想力〟であり、それを推進していくのが〝国語科授業展開力〟（国語科授業力）である。

こうした国語科授業過程による、精確で活力に富む国語科授業の構築については、すべて、あるいは選んで、国語科授業記録（国語科学習記録）として記述され、まとめられるのが望ましい。国語科授業記録（国語科学習記録）こそ、国語科教育研究の拠点となる。それは有力なかけがえのない資料である。

三　「児童が意欲的に学ぶ授業」構築への示唆　その一

国語科における「児童が意欲的に学ぶ授業」をどのように構築していけばよいか。全国各地のすぐれた実践者から寄せられた実践報告九編は、左のとおりである。

1　学習者が主体的に読む文学教材の読みの指導――物語教材「たぬきの糸車」（小一）――（徳島県　素水光子教諭）

2　楽しく発表する子どもをめざして――低学年の文学的文章「かもとりごんべえ」（小一）学習における表現への支援――（佐賀県　飯盛直子教諭）

3　一人ひとりが意欲的にすすめる学習――「お手紙」（小二）をとおして――（奈良県　佐田壽子教諭）

4　子どもが読み方を習得しながら意欲的に学ぶ授業――文学教材「ちいちゃんのかげおくり」（小三）――（福岡県　船瀬安仁主事）

5　意欲的な取り組みを促す説明文指導――「理解」と「表現」の関連指導「体を守る仕組み」（小四）――（和歌山県　中川啓子教諭）
6　文章表現力の育成――楽しく文を書く力をつけるために（小五）――（広島県　野間淑子教諭）
7　社会との接点のある資料の理解を基盤とした表現の意欲を高める授業――小学生版地球温暖化防止京都会議（小五）――（大阪府　清水洋一教諭）
8　子どもが読みを創る――「大造じいさんとガン」（小五）――（岡山県　小川高司教諭）
9　読みを広げ、意欲的に作品の心を自分に生かす文学教材の授業の工夫――「桃花片」（小六）――（山口県　城一伸子教諭）

ここには、低学年（一・二年）、中学年（三・四年）、高学年（五・六年）にわたって、文学教材（小一「たぬきの糸車」、小二「お手紙」、小三「ちいちゃんのかげおくり」、小五「大造じいさんとガン」、小六「桃花片」）が取り上げられ、意欲的に読み、読み味わい、読み深めていかせるには、どうすればいいかが、いずれも示唆深く述べられている。

前掲実践報告（1～9）のうち、書くこと（表現）の授業を取り上げられたのは、野間淑子教諭（広島）であった。その実践報告では、児童が楽しく喜んで意欲的に文・文章を書くようにしたいという目標をめざして、どのように取り組み、どのように進めていけばいいかについて核心に触れた述べ方がなされている。

作文嫌いの克服に関しては、「文・文章を書くことに対する抵抗が取り除かれ、必要に応じて自分の考えや気持ちを作文に書き残すことができるようになってくると、児童は自ずから作文が好きになってくる。それは、国語の時間の作文指導だけで達成できるものではなく、日々の生活の中にごく自然なかたちで文章を書くことを取り入れていくことによって、より効果をあげることができる。」と述べられた。

また、評価の在り方については、左のように述べられている。

「作文に興味・関心・意欲を起こさせるためには評価が大いに関係してくる。
単元の目標に合わせてのプラス評価をする事も大事である。完成した作文に寸評を書き込むだけでなく、直接言葉でほめ、みんなの前でうまく書けているところを紹介する。また学級通信で家庭に知らせたり、文集を作ったりすることも達成感を味わわせ、一人ひとりの児童に自信をつけさせていくには効果がある。そして、次への意欲付けにもつながっていく。」

野間淑子教諭がどれだけの心配りをして、生きた学習指導を進めておられるかが、この一節からもよくうかがわれる。意欲的に学ばせる授業への示唆が数多く述べられており、改めて開眼させられる。

四　「児童が意欲的に学ぶ授業」構築への示唆　その二

一年生の国語の授業に関しては、素水光子教諭「たぬきの糸車」の実践報告、飯盛直子教諭「かもとりごんべえ」の実践報告が寄せられている。

素水光子教諭は、実践報告の中で、自ら「意欲的な学習」を軸とした国語科授業論を述べられた。実践報告の末尾、五、まとめ　には、左のように述べられている。

「意欲的な学習は、四活動領域の関連のもとで豊かに展開される。楽しく学習しながら、児童用『こくごの力』（引用者注、素水先生の作成による）で自己評価を加えることは、国語力を意欲的に目的意識をもって継続修練させ、いつか必ずといってよいほど成就の時を迎えさせる。児童一人ひとりを個性的な存在として大切にした、人間形成に培う国語科学習を実現させるために、どの段階の指導にも国語教育の構造や目標を見据えた長期的な見通しのある計画をもたせなければならない。意欲的な学習は、最終的には主体的な学習態度を育てる。ことばに楽しく揺られながら、ことばの操作や適否に関心をもつ、意欲的な態度を育てることが国語科学習では重要である。

一方、各単位時間の学習では、表現と理解における基礎・基本の能力が身につくように小刻みに指導する必要がある。ここでは、学習者の意欲を誘う指導の工夫が求められる。

児童が意欲的に学ぶ授業を求めてゆく時、学習内容への興味・関心の育て方、充足感の生まれる学習の成立のさせ方、生涯に連なる学習軌道の発見のさせ方などに着目して、意欲のもたせ方を求めねばならない。そのことへの行き届いた指導が本来の実践者の任務であろう。」

長期的な見通しのある指導計画、一方、各単位時間における意欲を誘うことなど、国語科教育（授業）の在り方に関し、巨視・微視両面にわたって、目配りがなされている。

同じく低学年（一年生）の文学的文章（「かもとりごんべえ」）を取り上げ、実践報告をされた、佐賀県の飯盛直子教諭は、実践報告のおしまいに、左のように述べられた。

「一年間、文学的文章の学習では、理解の後に表現の学習を用意し、発表会に収斂させた。（中略）発表会は、はじめのうちは、友達と一緒にできるものが選択される傾向にあったが、徐々に、各自の児童の成長の場と位置づけられ、めいめいが課題を持ってより良いものへと挑戦することができるようになった。

そこで、三月の学習『花いっぱいになあれ』（松谷みよ子作）では、場面ごとに時間を区切り、真っ白なワークシートを使い、それぞれの児童が、独自の学習の手だてを決めて読んでいくように指導した。その学習過程では、それぞれの児童が精一杯の手だてを尽くし学習しているさま、発表会を自分たちで運営して楽しく発表しているさまを目の当たりにした。そのとき、年度当初から一年生の伸びる力を信じながらもどこか侮っていた自分の意識を感じ、恥じずにはいられなかった。」

飯盛直子教諭が述べられた、「そのとき、年度当初から一年生の伸びる力を信じながらもどこか侮っていた自分の意識を感じ、恥じずにはいられなかった。」という、おしまいの一文に、私は深く感じ入った。どれほど真剣にかつ真摯に取り組んでいられるかを思い、私の胸はいっぱいになった。また、このようにお述べいただいたことに深く感謝したい思いに満たされた。

五　「児童が意欲的に学ぶ授業」構築への示唆　その三

奈良県の佐田壽子教諭は、「子どもが意欲的に学ぶ学習を実現するためにはどのような条件が考えられるか」を問い、授業者の姿勢が大切であること、『子どもが意欲的にすすめる学習』では、授業者の力量が問われる。」と述べられた。

和歌山県の中川啓子教諭は、学習者が自らの文章を読み、表現しようと意欲的に学ぶ説明文の授業を関連指導の視点から取り上げられた。

大阪府の清水洋一教諭は、国語科の中で環境問題を扱った学習の実践記録（小学生版地球温暖化防止京都会議）を寄せられた。意欲的な試みがなされ、ゆるぎのない示唆深い成果が得られた報告となっている。

福岡県の船瀬安仁主事、岡山県の小川高司教諭、山口県の城一伸子教諭、お三方は、それぞれ文学教材(「ちいちゃんのかげおくり」〈小三〉、「大造じいさんとガン」〈小五〉、「桃花片」〈小六〉)を取り上げられ、それぞれに独自の工夫を凝らし、意欲的力動的な授業展開を図られた。文学教材を読む読みの方法を工夫され、主体的創造的に学習活動を展開していく方法が見い出され、授業構築に生かされている。

——このたび寄せられた九編の実践報告には、「児童が意欲的に学ぶ授業」の構築をめざして営まれた、粒揃いの実践成果が収められており、今日の到達水準を示すものとなっている。多くの啓発を受け、多くの示唆を摂取することができた。ご協力に深く感謝申し上げたい。

(平成11年1月8日稿)

7　国語科授業研究への熱い思い
――国語科授業研究の軌跡――

一

私が広島高等師範学校に学んで、教育実習に参加し、国語の授業をして、指導を受けたのは、昭和一七（一九四二）年六月であった。六月一日から一七日までは、広島高等師範学校附属国民学校において、六月一八日から七月四日までは、同上広島高師附属中学校（旧制）において、それぞれ行なわれた教育実習に参加した。当時は太平洋戦争のさ中、戦時下における教育実習であった。

附属国民学校における教育実習では、六月二日（火）第三時限（九、三〇～一〇、一〇）国語、六月五日（金）第一時（七、四〇～八、二〇）国語、六月八日（月）第一時、国語、六月一〇日（水）第四時（一〇、二〇～一一、〇〇）習字、六月一二日（金）第二時（八、三〇～九、一〇）算数、六月一五日（月）第一時、国語、六月一七日（水）第一時、修身、このように実地授業をした。国語四回、習字一回、算数一回、修身一回、計七回授業をすることができた。

私がした最初の国語科授業は、昭和一七（一九四二）年六月二日（火）、第三時、附属国民学校二年生（担任は田上新吉先生）に対して行なった、「一寸ぼふし」（一回目）であった。

つづいて参加した、附属中学校での教育実習（六月一八日〈木〉～七月四日〈土〉）では、教生として、左のように授業をした。

一　「日本海海戦」　昭和一七（一九四二）年六月一九日（金）　第三時限　二年北組

二　「東郷元帥と乃木大将」　昭和一七年六月二二日（月）　第二時限　二年南組
三　作文「表現」　昭和一七年六月二三日（火）　第五時限　二年北組
四　「心の小径」　昭和一七年六月二六日（金）　第三時限　二年北組
五　漢文「張儀連衡」　昭和一七年六月二七日（土）　第三時限　三年北組
六　「平家の都落」（福原落）　昭和一七年六月二九日（月）　第一時限　四年南組、第二時限　四年北組
七　習字　昭和一七年六月三〇日（火）　第?・時限　一年東組
八　「下リ二筑後河ヲ一過ギ二菊池正観公ノ戦処ヲ一感ジテ而有リレ作」（頼山陽作）　昭和一七年七月三日（金）第三時限　四年北組
九　「下リ二筑後河ヲ一過ギ二菊池正観公ノ戦処ヲ一感ジテ而有リレ作」（頼山陽作）　昭和一七年七月三日（金）第四時限（合同批評授業）

私が中学校（旧制）で行なった、最初の国語科授業は、昭和一七年六月一九日（金）、第三時限、二年北組で扱った「日本海海戦」であった。

国語科教師を志し、国語科教育の実践・研究に取り組んできたが、最初の実地授業をしてから、既に五八年もの歳月が過ぎた。

――私が受けた広島高師附属中学校における教育実習については、当時の教育実習ノート・資料等によって記述し、『国語教育実習個体史』（昭和56〈一九八一〉年9月20日、溪水社刊）として、報告（刊行）することができた。

なお、この『国語教育実習個体史』には、教育実習で扱った、「平家の都落」（福原落）という古文教材とその授業を中心に、「国語科授業成立の過程と渕源」という論考にまとめ、収録した。これは国語科授業研究に新しい地平を切り拓きたいという願いに発するものであった。

この論考「国語科授業成立の過程と渕源――「平家の都落」を中心に――」は、後に、私の著作選集第五巻『国語教育史の探究』（平成10〈一九九八〉年3月、明治図書刊）に収録することができた。

二

私が新任教師として、愛媛県立松山城北高等女学校（併設中学校〈新制〉）に赴任し、国語科授業をすることができるようになったのは、昭和二一（一九四六）年九月からであった。大学（広島文理科大学）は、既に昭和二〇（一九四五）年九月末に卒業をしていたが、昭和二〇（一九四五）年一月一〇日から八月二五日まで、仙台陸軍飛行学校に特別甲種幹部候補生として学生の身分のまま入校し、訓練を受けていたため、当時は占領軍司令部の方から、教職への適格審査が済むまでは、教職に就くことを禁止され、郷里の生家で待機させられていたのであった。

審査の結果、適格証が得られ、あこがれ久しかった国語科教師になって、二年生五学級、二四八名の生徒たちに国語の授業をすることになった。その喜びは大きく、無我夢中で授業に専念しようと努めた。

しかし、昭和二三（一九四八）年三月、生徒たちを卒業させると同時に、私は母校広島高等師範学校に転出することになった。生徒たちとの別れはつらかったが、広島の母校に帰ってからは、国語科教師への道を歩もうとする若い人たちの指導に当たることになった。

母校に帰って四年目の夏（昭和二七〈一九五二〉年）、私は松山の城北高女における自らの国語科授業の実践状況を〝国語科教育実践個体史〟として、記述していくことを思い立った。昭和二一（一九四六）年九月、新任教師として松山城北高女併設中学校に赴任して指導した、中学二年生第二学期から、昭和二三（一九四八）年三月、三年生の三学期まで、自らの国語科授業をどのように計画し、展開し、どのように積み重ねていったかを、勤務していた広島高師・広島大学教育学部の教育と研究のひまひまに、時間を見出し、丹念に記述していくことを始めたのである。この記述作業は、教え子たちの協力（国語学習帳、レポート、作文、考査答案などの提供）を得て、翌昭和二八（一九五三）年一二月までかかってすませることができた。

〝国語科教育実践個体史〟として、記述し終えたものは、思案と苦心の末、『国語教育個体史研究Ⅰ』（昭和29年3月、白鳥社刊）、同上Ⅱ（昭和29年6月、白鳥社刊）、同上Ⅲ（昭和29年9月、白鳥社刊）として、謄写印刷で私費刊行に踏み切った。

つづいて、国語教育個体史研究の原理編として、単行書『国語教育――個体史研究――』（昭和31〈一九五六〉年3月、光風出版刊）を刊行した。実践編に対する原理編であった。

当時、私は、自らの国語科授業の実施状態を、自らの国語教育個体史として、記述し、まとめ、自己評価をし、さらに質的に水準の高い、豊かな国語科授業を生み出していく、拠点とも源泉ともすることが大事だと考えていた。学部卒業と同時に、大学院に進む人たちが、二年後には修士論文をまとめるのに比べ、学部卒業と同時に、実践現場に出て行く人たちが、修士論文に匹敵する仕事（実践報告・実践研究）をまとめることができない。そのことが残念に思われた。現場の忙しさに追われ、自らの国語科教育実践の記録も残せない、自らの実践史（個体史）として記述していく意欲も計画も見られないとすれば、それはほんとうに残念なことに思われた。国語科教師として生きていく人たちを送り出す側の者として、それは私には見過ごすことができなかった。

自らの国語科授業を十分に準備し、関係資料を大切にし、記述・報告を心がけ、自らへの評価をきびしくしつつ、たえず創意工夫を念じ、本格的な国語科授業を生み出していく努力をつづけていく。そのためには、私がことばで励ますだけでは不十分であろう。私自身の『国語教育個体史』Ⅰ、Ⅱ、Ⅲ（前出）を目のあたり見て（読んで）もらい、意欲を持って自らの国語科授業の創造と研究とに取り組んでもらうようにしたいと考えたのであった。

――『国語教育個体史研究』、原理編一冊、実践編三冊は、私の『著作選集』第一巻から第四巻に収録することができた。かつて、限定出版ながら、謄写印刷の費用を、故郷の山林の杉の木を売って捻出したことも、今では遠い思い出となってしまった。

三

依頼され、指名されて行なう研究授業は、国語科授業力を高めていくのに、得がたい機会となり、場となる。私の場合、昭和三二（一九五七）年二月から、平成一〇（一九九八）年一二月までの四一年間に、依頼を受けて行なった、国語科研究授業は、計八二回を数える。

(1)　小学校国語科研究授業　計三六回（一年生一回、二年生一回、三年生三回、四年生八回、五年生九回、六年生一四回）
(2)　中学校国語科研究授業　計二八回（一年生一〇回、二年生一三回、三年生五回）
(3)　高等学校国語科研究授業　計一八回（一年生六回、二年生七回、三年生五回）
(4)　夢裡の授業（夢の中で、突然指名されて、行なった、いずれも失敗して目が覚めた。）計五回

これらのうち、昭和四九（一九七四）年一一月二〇日（水）、福岡市筑前地区中学校国語教育研究会から頼まれ、福岡市立博多二中で行なったのは、二年三組（男子一六名、女子一九名）、「話すことの探究」と題する、六五分の授業であった。当時、福岡教育大学に勤めておられた、浜本純逸教授からこのような機会を用意していただいたのであった。授業を終え、当日参加された、一三〇名の先生方に、「聞くこと・話すことの教育を求めて」と題する講演を聴いていただいた。

計八二回もの研究授業をする機会に恵まれたことは大きい喜びであった。これらの授業体験から得たものは測り知れないほどである。

四

私が『国語科授業論』（昭和51〈一九七六〉年6月、共文社刊）を刊行したのは、昭和五一（一九七六）年のことであった。自らの国語科授業論を構築したいという思いは、年来持ちつづけていたので、一冊にまとめえた時は、格別うれしかった。

この『国語科授業論』は、

Ⅰ　国語科授業への基底と志向　一～九　九編
Ⅱ　国語科授業過程の考究　一〇～一八　九編
Ⅲ　国語科授業の精練と創成　一九～二九　一一編

このように三部に分けて編成し、計二九編の論考を収録することができた。

国語科授業論の構築は、今後とも、さらに休むことなく継続させ、一層重厚に積み上げていきたいと念じている。

昭和三七（一九六二）年には、「『授業研究』の史的考察」という論考を報告した（雑誌「教育研究」〈一〇月号〉）。

また、「国語科授業研究の動向と課題」（昭和58〈一九八三〉年）を「国語科教育学研究」（第八号、明治図書）に、「国語科授業力の練磨」（昭和58〈一九八三〉年）を「国語の教師」（第七号）に寄稿した。

これらの論考群を集成し、新たに『国語科授業論』Ⅱを編成していきたいと願っている。

五

芦田恵之助の生誕百年記念の研究会が大阪府下、守口市で開かれ、その会に参加された榎野譲《ゆずる》先生（広島市）が発起され、広島市芦田恵之助研究同好会が発足したのは、昭和四七（一九七二）年六月のことであった。

芦田恵之助の綴方教授・作文指導の著書をテキストとして輪読していく会は、爾来現在まで二八年間もつづいている。毎月一回、土曜日の午後、広島市内の小学校を会場に、有志が参加し、たゆむことなくつづけられている。

私はこの研究会（芦田研）に出席をつづけ、自らの芦田恵之助研究をふまえて、発言（助言）をつづけている。

各都道府県郡市別授業研究会、各国語教育学会授業研究会、各研究グループ（集団）授業研究会、各校種（小・中・高）別校内授業研究会等で報告され、積み重ねられる、国語科授業研究の成果を、どのようにとらえ、集成し、活用していくようにするか。各自、国語科授業力を練磨し、充実させ、一層豊かで熟達したものに伸ばしていくのに、工夫を重ねつつ、全力を注いでいくようにしたい。

六

国語科授業研究は、奥が深く、到りがたい。しかし、努力を積めば、必ず道は開けてくる。

私自身の国語科授業研究への取り組みは、上来、述べてきたように、
[1]『国語教育実習個体史』→[2]「国語科授業成立の過程と淵源」→[3]『国語教育個体史研究』（「原理編」、「実践編」）→[4]国語科研究授業（小・中・高）の集積→[5]『国語科授業論』（国語科授業研究の構築）→[6]芦田恵之助研究会による授業研究の積み重ね
このように、1から6まで、それぞれに試み、自らの国語科授業研究をしっかりしたものにしたいと念じかつ行じてきた。

国語科授業の創造と国語科授業研究に、もうこれでいいというときはない。自らの国語科授業の一時間・一時間に創意工夫をと全力傾注をしてきた、この道を、国語科授業への熱い思いを持ちつづけて、さらに意欲を新たにして邁往したい。


（平成12年3月28日稿）

Ⅳ　国語科授業探究者に学ぶ

1　国語科における授業技術の発想
――芦田恵之助から学ぶ――

一

芦田恵之助（一八七三〈明治六〉～一九五一〈昭和二六〉）の創始し、実践し、指導した国語科授業法は、主として綴り方教授法と読み方教授法とからなる。

前者綴り方教授法では、芦田恵之助が受けた明治一〇年代の課題主義・範文模倣主義の綴り方教授法からの脱皮を図って、いわゆる随意選題方式による自由作文を主とする教授法を創始した。明治三八（一九〇五）年ころに初めて試みられ、以後明治末期までには一応のめどをつけ、大正中期にかけて、自らの実践を通じ、また当時広島高師附小にいた友納友次郎（一八七五〈明治八〉～一九四五〈昭和二〇〉）との論争を通じて、その考え方を深め、その方法を定着させていった。

後者読み方教授法については、芦田もまた明治三〇年代では、ヘルバルト派の五段階教授法から出発したが、次第に主体的内面的な読み方に着目するようになり、四〇歳代に入って、岡田虎次郎に静坐の指導を受けるようになってからは、「読むとは自己を読むことである」と信じ、かつ説くようになった。公職を退き、大正一四（一九二五）年九月から教壇行脚を始め、全国各地を巡るようになってから、芦田の読み方教授に関する教式は、次第に整備され磨きがかけられ、昭和一〇年代前半には完成するに至った。

〈綴り方教授法〉　芦田の綴り方教授は、子どもに自在に題材を選ばせ、自由に記述させていく随意選題方式によって進められた。その教式は、記述と批正の二つからなり、とりわけ記述を重視したところに、大きい特色がある。自由に題材を選ばせたならば、子どもたちを記述に集中させ、芦田自らは教卓を前にあたかも沢庵石のように静かに立ちつくすのである。芦田は、記述中、教師はいかにして記述の指導をするかに工夫を尽くそうとした。批正についても、芦田は、(1)総評、(2)優良文通読、(3)批正材料の聴写、(4)細評、(5)各自訂正の順序で、その教式を樹立していた。近代綴り方教授法として、簡明にして効率的な実践法を確立した点に、芦田式教授法の特質と功績とが見出される。

〈読み方教授法〉　芦田の読み方教授法は、いわゆる七変化教式に代表される。その読み方教授過程は、1よむ　2とく（話合い）　3よむ（師）　4かく　5よむ　6とく　7よむ（「教式と教壇」）の七つに分節され、「よむ」と「考える」を核として、感性・理性の両面に訴えて構成していくように工夫された。この芦田教式による読むことの教授法は、戦前の初等教育に大きい影響力をもった。個人様式としては、戦前の初等教育界に典型的な存在として、ゆるがぬ地位を占めた。芦田は学習者研究・教材研究・指導法研究を真剣に行じ、その授業のみごとさは、多くの参観者に甚深の感銘を与えた。芦田の創始し、完成させた読み方教授法は、学習者の自主学習そのものを主体としたものではなかったが、子どもを発動的態度へと誘導する、師弟共流の授業展開としては、最高水準の達成をなし得たといってよい。（以上、広岡亮蔵編『授業研究大事典』〈昭和50年4月1日、明治図書刊〉所収、小稿四七〇～四七一ぺによる。）

二

私見によれば、国語科における授業力は、授業を準備し計画を構想していく力（国語科授業構想力）、授業を実施し展開していく力（国語科授業実践力）、授業の準備と成立、展開と成果を評価していく力（国語科授業評価力）から成っている。これら三つの力（構想力・実践力・評価力）が緊密に結び合って機能していくことによって、国語科授業力は精練されていく。

さらに、国語科授業力のうち、国語科授業実践力の中核を形づくっているのは、国語学力把握力・国語学習深化力・国語教材把握力の三つである。国語学力把握力は、国語学習者（児童）の実態・実質を見抜く力であり、学習者の国語学力をとらえていく力である。国語学習深化力は、国語科授業・国語学習活動をたえず次元の高いものに、質的に深みのあるものにしていこうとする力である。国語教材把握力は、教材研究を推進し成就させていく力である。国語科における授業技術は、国語科授業実践力（国語学力把握力・国語学習深化力・国語教材把握力）と深くかかわっている。教材研究にかかわる国語教材把握力、学習者研究にかかわる国語学力把握力、授業展開にかかわる国語学習深化力が相互に機能し合うことによって、授業技術は真に生かされる。国語科授業力、とりわけ国語科授業実践力は、授業技術によって真に生きてはたらくものとなる。

芦田恵之助の授業技術も、その国語科授業実践力、つまり、国語学力把握力、国語学習深化力、国語教材把握力と緊密にかかわっていた。

三

芦田恵之助は、国語科授業研究のありかたについて、授業者に次のように望んでいる。

(1)　読声の力をよく聴いて下さい。

(2)　読声に内容の融込んでゐる程度をよく聴いて下さい。

⑶　文字を書く気込《ママ》をよく見て下さい。
⑷　語る言葉に理会の程度をよく聴いて下さい。
⑸　教授の流をよく見て下さい。
⑹　問答の上に自覚のあらはれをよく見て下さい。
⑺　読める数を見落して下さるな。
⑻　書ける数を見落して下さるな。
⑼　姿勢に緊張の度をよく見て下さい。
⑽　一切の行動に、安心の姿をよく見て下さい。

（『国語教育易行道』、昭和10年5月20日、同志同行社刊、一九三〜一九四ぺ）

右の一〇項のうち、⑴、⑵、⑶、⑷、⑹、⑺、⑻、⑼、⑽の九項目は、すべて、前掲の国語学力把握力にかかわっている。⑸は国語学習深化力にかかわっている。

これらの項目について、芦田恵之助は、左のように述べている。

「⑴読声に力のあるのは、理会が十分で、自信のたしかな場合にあらはれる姿です。さらに音声の訓練が加はつてみれば、申分がない訳です。⑵読声と内容の間に隙のあるのが、いまの読法教授の通弊です。これは内容形式を分けてあまりに強く考へたことから起つたもののやうです。その離れてゐる姿としては、読みの速度がはやくなるのが例です。⑶文字を書く気込は、一見すればわかります。一点一劃に注意して、我が文字だといふ気込で書いてゐるのが望ましいのです。結果よりも気込が尊いのです。文字の上手、下手はその後に来る問題です。(4)語る言葉に理会のあらはれるのは、争はれないものです。些細な言葉の端に、存外理会の徹底、不徹底があらはれるものです。(5)教授の流は、師弟共に一心決定の総和かと思ひます。求むる所の相合致する時は、流はなめらかですが、師弟のいづれかが、その用意に欠けた所があると、流は常に渋るものです。(6)軽はずみの問答は、多く自覚を失ひがちです。いかなる場合にも師弟共に自分を育てる為にといふ心構がなくてはなりません。自覚の欠けた問答は、自らを破壊する外に何の得る所もないものです。(7)皆読の数は易行道の眼目です。易行道によつて読める者の数が殖えないとしたらば夫は難行道にこびりついてゐるからでせう。(8)書ける数も易行道の眼目です。これが動かないとしては、難行道が恋しいといふことになります。(9)心の緊張は正しき姿勢となつてあらはれるものです。腰が落ちてゐたり、上体がくづれてゐたりするのは、心に緊張を欠いてゐるからです。(10)安心は教室内の空気を清く和やかにするものです。安心の上に生ずる静寂は澄んだものです。対他的に努めて静寂にしてをるのは、何処かに雑音がはいります。濁りが感ぜられます。」（同上書、二九四～二九六ペ）

芦田恵之助は、その著『国語教育易行道』（前出）において、従来の難行道に対する易行道の教育について、次のように述べている。

「私は今の小学生を、しみぐ〵気の毒に思ひます。常に差別の眼でばかり見られて、平等の目では殆ど見られたことがないやうです。差別の眼で見るから優中劣が生じ、劣を中に、中を優にと、難行道も生じるのです。勿論平等の目で御覧になっても、優中劣はあります。けれども優中劣がその天賦の差別をかへりみないで、たゞ一途に育たうと努力するところを尊いものと見るのです。そこを見る時、如何なるものに対しても心の底から愛する心も沸き、敬する心も生ずるのです。それが人を育てる道です。そこに導く時いかなる者も努めて倦まず、学んで飽きざる法悦の大道に到達するのです。坦々たる易行の一道がある訳です。」（同上書、四七～四八ぺ）

こうした易行道観に立って、芦田恵之助は、小学校における国語科教育（当時の義務教育）の到達目標を、子どもたちに皆読　皆書　皆話　皆綴をさせるところに置いた。国民教育としての国語教育を、皆読　皆書　皆話　皆綴に求めたのである。

前掲(1)、(2)、(3)、(4)、(6)には、易行道教育を目ざす授業者が、子どもの読み、書き、話し、話し合い（問答）について、どのように心を潜め、学習者把握をどのように的確にしていくべきかが示されている。

また、(5)には、教授（授業）の流れが取り上げられている。芦田恵之助は、授業・学習における〝一心の決定〟ということに関して、次のように述べている。

「（易行道を行じていくのには）まづ一心の決定が大切でございます。決定とは、読まんとする心になりきつて読み、綴らんとする心になりきつて綴ることです。聴く時には全身を耳となし、話す時には全身を口とすることです。この決定の姿を自覚状態といふのでございませう。この状態の尊いことは、師といへども弟子といへどもその間に些の区別はありません。即ち師弟一如の修行であります。師の修行振が弟子に影響し、弟子の修行振が師に影響して、共に求道の目的を成就する大修行となるのだと思ひます。

若し教師が求むるまゝに、一心に読み、一心に聴き、一心に話し、一心に綴り、一心に書く子がありとしたら、師はそれを他人と思はれませうか。その間に燃ゆるやうな愛情を感じないでゐられませうか。愛すると共に、深く尊敬しないでゐられませうか。師の敬愛をうけて育つ児童が、師に敬愛をささげないものがありませうか。私はかうした空気の教室が出来ることを祈ります。かうした空気の学校が出来ることを願ひます。若しかうした学校が出現しましたら、国民教育の実はそこから挙つて来るのではありますまいか。」（同上書、二八九～二九〇ぺ）

これは今から半世紀前の立言であるが、芦田恵之助のすぐれた授業技術の生まれる基盤には、どのような教育観、授業観が存したのかを示している。

四

芦田恵之助は、綴り方教授について、その教授観を、次のように濃縮している。

「綴方《ママ》教授の要は、記述をさせ、出来た成績を読んで、文話・鑑賞・批正の適材を得、それを取扱つて、文を綴らんとする心構、綴りつゝ行ふ推敲、綴つた後の手入等に関する指導をして、結局自信ある記述に到達せしむるのです。これが私の文ですと、何等の不安なくいひ得る人にするのです。」（『国語教育易行道』、二八七ぺ）

さらに、芦田恵之助は、綴り方教授研究の最捷径に言及して、次のように述べている。

「綴り方教授研究の最捷径は、自ら文を書くといふことである。自ら書いてみれば、その苦心も、愉快も、成功も、失敗も、悉く味へることが出来て、教授の秘訣は自然に会得せられる。世には作文法や教授法の書物を渉猟して、綴り方教授の研究を企てるものがあるが、それはたゞ教授の方針や文を綴る手続が明かになる位なものでの真の研究は出来るものではない。かの急がば廻れといふ諺は、綴り方教授研究の上に特に至言であるとおもふ。」（『綴り方教授』、大正2年3月18日、育英書院刊、四一三ペ）

とりわけ、「自ら書いてみれば、その苦心も、愉快も、成功も、失敗も、悉く味へることが出来て、教授の秘訣は自然に会得せられる。」とは、芦田恵之助自身実践して確かめえての立言である。

芦田恵之助はまた、「余は常に『範文は教師自作の物にますものなし』といつてゐる。児童の境遇を知つてゐること教師に如くものはない。ことに教師がこの児童のためにといふ熱誠は、他のいづれの文にも求めることが出来ない。」（『教育研究』誌九四号、明治45年、三一ペ）とも述べている。

芦田恵之助は、さらに子どもの文章（綴り方）を指導者として、どう読んでいくかについて、次のように述べている。

「全篇を読むだけの都合がつかなかつたら、先生が虚心坦懐にはじめの四行か五行を読んで御覧なさい。調子の合つた文だと自分の心持にぴたつと響きます。これが子供の文章を読む修行の大事な問題でありまして、四行か五行読んで、あゝこれは物の姿だ、これは生きた心の姿だと言ふことは、何の理屈でもなしに、自分の生きた心がよく知つて居るのであります。」（『綴方教室』、昭和10年3月22日、恵雨会編、同志同行社刊、一九六ペ）

「皆さんは子供の文章をよく読んでやつて頂きたいです。けれども、四五行読んでその子供が何を見てこんなまとまつたものを書いたかといふ目安をつけて置いて、更に読んで御覧になるととても面白いと思ひます。調子が合つて居るとか、調子が乱れて居るとかいふことは、修辞学をやつても、文法をやつても、間に合ふものではありません。生々したたましひを投げかけて子供の文を読んでやるといふことが、一番面白い行き方であ

ると思ひます。」（同上書、二九六～二九七ぺ）

芦田恵之助の綴り方教授における授業技術の生まれる源は、指導者自らが文章（範文を含む）を書くこと、子どもたちの文章（綴り方）を心をこめて読んでいくこと、魂を投げかけて読んでやることに見いだされる。いずれも行じて、積み重ねていくことから会得していくことのできる授業技術である。

芦田恵之助はまた、実地の指導に関して、次のように述べている。

「余が多年の経験上、児童の文の進歩せんとする時は必ず過度の切断をするやうに思ふ。故に切断度に過ぐる児童の将来には、常に望をかけて来た。尋三の文が甚だしく連接にすぎ、尋五の文が切断よろしきを得てをるなどは、這般の消息を遺憾なくあらはしてをるものである。尋五の文がさらに一段進むのには、切断がやゝ強度になってくる。文の発達が高度にすゝめばすゝむほど、連接にいふべからざる味をもたらして来る。」（「教育研究」誌一一五号、大正2年、一二ぺ）

「従来余が最も有力であつたと記憶してゐるのは、優良児の文に新傾向があらはれる毎に、これを材料として、全級児童に進路を示すことであつた。かくして進めば、綴り方の教授は何等の支障もなく、有効に行はれて、意外の好成績ををさめることが出来よう。」（同上誌、一四ぺ）

子どもの文章の進歩を的確におさえ、子どもの文章にみられる新傾向に着目して、授業を活性化し、意欲的なものたらしめる、その呼吸はみごとであって、示唆深い。

五

芦田恵之助は、自ら創始し、全国各地への教壇行脚を通じて精練していった、読むことの教式（一よむ→二とく〈話しあい〉→三よむ〈師〉→四かく→五よむ→六とく→七よむ）における、授業技術としての話法（話しかた）については、多くの工夫を重ね、修練を自らに課していった。

芦田恵之助は、教式に拠って授業を展開していくのに、⑴発問の工夫、⑵話し合いの工夫、⑶問答の工夫、⑷話法の根本態度の工夫、⑸児童の発達段階に応ずる工夫をたえず重ねている。これらのうち、⑷については、次のように述べている。

「児童は決して手にあはないものではありません。如何なる場合にでも、教師が児童を押へようとか、うまく率ゐようとかいふ考《ママ》を捨てて、教師自ら落着いてごらんなさい。児童はひとりでに落着くものです。他人を管理する秘訣は、自分を管理することです。子供が騒ぐ以前に、自分がまづ騒いでゐるのです。」（前出『国語教育易行道』、四一〜四二ぺ）

さらに、芦田恵之助は、授業における話法（話しかた）の反省を、次のように加えている。

(1)　教育におけることばの力の強さ、その用いかたに思いをいたすこと
(2)　教育（授業）におけることば「間《ま》」の問題を十分考え、心くばりをしていくこと
(3)　教育におけることばの反省工夫を怠らないようにすること

(4) 教容のありように心を用いていくこと
(5) 芦田恵之助自身の幼時からの紅潮癖のこと
(6) 説かずしてわからせる教育話法の至境について考えていくこと

これら(1)～(6)については、次のように述べられている。

(1) 「言葉の力はおそろしく強いものですから、これが使用をあやまつた場合は、それがために、指導の破壊されてしまふことがあります。叮嚀親切にと考へて、言葉を多く使つた場合など、動機はさらに悪いのではなくても、その結果は注意の緊張を破り、印象を淡くして、所期の効果ををさめることが出来ません。」(『教式と教壇』、昭和13年5月20日、同志同行社刊、二〇二～二〇三ぺ)

(2) 「私の経験では、間の抜けない程度に、言葉の暖かなのがよいやうに思ひます。私は黙をも言葉の一種と考へたいのですが、黙の力を思ふ時、言葉の少い《ママ》といふことは、言葉の力を強める一つの工夫のやうに思ひます。教壇に於て、言葉の速度がはやくなり、押へても押へても言葉の数が多くなるやうな場合は、内に多少の乱れを生じているしるしで、その勢に乗つて行けば、指導は多く失敗に終るものです。」(同上書、二〇三～二〇四ぺ)

(3) 「言葉について反省工夫を怠つたら、教壇は決して落着くものではありません。巧妙なる童話者が、教壇に於てしつくり行かない例などは、何処にでも見られます。大衆を喜ばせて率ゐるこつと、教室の児童に考へさせながらついて来させるこつは、可なりの違ひがあるやうです。」(同上書、二〇四ぺ)

(4) 「言葉の力は、単に口から発する音声ばかりではないやうです。身体の全部、ことに顔面筋肉などは、常に何事をか語つてゐるやうです。かう考へて来ると、一挙手一投足でも、言葉だと考へない訳にはいきません。

そこで先覚は、教容といふことを可なり強く考へました。話す時の姿勢、板書する時の形、その他本の持方、鞭の使ひ方など、随分うるさいことをいつたものです。甚だしく微細に亘る要もないかとは思ひますが、見てをかしくない程度の教容は、教壇のつつしみとして、是非確立しておきたいと思ひます。」（同上書、二〇五～二〇六ぺ）

(5)　「『安《ママ》ずることは育つ第一の道だ』と導いて下さつたら、永年相対観の（顔面）紅潮癖になやまなくて済んだのでせう。『あ、師は無情だつた』と、感じてはならないやうな事を感じます。」（同上書、二〇八ぺ）

(6)　「説かずして分る。しかしそれは説かないのではありません。全身全霊をもつて説いてゐるのです。口で説かないといふだけです。」（同上書、二一〇ぺ）

このようにみてくると、芦田恵之助の授業技術としての話法修練は、たえずはりつめた全力傾注であったことがわかる。子ども・生徒をひきつけてはなさぬ授業技術の淵源は深く、授業者としての修練を静坐の行から発していたとみられる。

静坐といえば、芦田恵之助は、静坐から得られる、〝生の充実感〟を大事にした。その授業が初めて出会った子どもたちをひきつけてやまなかったのは、授業者芦田の心身にあふれていた〝生の充実感〟であり、さらには生涯稽古になる授業技術であったとみられる。

（昭和60年7月15日稿）

2　授業探究者としての芦田恵之助

――教壇行脚期を中心に――

一

芦田恵之助（明治六〈一八七三〉年～昭和二六〈一九五一〉年）は、公職を退いてから全国各地に教壇（教育実践の場）を求めて行脚を試みた。大正一四（一九二五）年九月から昭和二六（一九五一）年まで、芦田恵之助五二歳から七八歳に至る二六年、四半世紀をこえる教壇行脚は、国内はもとより、世界的にも稀な事例であるが、その記録そのものは芦田自らの手によって日録風に克明になされ残されていった。また、芦田恵之助の授業の実際は、青山廣志氏（専門速記者）によって事情がゆるす限り、速記され、精細をきわめる記録に仕上げられていった。

芦田恵之助の教壇行脚期は、次のように三つの時期に分けることができる。

Ⅰ　第一行脚期（大正一四年九月から昭和一〇年末まで）

Ⅱ　第二行脚期（昭和一一年から昭和二〇年終戦まで）

Ⅲ　第三行脚期（昭和二〇年九月ころから昭和二六年まで）

芦田恵之助は、大正一四（一九二五）年九月、静岡県浜松師範学校附属小学校の四年生を対象に教材「彼岸」を扱ってから、太平洋戦争をはさんで前後二六年間可能なかぎり一人の授業探究者として教壇行脚をつづけた。昭和二六（一九五一）年、鳥取県八頭郡山形第一小学校、山形郷中学校を行脚中、病を得て法楽寺（兵庫県竹田村樽井）に帰り休養をしたが、一二月九日、その生涯を閉じた。

後半生を通じてつづられた教壇行脚に関する日記は、次のように記されていた。

第一行脚期　①大学ノート（大正一四年九月二一日～昭和五年九月）／②「教壇日記」（昭和五年一〇月～昭和一〇年三月）

第二行脚期　③「易行教壇日記」（昭和一〇年四月二五日～昭和一六年九月）／④「行脚記」（昭和一六年一〇月～昭和二〇年九月）

第三行脚期　⑤「新日記」（昭和二〇年九月一七日～昭和二六年）

これらのうち、②「教壇日記」には判取帳が用いられ、一冊一巻として計四七巻にも及んだ。④「行脚記」は、戦時下、学校制度が小学校から国民学校にかわってからの記録である。芦田恵之助の高弟で、師から最も信頼されていた沖垣寛（北海道小樽市にあって教育実践をつづけた）によれば、芦田の教壇行脚日記（前掲①～⑤）は百数十巻に及んだという。現在残されているのは、諸種の事情で戦後散佚し、前掲②「教壇日記」二七冊、③「易行教壇日記」一八冊、④「行脚記」一七冊、ほかに「教壇日誌」一冊、計六三冊のみである。

二

芦田恵之助の教壇行脚は、当然のことながら、平坦なものではなく、むしろ難渋をきわめたものであった。芦田恵之助は、教壇行脚を始めてからの三年間（大正一四年九月～昭和三年）の苦しみを自ら次のように述懐している。

「教壇行脚最初の三年は、涙のにぢむ日が少くありませんでした。私の腕はかうも弱いものだつたらうか。教材を見る目、児童を見る目が、かうも鈍いものだつたらうかと、余りのくやしさに涙するのでした。その昔高師時代に、多少自惚も交つての自信が、全く粉砕されてしまひました。一体教育といふものは、日頃手がけてゐる子供にのみなし得るもので、一日或は数日の接触には、意義をなさないものであらうかなど考へはじめました。私は内にかうした悩を持つと、これが何とかならなくては、気が済まないたちです。今こそ五千余の同志（引用者注、芦田の主宰していた雑誌「同志同行」の発行部数が昭和九年一月には、五、〇〇〇になり、昭和一〇年一〇月は、五、三〇〇部に達していたのである。）があつて、養護して下さいますけれども、私が教壇行脚を標榜して踏出した頃は、到る処悉く荊棘林中でした。中には教へて下さる厚意か、それとも中傷の悪意かは知らぬが、あらぬ批難、思はぬ侮蔑を浴びせて、一時の快をむさぼる方もありました。私はこの三年間に、人間の種々相を深刻に見ました。今から思ふと、それが一つの幸福でもあります。」（『国語教育易行道』、二二四～二二五ぺ）

『国語教育易行道』（昭和10年5月20日、同志同行社刊）は、芦田恵之助の主著の一つ。私自身は、芦田の諸著作のうち、この『易行道』を最初に読んだ。昭和一七（一九四二）年四月一三日のことである。当時、私は広島高等師範学校四年に在学し、六月前半二週間は、附属国民学校へ教育実習に向かう予定であった。それに備えて、読んだのである。その時点では、前掲のような芦田の教壇行脚初期の深刻な苦しみを理解することはできなかった。

芦田恵之助は、次の三年間（昭和四年～昭和六年）の行脚体験について、左のように述べている。

「その後の三年、即ち十年の中の三年には、たしかに一道の光明をみとめました。一日の教育には、一日の意義があることを悟りました。（中略）私は窃かに思ひました。若し魂と魂とが相搏つて、そこに眼が開けるとしたら、たとひ一日の師でも、それは一生の師であることがあり、幾年師事しても、さらに心に響くところがなかつたとしたら、それは幾年か相接した他人にしか過ぎないのだと思ひました。（中略）教育は開眼の仕事であり、鍛錬の仕事であります。世には開眼の事がなくて、鍛錬の事が機械的に存する場合があります。それは多く罪悪で、被教育者の破壊に終るのが常です。こゝに気がつきましてからは、私の教壇修行には可なり脂がのつて来ました。全く他人の問題ではなくなりました。自らすら安んじない事を以つて、何んで他人を安んぜしむることが出来ようかと考へて来ました。（中略）晴れた日もあり、曇つた日もあり、土砂降りの日もあつて、三年は過ぎました。その中に極楽の道は一筋である。ただ弛む心をいましめて進むことだと考へました。その頃から、垣内先生に一度御指導が仰ぎたいと思ふやうになりました。」（同上『国語教育易行道』、一二五～一二八ぺ）

芦田恵之助は、この三年間に多くのことを自得し、自ら「私の教壇修行には可なり脂がのつて来ました」と言えるように深まっていった。「一日の教育には、一日の意義があること」の発見は、芦田自身、教壇行脚を意義づけることにもなっていった。

芦田は、次の四年間（昭和七年～昭和一〇年）の教壇行脚について、左のように述懐している。

「今は早三年になります。昭和七年の二月二十九日と三月一日、今の東京市渋谷区千駄ヶ谷小学校で、垣内先生の御指導を仰ぐ機縁が熟しました。私は尋四の女児に乃木大将の幼年時代（引用者注、「乃木大将の幼年時代」という教材である。）を取扱ひました。先生は仔細に御覧下さつて、十分に御指導を給はりました。（引用者注、この折のことは、やがて『垣内先生の御指導を仰ぐ記』〈昭和7年7月5日、同志同行社刊〉にまとめられた。）（中略）さて御指導を仰いでみて、私の歩みが、甚だしく道をあやまつてゐなかつたことが明らかになりました。安んじてこの道を進めばよいとの自信もつきました。（中略）私は先生の膝下に教を請ふやうになりましてから『人は師がなくては育てるものではない』と、堅く信ずるやうになりました。師の御指導を仰いで以来のこの三年『人は幾歳になつても育つものだ』とたしかに信ずるやうになりました。最近の三四年、まだ〳〵物足らぬ所はありますが、それでも多少安んずる所を得て、教壇に立つことが出来るやうになりました。うまく行く日ばかりはありませんけれども、私の安心には些の乱れを感じない日が多くなりました。生き甲斐のあるといふのは、これかなと思ふ日さへ出来て来ました。有難いことでございます。」（同上『国語教育易行道』、二八〜三〇ぺ）

芦田恵之助にとって、垣内松三との出会いは大きかった。自ら願い出て、授業を観てもらい、教えを乞うたのである。それも、芦田の授業探究者としての止むに止まれぬ、求道の気持から発したものであった。芦田は垣内松三の指導を受けたことについて、「私は、この時から教壇を我が死所と考へるやうになりました。全く垣内先生のお導きによって、私の死所を見出したのでございます。」（雑誌「国語教室」四の一、文学社刊、七ぺ）と述べている。

芦田はさらに、昭和一三（一九三八）年ころのことを、次のように述べている。

「教壇行脚も、やがて満十三年にならうとしてゐます。日本全国各府県の小学教育は見尽しました。その他、台湾・樺太・北海道の教壇にも、可なり親しみの持てる程触れてみました。また、近く朝鮮の教壇、釜山・大邱・京城・海州・羅南等で、二日或は三日触れて来ようと思つてゐます。（引用者注、芦田は昭和一三年五月、朝鮮に教壇行脚をする。）朝鮮は大正十年から十三年まで、三年間在住したところで、私には極めて思出の多い地です。（引用者注、芦田はかの地で国語読本編纂の仕事に携わったのである。）その後十年余の進歩発達が、いかにあらうかと頗る興味を持つてゐます。私の教壇行脚は、最初決して大きな志を抱いての企ではなかつたのです。ところが、一年々々その修行をつゞけてみますと、これは決して小さい仕事ではないと感じて来ました。次第に同志の数を増して、そこに一種のつながりが出来るやうになりました。教育の真の改革は、これらの人々によつて出来るものかと思ふまでになりました。愈々微力を尽して、国家のために奉公のまことを致さねばならぬと堅く決心致しました。天もし幸に生命と健康を恵みたまはば、足のつゞかん限り、息のつゞかん限り、この行脚を続行して、小学教育改善のために、多少ともお役に立ちたいと思ひます。」（『教式と教壇』、二二一～二二二ぺ）

『教式と教壇』（昭和13年5月20日、同志同行社刊）もまた、芦田恵之助の主著の一つであった。

芦田が述べている、「日本全国各府県の小学教育は見尽しました。」とは、一片の誇張の言ではなく、教壇行脚の最も重い成果の一つであった。芦田はまた、教壇行脚を通じて結ばれた同志としての実践者との連帯によって、小学校教育の真の改革、改善への確信にちかいものを得ている。これもまた、教壇行脚による大きい成果の一つであった。

これより先、昭和一一（一九三六）年の時点で、芦田は自らの教壇行脚体験に関し、次のように述べている。

「教壇行脚も今は第二期にはいつた。四月以来の教壇で取扱つた材料は巻七を除いては、すべて数回、十数回に及ぶもののみだ。それが昨年（引用者注、昭和一〇〈一九三五〉年）までとは皆趣を異にして、はて新芽かと感ずることが多い。痩我慢ではない。老が不老か、不老が老かと考へさせられる。老木の新芽を見ては感殊に深い。」（「同志同行」誌五の三、昭和11年6月1日刊、二ぺ）

「私は今年の五月に沖縄に遊び、七月樺太に遊んで来た。教壇行脚を開始して満十一年、その間に今年のやうに幅の広い旅をしたことは一度もない。年六十四にしてやうやう一道三府・四十三県・朝鮮・台湾・樺太・南洋をすつかり行脚し終へた。年来の目的こゝに達成して、一段落と思つたせゐか、多少気のおとろへを感じて来た。」（「同志同行」誌五の九、昭和11年12月1日刊、三ぺ）

芦田恵之助自ら、自己の教壇行脚をふりかえって、「教壇行脚も今は第二期にはいつた。」とし、やがて、教壇行脚を開始して満一一年、全国各地を行脚し終えて、「年来の目的こゝに達成して、一段落と思」うまでになっている。授業探究者としての熟達を自ら確かめえているのである。

三

芦田恵之助の創始した教壇行脚は、授業探究者としての芦田の単独修行という趣がつよかったが、やがて一校単位の修養が説かれるようになった。恵雨会（恵雨は芦田の号。芦田に師事する実践者の同志的結合による研究・修養を行ずる団体）が設立されると、全国各地に恵雨会支部が生まれ、教壇修養会、研究会、講演会等が開かれるようになった。全国における同志の数も、昭和五（一九三〇）年ころの、三〇〇〇名から、四〇〇〇名、五〇〇〇名とふえ、時には同志七〇〇〇といわれるようになった。当時初等学級数は三〇万といわれていたが、全国各地に熱心な授業者が同志として教壇修養（授業研究）に参加したのである。

昭和一〇（一九三五）年八月、若狭恵雨会支部によって、初めて教壇修養会が福井県遠敷郡三宅小学校を会場に開かれた。芦田はこの最初の試みの成功について、「（会する者二百余名）、若狭恵雨会会員の超人間的の努力と、三宅校下全体の献身的協賛によつて、予期以上の成績を収め、盛会裡に閉会するに至つたことは、今にしてこそ昔語なれ、当時は見るにつけ、思ふにつけて、目頭のあつくなるのを禁じ得なかつた。」（雑誌「同志同行」四の八、昭和10年11月1日刊、三六ぺ）と述べている。

また、教壇行脚の中に長期修行（およそ一か月にわたる教壇修行）がとり入れられた。昭和一四（一九三九）年一月、兵庫県揖保郡小宅小学校において実施された、長期修行を始めるに当たって、芦田恵之助は、次のように述べている。

「思つてもうれしいのはこの長期修行である。三旬の一所定住の生活、それは決して長期といふ程ではないが、一日二日たか〴〵三日で渡り行く一所不住に比して、どれほど長いものだか知れぬ。校長の前川君、主席の長谷川君、以下同僚同志の面々、西播一円の同志を思ふ時、代用教員芦田の生活が如何に豊かなものであるかが思はれる。今度といふ今度は、易行の一道を明らかに悟らねばならぬ。(中略)三旬の修行が、果してその骨子を悟り得るか否かは予期し難いが、教育の目ざさねばならぬ一点だけは、この十有三年の教壇行脚によつて捉え得てゐる。もし小宅の修行で敗れたら、四月には青森県の田子に於て、若しこゝにも意に満たずば、八九月の交小樽市の緑小学校に於いて試みようと思ふ。そこは生来の一本槍で、命のつゞく限りと考へてゐる。」(雑誌「同志同行」七の一〇、昭和14年1月1日刊、二ぺ)

ここには待望の長期修行にかける、芦田の烈々たる覚悟のほどがうかがわれる。

芦田恵之助はまた、昭和一六(一九四一)年四月からの国民学校発足に備えて、同年二月には、聯級修行のことを考えていた。その試行に意欲を燃やして、次のように述べている。

「年六十九にして初一初二の聯級に入学した心持になつて学習することです。(中略)聞く所によると、四月に初一初二の教科用書類が約四十種でるさうです。私はそれを悉く手に入れて、まづ読み、次に考へ、その関聯する所を明かにし、いかに児童に添はしむべきかを研究工夫して、記述してみようと思ひます。」(雑誌「同志同行」九の一一、昭和16年2月1日刊、一〇一ぺ)

芦田恵之助の場合、自ら全国各地への、教壇行脚に伴う授業研究（教壇修養）は、可能なかぎり工夫され、徹底して行じられたといってよい。

四

芦田恵之助は、教壇行脚を通して、授業にうちこむと同時に、多くの実践研究をまとめていった。

まず原論的なものとしては、『国語教育易行道』（昭和10年5月20日、同志同行社刊）があり、時論的なものとしては、「同志同行」に掲載された巻頭言一二五編を収録した『巻頭言集』（昭和17年3月16日、同志同行社刊）がある。『静坐と教育』（昭和12年11月20日、同志同行社刊）も刊行された。

行脚期における教材研究、授業準備への成果としては、『国語読本各課取扱の着眼点』（全六冊）、『小学国語読本と教壇』（全一二冊）が挙げられる。自らの教式については、『教式と教壇』（昭和13年5月20日、同志同行社刊）がまとめられた。また、授業記録としては、『風鈴』（昭和9年9月刊）、『松阪の一夜』（昭和9年12月刊）、『綴方教室』（昭和10年3月刊）、『文天祥』（昭和10年9月刊）、『恵雨読方教壇』（昭和12年5月刊）、「教壇記録」（雑誌「同志同行」第5巻臨時増刊号、昭和11年9月刊）などが主として青山廣志氏の手によって精細にまとめられた。

これらの実践研究の成果に加え、芦田恵之助は、行脚期間中、全国各地の同志に宛ててこまめにねんごろに手紙（書信）をしたためつづけた。それは驚異的な数に達している。教壇行脚中の忙しさの中でよくもここまで克明に親切にと感嘆せずにはいられない。

国語教育を中核とする芦田恵之助の教育実践の独創的な開拓と創造は、その前半生（明治二二〈一八八九〉年～大正一四〈一九二五〉年八月）の教職実践期にも注目すべきものが多い。後半生（大正一四年～昭和二六年）の教壇行脚期からは、授業探究者としての芦田恵之助の生き方が迫ってくる。そこには初等教育における授業探究者としての典型の一つが見い出される。

明治期、大正期、昭和戦前期、昭和戦後期と、きびしい時代を生き抜いた芦田恵之助の生涯は、苦難を背負うてのものであったが、その教育実践に関する尨大な遺産は、多くのものを蔵しており、新たな発掘と出会いを待っている。

（昭和62年1月7日稿）

3　国語科授業探究者　古田拡先生

一

古田拡先生は、明治二九（一八九六）年六月二一日、愛媛県周桑郡壬生川町北条に生まれられた。大正三（一九一四）年三月、周桑農蚕学校を卒業して、しばらく養蚕教師をつとめたが、大正四年一一月から大正五年九月ころまで、周桑郡国安小学校代用教員をつとめられた。また、大正六年七月からは周桑郡多賀小学校代用教員を、一〇月からは周桑郡田野小学校代用教員を、さらに大正七年三月からは再び多賀小学校代用教員をつとめ、大正九（一九二〇）年一〇月には愛媛県立西条中学校教授嘱託となられた。

古田拡先生は、教員養成機関である師範学校に進むことをせず、専ら独学によって、大正一一年一〇月には中等教員検定試験「修身科」「漢文科」に合格され、大正一三年七月には同じく中等教員検定試験「国語科」に合格された。さらに大正一五年六月、三〇歳にして、高等教員検定試験「哲学概説」に合格された。独学によって中等教員・高等教員の資格を獲得されたのである。

その間、古田拡先生は、大正一一年一二月には、愛媛県立西条中学校教諭に採用され、大正一四年四月からは愛媛県立川之江高等女学校教諭になって、本格的な国語科教育実践者としての歩みを起こされた。

やがて昭和一二（一九三七）年三月には、愛媛県師範学校教諭兼附属小学校主事になられ、翌昭和一三年一一月には、愛媛県立川之江高等女学校長として再び川之江に帰られた。太平洋戦争下、昭和一六（一九四一）年九月から昭和二〇年七月までは、中国に渡り、北京師範大学教授をつとめられた。昭和二〇年一二月末には中国から引き揚げ、昭和二一年二月から昭和二三年三月までは、周桑郡下の私立子安中学校に教諭として、後には校長としてつとめられた。

昭和二四年一〇月、愛媛の地から上京、翌昭和二五年四月から昭和四〇年三月まで、法政大学教授として国語科教育法を担当された。さらに昭和四一年四月から昭和五一年三月までは和光大学教授としてつとめられた。昭和五八（一九八三）年には米寿を迎えられ、昭和六〇年七月一日、国語教育一筋の生涯を閉じられた。

古田拡先生は、戦前・戦後を通じて、初等教育・中等教育・高等教育にわたって、国語人として、国語科授業探究者として歩まれ、国語科教育の実践者として、また国語教育学者として、独自の実績を挙げられた。

二

古田拡先生には、昭和戦前期に、すでに『復習　上』（昭和12年2月10日、同志同行社刊）、『国語教室』（昭和14年8月30日、同志同行社刊）などの主著があり、戦後には、『聞くことの教育』（昭和27年2月15日、習文社刊）、『国語教材研究』（昭和30年7月30日、法政大学出版局刊）、『授業における問答の探究』（昭和38年10月、明治図書刊）など、注目すべき業績が見られる。さらに、『教師の話術』（昭和38年11月20日、共文社刊）、『名教師名校長』（昭和40年9月25日、共文社刊）、『教師一代』（昭和41年1月、共文社刊）は、三部作として広く読まれた。とりわけ、『教師の話術』は多くの読者に迎えられた。ついで、昭和四四（一九六九）年二月には、『国語教室の機微と創造』（明治図書刊）が刊行され、同年一一月には随想集『霜後の花』（明治図書刊）がまとめられた。

古田拡先生には、これらのほか、単独著書五冊、編著九冊があり、講座・全集・単行本等所収論稿は五九編を数える。さらに、雑誌所収論稿に至っては、大正一二（一九二三）年から昭和五七年まで、四五八編にも上っている。

三

古田拡先生は、聞くことの教育を求めて、独自の成果を挙げられた方であるが、その著『聞くことの教育』（昭和27年2月15日、習文社刊）の「序」の末尾には、

「これは私事にわたるが、北京（引用者注、昭和一六年、北京師範大学教授として中国へ出向くこと）へ行くとき、芦田恵之助先生に御相談したら、行って来い。わしも朝鮮へ行って、日本語の自覚ができたとおっしゃられた。その成果が、こんなに貧しい本書なのかと思ふと、申しわけもないのだが、せめてもと思い、これを先生の霊前にささげて、たらぬものを三十年近くも御指導下さった先生の御恩を思いかえしたい。」（同上書、「序」、三ぺ）

と記され、本書の扉には、「先師　芦田恵之助先生に捧ぐ」と書きつけられている。

「聞くことの教育」は、「はじめに」、「むすび」のほか、前後編計八章から成り、次のように構成されている。

前編　きくことの意義
第一章　きくことの実態／第二章　きくことの意義／第三章　きくことと人間形成／第四章　きくことと社会形成
後編　きくことと教育
第五章　はなすこととききくこと／第一節　基本形態とその教育／第二節　一般的形態とその教育／第六章　よむこととききくこと／第一節　音読をきくこと／(一)　よみの形態とその教育／(二)　よむことにおけるきくこと／第二節　よみかたの時間の発表をきくこと／第七章　作文ときくこと／第八章　文法ときくこと

こうした組み立てに成る、聞くことの教育論の「むすび」において、古田拡先生は、次のように述べておられる。

「いかに児童中心といっても、その受持ちの教師いかんによっては、かれらの内部にひそんでいるものはそのまま芽を出さずに終わることもある。親は無くとも子は育つというのは生命の可能性に対する信頼ではあるけれど、さいごはそのものの素質いかんによるものだけれど、どういったって良師の有無はその一生に大きな影響を与えることはいうまでもない。ここで言えば、いかに教師が、聴く耳と聞こえる耳を持つかということになる。それが教えるものの耳をそだてる。もののききかたの指導ができるのである。

聴く耳とは、天地一切に聴こうという態度なのである。それは、東洋流に言えば、道を求めてやまない心、西洋流に言えば真理を求めてやまない心である。これは十方にひらく耳である。背骨はちゃんと通っていても、いつも、ふれるものにおどろきの眼を見張るだけの柔軟な心は失わない。そうした若々しさを持つことである。そうして集積した知識、ひとの声を聴き、みずからの声を聴き、その矛盾の中から道元禅師のいわゆる『他にも不違なり、自にも不違なり』の境地を打開して来る生涯において磨かれた知恵、それによって、ふと耳にしたことばにも、いわゆる触目会道、孟子のいう左右逢源で、その時はもう、何気なしの耳はぴんと立ってもう聴入る耳になっているのである。宇宙は Open secret（公開されたる秘密）だという。いかに公開されていても、境到らざれば、眼ありといえども見えず、耳ありといえども聞こえない。ついにその秘義は解かれない。境到れば蘇東坡のいわゆる『渓声はすなわちこれ、長広舌、夜来八万四千の偈』はおのずから終夜淙々とわが耳に入り来たるのである。つまり、教室におけるこどもらの片言隻句も、その真義——かれらみずからは知らない——を、そうした教師の耳にあらわになるのである。しかし、そうした聞こえる耳はさき言《ママ》ったような結果で生涯にわたる人間形成による。いかにわれわれは、大切なこどものことばを聞きもらしていることであろう。

しかし、これはわれわれが、ただ態度を純粋にすることによって許されるであろう。われ日の下に完全なものはないのだから。ただ、むかし養うを、ひたす――日足すと言ったように、その日々をこつこつとやっていくよりほかはないのである。要するに教師が正直になればよいのである。」（同上書、二一九～二二〇ペ）

ここで、古田拡先生は、指導者（教師）の耳の問題をとり上げ、聴く耳と聞こえる耳について、そのありかたに言及されている。「いかにわれわれは、大切なこどものことばを聞きもらしていることであろう。」――ここには、古田拡先生の深切な反省がこめられている。生涯にわたる人間形成によって、教師が聞こえる耳をもつようにすること、教師はまた、天地一切に聴こうという態度を持し、十方にひらく、聴く耳をもつべきこと、これらを強調する教師の耳の論としては最も核心を衝くものとなっている。

古田拡先生の国語教育の論は、その深く広い学殖に裏うちされており、常に独自の境地を示すものであった。前掲の教師の耳の論にも、その個性豊かな記述がみられる。

四

古田拡先生のご著書の中で、最も多くの人たちに読まれたのは、『教師の話術』（昭和38年11月20日、共文社刊）である。すべて一三章から構成され、多くの具体例が引かれて、興味深い述べ方がなされている。

一　話術なんか――序に代えて――／二　教師の話しぶり／三　授業以前の問題／四　発問のし方・答えの受けとめ方（一）／五　発問のし方・答えの受けとめ方（二）／六　講義・説明・補説／七　授業の終わり・教室を出るとき／八　研究授業・研究会での話術／九　職員室での話術／一〇　校長・教頭の話術／一一　ＰＴＡでの話術／一二　教室外に学ぶもの／一三　話術の底にあるもの

教師の話し方、話術については、豊富な体験例を生かしながら、具体的に述べられている。たとえば、教師の話しぶりについて、次のような述べかたをしておられる。

「低学年の授業を見ると、ちょっとした答えにも、『そう、よくできましたね。先生は感心しました』を連発するものがある。そして、その音声や抑揚は不自然に誇張されている。そういう語調では、児童の背骨は自然とくしゃくしゃになってしまいそうに感じる。これを低学年の取り扱いがうまいと感心し、みずからも自任しているらしいが、とんでもないことである。児童を甘やかし、骨なしにしてはいけない。教師は自然のことばを使えばよい。そして、ほめるべきことは、心からほめること、たしなめるべきことは、はっきりとたしなめたらよい。その精神の上に築かれた話術でなくては、学力もつかず、人間形成にもならない。児童をなめまわすようなやり方は、じょうずな話しぶりとは言えない。

また逆に、一時間中冷然として、児童生徒のいかなる発言にも顔色を動かさず、その答えを芸もなく復論したままで、その要約を単語にして、整然と板書していく先生がある。これに感心する人もある。悟性的には、一応明せきな授業進行と言えよう。だが、それは、ただそれだけのことである。心情の暖まりは、どこにもない。よい答えにはうれしい顔を、さらにまた、『ようし』と言ってやったり、足りない答えには、『もうちょっと考えてごらん』とか、その補足をしてやったり、さらに、その補足分をつけ足して本人に言わせて、『それでよし』と、心からほめてやったりするのでこそ、本当の話術と言える。

また、このごろ、補説というのがあまり行われなくなっている。国語の授業で言えば、文章主義となって、文章研究は大いに行われるようになり、児童・生徒にも、文に即してものを言わせるようになった。これは戦前の形象論の復活と、科学的、実証的精神の発露と言えよう。これはこれとしてよい。しかし、戦前は、『そのことについておもしろい話がある。ちょっと文から離れるが話してみよう』と言って、おもしろい話をしてくれる先生が、たくさんいたものである。それで、その教材も暖められるのである。こういう教師が戦後少なくなったのは、残念である。

児童はもともと先生のお話を好むものである。それに気づいたのか、このごろやっと文学教育で、文学を読み聞かせる教育などということが、こと新しいように登場してきた。なんということか。登場せぬよりはましだと思うけれども。

だが、これはまだ教室内のことである。ＰＴＡに出るのをおっくうがる教師がいる。そこへ出ると、教室ではお話のじょうずな先生が、ふだんと違ってへどもどして、ろくに話ができないからである。これも、いったいどうしたことか。責任は本人だけでなく、校長や教頭にもあろうが。」（同上書、一七〜一九ぺ）

教師の話しぶりについての観察と批判には、別して鋭いものがある。不自然に誇張された、児童をなめまわすような話しぶり、冷然とした、心情のあたたかさのない話しぶりにそれぞれ批判を加えつつ、望ましい、ほんとうの話し方（話術）に言及されている。また、補説の重要性にも及んで、教師の話し方（話術）が示されている。

五

古田拡先生はまた、読むことの指導に関して、次のように述べておられる。

「読むことにおいて、不用意に、誤読指摘をやらせて平気でいる教室が全国的に多いことについてのべておこう。あれは、無作法でもあるし、また読みの本義にもかなっていない。読む時は何を書いてあるか、それに一心になるべきで、他人の誤読に心をそらすべきではない。また、読み終わった後、その誤読を教師が取りあげるとき、多くは漢字に限られていて、『かな』のちがいは見すごすのが多い。しかし、『かな』にこそ、日本語の特色があらわれるもので、そのかな一、二字のちがいが（論理的に、また鑑賞的に見て）、いかに文章に影響するかを知らさねばならぬ。これは、目で本を見て耳でその読みを聞いているので、『話しことば』をうまく聞きとるのよりはやさしいのだから、聞く耳をつくるのは、こんなところからはじめられる。」（『授業における問答の探究』、二〇四～二〇五ぺ）

読むことの指導をどうするか、聞く耳をつくるにはどうするのか、こうした点について、鋭い指摘がなされている。望ましい国語科授業を求めつづけた、古田拡先生の発言は、説得力があり、「なるほど」と思わずにはいられない。

古田拡先生は芦田恵之助先生に昭和三（一九二八）年一一月、初めて会われた折のことを次のように記されている。

「郷里三島市（引用者注、愛媛県）での講習会で芦田先生のお宿へ伺ったのが午後三時、これも初対面でしたが、すっかり共鳴というと失礼ですが、先生からも、六年生の『鳴門』の主題がはっきりしないのだが、あれは、あなたはどう解釈せられるかと、実に謙虚なご態度でおたずねになったりして、とうとう十一時まで計八時間。」（『国語教室の機微と創造』、三ぺ）

「ただ一つ自慢を許されるなら教師になってからもう五十数年になりますが、芦田恵之助先生にお目にかかってからは、四十数年間、国語教育の道をひとすじに学んで来たということです。」（同上書、二四九～二五〇ぺ）

芦田恵之助に師事しつつ、国語科授業のありかたを求めて、文字どおり、国語教室の機微の会得と創造に全力傾注がなされた。芦田恵之助⇅古田拡、両者の間柄はうるわしく、その敬愛の情と信頼感は、大きく深かった。

古田拡先生は、わが国における本格的な国語教育実践者として、さらにまた国語教育学者として、偉大な存在であった。聞くこと、話すこと、読むこと、どれ一つをとってみても、示唆に富む工夫が示されている。そこから学ぶべきものは、数えきれないほどである。

（昭和61年5月23日稿）

4　出雲路の日々 ――授業研究のこと――

一

第一回中国地区国語教育研究大会（第八回島根県国語教育研究大会を兼ねていた）が出雲市立第二中学校を会場に開かれたのは、昭和三七（一九六二）年九月一四（金）、一五（土）の両日であった。この研究大会に私は土井忠生先生（大学時代の恩師）・古田拡先生とともに、講師として参加した。

全体会では、両先生の前座をつとめ、「国語教育の豊かさと確かさを求めて――話すこと・聞くことの領域を中心に――」と題して、二九分間、約一〇〇〇名の参加者に話をした。ついで、古田拡先生、おしまいに土井忠生先生が壇上に立たれ、講演をされた。講演の始まる直前まで、雨が激しく降り、体育館の屋内では、声が聞きとれぬくらいであったが、講演が始まるころには、あがってしまい、ほっとしたのを覚えている。

両先生の前座をつとめ、両先生に自分の話を聴いていただけるのを、光栄と感じながら、緊張せずにはいられなかった。全体会、懇親会をすませ、宿（武志山荘）に帰ってからも、古田先生、土井先生とお話をする時間に恵まれた。やがて、古田先生は別室にひきとられた。時に先生は六六歳、先生のお話は生き生きとしておもしろく、私どもの気持を和らげてくださった。

二

それから四年後、昭和四〇（一九六五）年三月、古田拡先生は戦後一五年間お勤めになった法政大学をご退職になった。それを機会に、それまで毎年夏に、青木幹勇先生とご一緒につとめられた、出雲市で開かれる島根国語講習会の常任講師を退かれることになった。青木幹勇先生と古田拡先生とお二人、それぞれに国語科の授業をなさり、さらに相互に批評をかわされるという、独自の授業研究を公開してくださっていたのである。

古田拡先生は、先生の後任に私を指名してくださった。古田先生は、しかし、いきなり自分に代って研究授業をするのは無理であるから、昭和四〇年の夏の研究授業は、古田拡先生・青木幹勇先生のご授業を参観し、次の年から青木先生とともに、今までのように実地授業をしていくようにと励ましてくださった。

八月五日（木）、私は緊張して、出雲市今市小学校で行われた、古田・青木両先生の指導授業を見せていただいた。翌六日（金）は雨風が強まったが、前日につづいて両先生のご授業を見せていただいた。

感想・所見を求められた私は、それぞれのご授業の特質を、青木幹勇先生のは音楽的、古田拡先生のは彫刻的とまとめた。古田拡先生は、ご自分のご授業には謙虚に卒直できびしい批評をお求めになった。しかし、ご自分の授業には、常に自信を抱いていらした。

三

古田拡先生から実地授業並びに授業研究のバトンを受けた私は、翌昭和四一年から四四年まで四回、毎年つづけて出雲市の国語講習会に出かけた。青木幹勇先生は小学校、私は中学校と分かれて、それぞれ実地授業を試みた。

昭和四一年夏には、出雲一中山崎学級（中二）四二名に、「おぼれかけたきょうだい」を二時間（各五〇分ずつ）、昭和四二年夏には、河南中藤原学級（中二）四四名に、「感想を書く」を二時間（各五〇分ずつ）、また昭和四三年夏には、河南中西田学級（中三）三五名に、「論説文を書く」を二時間（五〇分、六〇分）試みた。

こうした実地授業とそれにもとづく授業研究は、古田拡先生のご期待にこたえうる水準のものではなく、たどたどしいものであった。しかし、そういう期待をかけていただけたことは、このうえなくうれしかった。

盛夏、したたり落ちる汗にまみれて、授業研究にうちこんだ出雲路の日々には、古田拡先生のご厚情とともに忘れがたい。

（昭和60年8月20日稿）

あとがき

本書に収めた論考六〇編は、昭和五〇（一九七五）年冬から平成十二（二〇〇〇）年春までのほぼ二五年間に執筆し発表したものである。それらを集成して、『国語科授業の構築と考究』としてまとめるに当たり、発表の機会を与えられた方々、並びに各登載機関に、改めて深く感謝申し上げたい。

各論考の発表誌（紙）（文献）名・発行所名・刊行年月は、左記のとおりである。

Ⅰ　国語科授業構築をめざして　その一

1　国語科指導過程論から国語科授業構想論へ（昭和50・12・27稿）　「国語科教育学研究」2　明治図書　昭和51〈'76〉年4月

2　国語学習の磁場の発見と生成を（昭和53・2・17稿）　「教育研究」33巻4号　初等教育研究会　昭和53〈'78〉年4月

3　国語教育への大道を求めて――実践を深めていく視点――（昭和53・10・30稿）　「ひろしま国語教育の創造」3　昭和54〈'79〉年1月

4　事上錬磨の国語教育を（昭和55・3・5稿）　「教科研究国語」　昭和55年4月号　学校図書

5　教科指導の個性的創造を求めて（昭和55・10・3稿）　「千葉教育」　昭和55〈'80〉年11月号

6　国語教室の実践営為に徹するということ（昭和56・1・31稿）　「教育科学国語教育」23巻4号（287号）　明治図書　昭和56〈'81〉年4月

7　導入の授業を見直す――導入の授業で学習課題を明確化させる問題――（昭和57・3・4稿）　「教育科学国語教育」24巻5号（301号）　明治図書　昭和57〈'82〉年5月

8　国語科実践記録の価値と役割（昭和57・2・7稿）　「実践国語研究」6巻4号（32号）　明治図書　昭和57〈'82〉年6月
9　授業者として努めたいこと（昭和57・10・11稿）　「教育研究」37巻12号　初等教育研究会　昭和57〈'82〉年12月
10　生涯を見すえた国語科授業を（昭和57・11・8稿）　「教育科学国語教育」25巻1号（312号）　明治図書　昭和58〈'83〉年1月
11　子どもの自主性に根ざす授業を（昭和57・12・4稿）　「学校教育」昭和58年1月号　学校教育研究会
12　国語科授業力の錬磨（昭和58・6・21稿）　国語研究集団「研究と実践　国語の教師」7　鷺書房　昭和58〈'83〉年6月
13　本格的な学力を生む授業計画を（昭和58・7・4稿）　「授業研究」21巻13号（257号）　明治図書　昭和58〈'83〉年10月
14　学ぶ主体を育てるための教師の働きかけ（昭和58・8・31稿）　「学校教育」昭和58年10月号　学校教育研究会
15　授業力としての発問を求めて（昭和59・5・30稿）　「実践国語教育」8巻6号（48号）　明治図書　昭和59〈'84〉年9月
16　国語学力を精練する場の発見（昭和60・1・6稿）　「教育科学国語教育」27巻3号（344号）　明治図書　昭和60〈'85〉年3月
17　学習主体を育てるために――授業者として心がけたいこと――（昭和60・11・21稿）　「学校教育」昭和61年1月号　学校教育研究会
18　豊かな授業を生みだす指導秘策（昭和60・12・下旬稿）　「小学校の国語科教育」20号　明治図書　昭和61〈'86〉年6月
19　指導者に求められている「教師の耳」（昭和62・11・15稿）　「教育科学国語教育」30巻2号（389号）　明治図書　昭和63年〈'88〉年2月

20 本格的な学習記録を求めて（昭和63・11・16稿）　「小学校教育」平成元年1月号　教育開発研究所
21 国語科授業者に求められるもの（平成2・2・7稿）　「ひろしま国語教育の創造」14　平成2〈'90〉年　広島市小学校国語教育研究会
22 表現愛をはぐくむ音読・朗読の授業を（平成2・11・12稿）　「実践国語研究」15巻5号（105号）　明治図書　平成3〈'91〉年3月
23 国語科指導と人間形成――国語科指導者への提言七つ――（平成3・5・7稿）　『小学校授業づくりのアイデア全書』第一巻国語　ぎょうせい　平成3〈'91〉年
24 個別指導に徹するということ（平成4・6・6稿）　「小学校教育」　教育開発研究所　平成4〈'92〉年
25 探究者・誘導者としての創意と工夫（平成6・1・19稿）　「教育科学国語教育」36巻4号（488号）　明治図書　平成6〈'94〉年4月
26 「聞き方」の技能の演練を求めて（平成7・7・13稿）　「教育科学国語教育」37巻14号（515号）　明治図書　平成7〈'95〉年10月
27 すぐれた授業の源泉――学ぶ醍醐味を――（平成10・2・1稿）　「こまくさ」第2・3　平成10〈'98〉年
28 国語科授業記録を求めて（平成11・2・2稿）　「国語科授業創造」28号　光文書院　平成11〈'99〉年

Ⅱ　国語科授業構築をめざして　その二

1 国語科授業創造への提言三つ（昭和53・1・24稿）　「月刊国語教育研究」69集　日本国語教育学会　昭和53〈'78〉年2月
2 〝実践即研究〟から得られる識見と力量（昭和54・3・30稿）　「教育科学国語教育」21巻7号（262号）　明治図書　昭和54〈'79〉年6月
3 生きた授業参観にするために（昭和54・12・5稿）　「教育ひろしま」80号　昭和55〈'80〉年
4 授業創造への模索と課題（昭和57・9・20稿）　「月刊国語教育研究」17巻125集　東京法令　昭和57〈'82〉年10月

5　国語科授業の実践的開拓への課題（昭和58・4・29稿）　「実践国語教育情報」1巻1号　教育出版センター　昭和58〈'83〉年7月

6　授業者として会得する〝生きた呼吸〟（アンケート「〝実践の知恵とは何か〟と問われたら」）（昭和58・9・18稿）　「授業研究」21巻15号（259号）　明治図書　昭和58〈'83〉年12月

7　〝授業の重さ〟ということ——私と国語教育——（昭和59・11・25稿）　「ハイスクールニューズ」7巻9号（71号）　学校図書　昭和59〈'84〉年1月

8　国語科授業の創造をめざして（昭和60・8・7稿）　「徳島教育」882号　徳島県教育会　昭和60〈'85〉年9月

9　国語科授業への苦闘と沈潜を（昭和62・4・8稿）　「教育科学国語教育」6月号　明治図書　昭和62〈'87〉年6月

10　私の〈授業研究〉への提言　授業構想力と授業文脈の研究を（昭和62・8・19稿）　「総合教育技術」42巻10号　小学館　昭和62〈'87〉年10月

11　授業者への指針——偉業とともに——（平成元・11・18稿）　「小学校国語」平成2年1月号　学校図書

12　清新な実践研究の集積を（平成2・5・7稿）　「月刊国語教育研究」25巻218集　日本国語教育学会　平成2〈'90〉年5月

12'　回想「国語科研究授業」（平成5・3・2稿）　季刊随筆「丘」10号　平成5〈'93〉年　〈未収録〉

13　国語科授業の真の創造を（平成5・3・4稿）　「教育科学国語教育」25巻7号（476号）　明治図書　平成5〈'93〉年6月

14　学習指導案と授業構想力（平成6・5・2稿）　「国語科授業創造」9月号　光文書院　平成6〈'94〉年8月

15　授業力の精練——足元から——（平成6・7・19稿）　「教育新聞」（東京）コラム円卓　平成6〈'94〉年8月1日(月)

16　授業者としての自己確立（平成6・10・21稿）　「月刊国語教育研究」29巻272集　日本国語教育学会　平成6〈'94〉年12月

17　学習者の自立へ——自らをかえりみて——（平成7・10・31稿）　「国語科授業創造」15　光文書院　平成8〈'96〉年

18　学習者のことばの行為への対応——その工夫と精練と——（平成9・5・13稿）　「実践国語研究」21巻9号（175号）

明治図書　平成9〈'97〉年9月
19　授業・授業者を真に支えるもの――研修・研究による実践的指導の精練を――（平成9・5・19稿）「道徳と特別活動」8月号　文渓堂
20　国語学習活動の成立と展開――〝言語活動例〟を軸として――（平成11・1・14稿）「教育科学国語教育」41巻5号（574号）　明治図書　平成11〈'99〉年4月
21　実践・研究者としての境涯を大切に（平成11・12・22稿）「月刊国語教育研究」34巻（323集）　日本国語教育学会　平成11〈'99〉年3月

Ⅲ　国語科授業研究の集積と課題

1　国語科授業研究の総括と研究課題　その一（昭和52・4・7稿）「授業研究」15巻7号（171号）　明治図書　昭和52〈'77〉年6月
2　国語科授業研究の総括と研究課題　その二（昭和54・4・15稿）「授業研究」17巻7号（197号）「授業研究年鑑」（79年版）　明治図書　昭和54〈'79〉年6月
3　国語科授業研究の動向と課題（昭和58・4・17稿）「国語科教育学研究」8　明治図書　昭和58〈'83〉年6月
4　説明的教材で行う授業研究の視点と方法（昭和58・9・4稿）「小学校の国語科教育」12　明治図書　昭和59〈'84〉年3月
5　国語科授業研究を求めて（平成10・5・13稿）「国語科授業創造」25　光文書院　平成10〈'98〉年
6　児童が意欲的に学ぶ授業を求めて――個性溢れる実践報告九編――（平成11・1・8稿）『学校教育研究所年報』42　学校教育研究所　平成11〈'99〉年3月
7　国語科授業研究への熱い思い――国語科研究授業の軌跡――（平成12・3・28稿）『新しい国語科の授業構想』東洋館出版　平成12〈'00〉年

Ⅳ　国語科授業探究者に学ぶ

1　国語科における授業技術の発想――芦田恵之助から学ぶ――（昭和60・7・15稿）「中学国語」8　明治図書　昭和60〈'85〉年

2　授業探究者としての芦田恵之助――教壇行脚期を中心に――（昭和62・1・7稿）「入門芦田恵之助」「教育科学国語教育」臨時増刊29巻4号（376号）　明治図書　昭和62〈'87〉年3月

3　国語科授業探究者　古田拡先生（昭和61・5・23稿）「研究と実践国語の教師」鷺書房　昭和61〈'86〉年

4　出雲路の日々――授業研究のこと――（昭和60・8・20稿）「国語教室」172号　青玄会　昭和60〈'85〉年9月

これらの各論考を本書に収載するに際し、収録することをご快諾いただいた関係各位に深く厚くお礼を申し上げたい。とりわけ、明治図書関係の実践誌・研究誌に発表の機会を与えていただいたこと、終始ご高配をいただいたことに改めて心からお礼を申し上げたい。

私としては、『国語科授業論』（昭和51〈'76〉年6月、共文社刊）についで、本書『国語科授業の構築と考究』を刊行しえたことを喜ぶと共に、本書の刊行を思い立つ契機の一つとして、前田眞證・楠野義顕両氏を初め共同研究に取り組まれた方々が調査研究の基礎作業の一つとして、私（野地）の国語科授業研究関係文献目録を作成され、それを私にも提供していただいたことがあるのを銘記し、心から感謝申し上げる次第である。

二〇〇三（平成一五）年四月十一日

野　地　潤　家

＜著者紹介＞

野　地　潤　家（のじ・じゅんや）

大正９（1920）年，愛媛県大洲市生まれ。

昭和20（1945）年，広島文理科大学文学科（国語学国文学専攻）卒業。

愛媛県立松山城北高女教諭，広島高等師範学校教授・広島大学助教授・教授（教育学部）・広島大学教育学部附属小学校長（併任）・同附属中高校長（併任）・同附属学校部長（併任）・同教育学部長・鳴門教育大学教授・同副学長・同学長を経る。

現在　広島大学名誉教授，鳴門教育大学名誉教授，教育学博士

専攻　国語教育学―国語教育原論・同各論・国語教育史・国語教育学史―

主著　『話しことばの教育』（昭和27），『教育話法の研究』（昭和28），『国語教育個体史研究』（３冊，昭和29），『国語教育』（昭和31），『国語教育学研究』(昭和36),『作文教育の探究』（昭和47），『国語教育原論』（昭和48），『幼児期の言語生活の実態Ⅱ』（昭和48），『読解指導論』（昭和48），『国語教育学史』（昭和49），『国語教育通史』（昭和49），『幼児期の言語生活の実態Ⅲ』（昭和49），『話しことば学習論』（昭和49），『作文指導論』（昭和50),『幼児期の言語生活の実態Ⅳ』(昭和51),『国語科授業論』（昭和51），『幼児期の言語生活の実態Ⅰ』（昭和52），『個性読みの探究』（昭和53），『わが心のうちなる歌碑』（昭和55），『話しことば教育史研究』（昭和55），『国語教育実習個体史』（昭和56),『国語教育の創造』(昭和57),『綴方教授の理論的基礎』（昭和58），『芦田恵之助研究』（３冊，昭和58），『国語教育の根源と課題』（昭和59），『国語教材の探究』（昭和60），『国語教育の探究』（昭和60），『大村はま国語教室の探究』（平成５），『古文指導の探究』（平成８），『国語科教育・授業の探究』（平成８），『教育話法入門』（平成８），『野地潤家著作選集』（12冊，別冊１，平成10），『昭和前期中学校国語学習個体史―旧制大洲中学校（愛媛県）に学びて―』（平成14）

編著　『作文・綴り方教育史資料（上・下)』（昭和46），『世界の作文教育』（昭和49），『国語教育史資料』第一巻理論・思潮・実践史（昭和56），『国語教育史資料』第６巻年表（昭和56）

国語科授業の構築と考究

平成15年６月18日　発行

著　者　野　地　潤　家

発行所　株式会社　溪水社
広島市中区小町１－４（〒730－0041）
電話（０８２）２４６－７９０９
FAX（０８２）２４６－７８７６
E-mail:info@keisui.co.jp

ISBN4－87440－752－8　C3081